新形态一体化教材 "十四五"职业教育国家规划教材

形体训练

（第五版）

主编　向智星

中国教育出版传媒集团
高等教育出版社·北京

内容提要

本书为"十四五"职业教育国家规划教材。全书共分10章，分别是概述、形体基本素质训练、基本技能训练、协调表现艺术训练——现代舞素质训练、协调表现艺术训练——中国民族民间舞蹈组合、健美运动、健身健美操、瑜伽、大众艺术体操、个人仪态行为模拟训练。全书表述精练，图文并茂，集知识、技能和实训技巧为一体，是一本实用的教材。

本书配套有一体化的教学微视频，可通过扫描二维码在线学习，在提高学习兴趣的同时，也为学习者提供更多自主学习的空间。教师如需获取本书授课用PPT等配套资源，请登录"高等教育出版社产品信息检索系统"（http://xuanshu.hep.com.cn/）免费下载。

本书可作为高等职业院校、职业本科院校和应用型本科院校旅游、文秘及艺术等相关专业的公共课教材，也可作为社会从业人员的业务参考书。

图书在版编目（CIP）数据

形体训练／向智星主编. --5版. --北京：高等教育出版社，2024.11（2025.7重印）. --ISBN 978-7-04-063332-0

Ⅰ.G831.3

中国国家版本馆CIP数据核字第2024HZ0470号

Xingti Xunlian

策划编辑	张 卫	责任编辑	张 卫	封面设计	姜 磊	版式设计	曹鑫怡
责任绘图	杨伟露	责任校对	张 然	责任印制	刁 毅		

出版发行	高等教育出版社	网　　址	http://www.hep.edu.cn
社　　址	北京市西城区德外大街4号		http://www.hep.com.cn
邮政编码	100120	网上订购	http://www.hepmall.com.cn
印　　刷	河北鑫彩博图印刷有限公司		http://www.hepmall.com
开　　本	787mm×1092mm　1/16		http://www.hepmall.cn
印　　张	18.5	版　　次	2004年3月第1版
字　　数	450千字		2024年11月第5版
购书热线	010-58581118	印　　次	2025年7月第2次印刷
咨询电话	400-810-0598	定　　价	46.00元

本书如有缺页、倒页、脱页等质量问题，请到所购图书销售部门联系调换
版权所有　侵权必究
物　料　号　63332-00

前　言

为全面贯彻党的二十大精神，落实立德树人的根本任务，推动我国高等职业教育的改革和发展，完善高等职业教育专业人才培养规格的课程体系，我们根据高素质技能型人才培养的特点及要求，编写了这本教材。我们在重新整合、充实内容的基础上，将形体训练作为公共素质课程之一纳入课程体系中，旨在大力推进校园文化建设，培养有时代特征和健康向上的人才，为学校和社会营造优雅而文明的文化氛围。

形体艺术教育作为人文素质教育的内容之一，对提高当今大学生的自身修养和培养较好的行为规范极为重要。为了促进学生德、智、体、美、劳全面发展，增强他们的社会竞争力和自信心，满足现代社会对人才的多种需求，我们以大学生生理特点和形体美的要素为依据，综合和参考了中外形体艺术教育的方法和内容，注重知识和能力、兴趣和爱好、理论和实践三方面相结合，重新确立了新的形体训练教学内容体系。本书在内容结构上讲究教材的科学性、延伸性、规范性与实用性；在形式上讲究图文并茂，并同步配套有教学视频，便于辅助教与学，是一套集实训、教学、实践和岗前培训于一体的新型艺术素质教育教材。大学生可以通过学习和掌握形体训练的基本理论知识与技能，塑造健美的形体，具备优雅的举止和良好的精神风貌。为此，我们投入极大的热情，重新编写了这本教材。

本教材内容共分10章：第一章概述，主要阐述了形体训练的目的、要求、概念及应遵循的原则等；第二章形体基本素质训练，包括地面和中间两部分素质训练及舞蹈小组合；第三章侧重技能技巧的艺术训练，强化形态的塑造和艺术个性的表现；第四章是现代舞素质训练，让学生认识自己的身体，学会运用呼吸，达到灵活运用身体、提高身体机能素质的目的；第五章是中国民族民间舞蹈组合的训练，让学生在新颖、丰富、多彩的民族民间舞蹈形态学习中，塑造鲜明生动、富有感染力的艺术个性形象，使学生的情感表现力及审美能力得到全面的提升；第六章是中间器械的健美训练，注重身体各种机能的提高；第七章侧重健身健美操的组合训练，力求综合表现健身健美操；第八章通过艺术体操的练习，发展学生的灵活性、协调性、柔韧性与模仿能力；第九章通过瑜伽的训练学习，达到身体、心灵与精神和谐统一的效果；第十章是综合个人仪态动静的训练，培养学生良好的礼仪风范、优雅的形态。每章前均有"学习目标"，章节中有"教学提示"，第二章至第十章以实训为主，由单个元素和组合两部分动作组成。教材注重技巧性和实践性，附有动作插图和二维码教学视频，使学生从感性和理性上全面掌握形体艺术教育的理论知识和技能。

本教材场记图中"●"代表女舞伴，"■"代表男舞伴。白半是面，黑半则是背。虚线代表舞蹈方向。本书具体编写分工是：东莞城市学院艺术学院向智星教授编写第一章、第二章、第三章、第十章，东莞城市学院艺术学院郭琳、杨志强、李利民编写第四章、第五章，东莞城市学院体育部赵涛编写第六章、第七章，东莞城市学院体育部李珊珊编写第八章、第九章。本教材由米双红审稿。本教材有些章节的"相关链接"栏目，参阅、引用了有关学者的著作或网络资料，在此表示诚挚的谢意！同时也欢迎有关学者与我们联系，共同探讨形体训练的教学与研究。在教材编写过程中，我们得到了相关学校教师和学生的大力帮助，在此一并表示感谢！

由于编者水平所限，书中难免有不妥之处，敬请广大读者批评指正。

编 者

2024 年 9 月

目　　录

第一章　概述 ·· 1
　第一节　形体训练的目的、要求　/1
　第二节　形体美的概念　/3
　第三节　形体训练应遵循的原则　/7
　第四节　形体训练的社会功能　/8

第二章　形体基本素质训练 ·· 14
　第一节　热身操　/14
　第二节　身体各部位的动作训练　/18
　第三节　地面素质训练　/30
　第四节　中间基本动作小组合　/41
　第五节　舞蹈小组合　/44

第三章　基本技能训练 ·· 52
　第一节　开、绷、直、立　/52
　第二节　手、脚的位置　/53
　第三节　把杆训练　/56
　第四节　中间动作组合训练　/67
　第五节　现代舞厅舞　/69

第四章　协调表现艺术训练——现代舞素质训练 ···································· 84
　第一节　体态与手位练习　/84
　第二节　活动组合　/86
　第三节　脊椎练习　/90
　第四节　腿部训练　/92
　第五节　甩手组合　/99
　第六节　斜线流动练习　/102
　第七节　跳跃练习　/106
　第八节　还原综合练习　/110

第五章　协调表现艺术训练——中国民族民间舞蹈组合 ·························· 118
　第一节　傣族女子舞蹈组合　/118
　第二节　傣族男子舞蹈组合　/124
　第三节　藏族女子舞蹈组合　/128
　第四节　藏族男子舞蹈组合　/133

第五节　蒙古族女子舞蹈组合　/138
第六节　蒙古族男子舞蹈组合　/142
第七节　东北秧歌女子舞蹈组合　/147
第八节　维吾尔族女子舞蹈组合　/151
第九节　维吾尔族男子舞蹈组合　/156

第六章　健美运动 … 169
第一节　人体肌肉常识　/169
第二节　常用名词概念　/172
第三节　健美练习常用的动作　/174
第四节　健美运动的训练方法　/185
第五节　制定个人训练计划　/188

第七章　健身健美操 … 193
第一节　健身健美操的分类　/193
第二节　徒手健身健美操的基本动作　/195
第三节　健身健美操的编排原则　/208
第四节　健身健美操的组合动作　/211

第八章　瑜伽 … 221
第一节　瑜伽的基本知识　/221
第二节　练习瑜伽的准备　/225
第三节　瑜伽的姿势功法　/229

第九章　大众艺术体操 … 243
第一节　大众艺术体操的特点　/243
第二节　大众艺术体操的基本动作　/244

第十章　个人仪态行为模拟训练 … 266
第一节　个人仪态概论　/266
第二节　站姿要领及训练　/269
第三节　坐姿要领及训练　/272
第四节　走姿要领及训练　/275
第五节　表情姿态要领及训练　/277

参考文献 … 284

二维码视频资源目录

二维码对应视频资源	页码
视频:概述	1
视频:热身操	14
视频:身体各部位的动作训练	18
视频:地面素质训练	30
视频:中间基本动作小组合	41
视频:舞蹈小组合	44
视频:开、绷、直、立	52
视频:手、脚的位置	53
视频:把杆训练	56
视频:中间动作组合训练(1)	67
视频:中间动作组合训练(2)	68
视频:现代舞厅舞	69
视频:体态与手位练习	84
视频:活动组合	86
视频:脊椎练习	90
视频:腿部训练	92
视频:甩手组合	99
视频:斜线流动练习	102
视频:跳跃练习	106
视频:还原综合练习	110
视频:傣族女子舞蹈组合	118
视频:傣族男子舞蹈组合	124
视频:藏族女子舞蹈组合	128
视频:藏族男子舞蹈组合	133
视频:蒙古族女子舞蹈组合	138
视频:蒙古族男子舞蹈组合	142
视频:东北秧歌女子舞蹈组合	147
视频:维吾尔族女子舞蹈组合	151

视频:维吾尔族男子舞蹈组合	**156**
视频:徒手健身健美操的基本动作	**195**
视频:健身健美操的组合动作	**211**
视频:瑜伽的姿势功法	**229**
视频:大众艺术体操的基本动作	**244**

第一章 概述

学习目标

知识目标
- 了解形体训练在高校艺术素质教育中的性质、目的和作用。
- 掌握形体美的准则、训练内容的结构特点与特征。
- 掌握健与美的内在含义、训练学习应遵循的原则。

能力目标
- 培养和提高学生的审美意识和审美能力。
- 培养学生通过训练突出个性美的能力。

素养目标
- 培养学生塑造健康和优美形体的意识。
- 培养学生具备良好品格与高雅气质内涵。

视频：概述

　　形体训练是构成动作语汇最基本的单位，是通向艺术素质教育的必经之路。形体训练的主要特征是以人体生理科学原理、美学原理为指导，以身体训练为主要手段，以发展专项素质为基础，以塑造健康、优美的形体为核心，以提高形体的控制力与表现力为重点，以培养学生的良好品质与高雅气质为目的，对学生进行艺术美育教育的过程。

第一节　形体训练的目的、要求

　　大学开设形体训练课，引导学生按照美的规律塑造自己，促进身心协调、健康发展，提高审美能力和美的表现力，增强他们对生活的热爱和自信心，为走向社会、参与竞争、显露才华创造条件。
　　为了实现这个总目的，学生应从以下几个方面去要求自己。

一、形体训练使身心健美，强化审美意识

　　马克思主义的美学观点强调，人类的美兼容了身体健美、精神丰富和道德纯洁。其中，健美的身体是美的表现的主要载体。人的身体是有生命和情感的活体，健美意味着生命的延续和情感的发展，意味着无穷尽的美好追求与创造，是推动和创造社会的动力。在现代社会中，热爱美、

追求美是人们共同的愿望,更是现代人们生活的一大特点。只有具备了健美的身体,才能参与社会的竞争和强化自身的创造能力。

身体的健与美是密不可分的,健美是前提和基础,健康的身心是美的标志。美可分为内在美和外在美。内在美是指人的心灵美,即完美的精神世界和崇高的道德品质;外在美则是指人的外部形象,包括容貌、形体、服饰、发型等。其中人的形态美是主体,有了健美的体形和优雅的仪态,辅以装饰,来完善外在美,人的整体美正是内在美和外在美和谐统一的表现。形体训练既培养和启发人的内在美感,又培养、塑造人的外在美形态,达到和展现人的完美形象。这种美的形象是通过各种环境的不同动作所表现出的一种外部姿态和神韵。外在美有其相对的独立性,有它独特的表现形式和规律,并非用其他的物质载体所能代替。但在我们的现实生活中,不是所有的人体都是健美的,只有积极参与有规律而科学的形体训练,才能获得健美的形体,展现优雅的风度和魅力。美国著名的好莱坞女影星简·方达,由于长期坚持健身和形体练习,到50多岁仍然保持健美的体形、优雅的体态,焕发着明星的风采。所以说,形体训练不仅利用舞蹈、体操舒展优美的动作训练了人体优雅的姿态,而且传播了高雅的艺术精髓,培养了人的内涵修养,使人的精神和形体之美达到统一,有助于提高练习者高雅的气质。同时,人们在改造自身的过程中,培养了自己的审美意识和审美能力。

大学生在健全、完善人格的大学生活中,通过学习和掌握形体训练的基本知识和技能,从而具备现代人的健美形体和精神风貌。特别是处在20岁左右的大学青年,正是青春发育的最佳时期,生长发育日趋成熟。男女同学无论是身体形态素质,还是兴趣、爱好和情感,都存在着明显的差异。因此,一方面,形体训练应根据青年的身心发展规律,有目的、有计划地进行有针对性的练习,使身体各个部位发育良好,丰满匀称,改善自然形态的不足。另一方面,形体训练应根据性别特征和专业特点,有选择性地进行强化训练,提高生理机能水平。这样既使学生塑造了健美的体态,又培养了他们优雅、文明的举止,且提高了身体的控制力和表现能力,培养了他们的审美意识,为将来走向社会、参与竞争创造了较好的条件。

二、全面掌握形体训练的知识与技能,培养个性和能力

教育的核心是培养学生的创新思维和发展个性。而形体训练具有达到这一教育核心目的所需要的可贵的环境和发展的土壤。因此,形体训练不仅仅是身体素质的训练,也是精神文明教育和美育教育,它在全面调理重塑学生身体形态的同时,也提高了学生的精神素养,促进了个性气质形成。形体训练的基本动作简单,在优美音乐的伴奏下进行艺术动作姿态练习,比较容易掌握且不容易感到疲劳,使学生在宽松美好的环境中愉快地学习,激发了学生主动参与和探究性的学习兴趣,拓展了学生的思维空间和创造力,可以达到以健美的形体、优雅的姿态体现最佳的艺术素质的效果。

形体训练的基本手段是锻炼和塑造身体,按照自然美的形态与发展,将集中提炼的动作元素与组合,分步骤、分阶段对学生进行训练。其中,健美操艺术化是形体训练的特点之一,而音乐和舞蹈修养是其艺术化的具体表现。音乐是健美操的灵魂,舞蹈是练习健美操的重要辅助手段,良好的音乐和舞蹈修养有利于对健美操的掌握。新的形体训练体系正是将三者内容有机地融合在一起,使学生在形体训练的过程中感知触动心灵的音乐、飞舞流彩的动姿,强化美的表现。集体组合艺术小品提高团结协作意识,展现人格魅力,达到拓展表达自我、发展个性美感和塑造形体

美的目的。但完美形态的获得必须参与系统化、规范化的学习,发挥主观能动性,针对自身的弱点强化练习,才能收到好的效果。正如培根所说:"美是令人倾慕的,但创造美的劳动都是艰辛的,甚至是残酷的。"因此,全面进行形体训练应磨砺自己的意志,养成自觉练习的习惯,培养良好的个性与独立锻炼的能力,进而强化审美意识,发掘审美能力,塑造具有个性特质的形体美。

三、进行艺术美育教育,陶冶情操

美育是现代人们自身建设的一个重要方面,也是学校培养德、智、体、美全面发展一代新人的重要组成部分。它把一个人的社会性与生理性融合在心理中,使一个人达到人生最高的境界。形体训练过程是一种动态美的行为艺术培养过程,同时也是一种美的教育过程,以组织、美化和艺术加工的人体动作为主要训练手段,以求通过人自身局部的强化达到整体的完美。以美启真,又是反映社会生活的一种艺术形式。形体训练中的美育是以美的音乐、美的动作、美的仪态等为内容,培养正确的审美观念和感受美、鉴赏美、创造美的能力,引导学生注重自我美的塑造,使形体美与情感美达到和谐统一。形体训练可以让人们逐渐感到身心合一、神形兼备。美国舞蹈家伊莎多拉·邓肯说:"舞蹈应是身体对表现心灵的一种媒介","是心灵的反映"。形体训练课程是一个有计划、有目的的教育过程,经常参与,能起到潜移默化的作用。因此,学生可以通过舞蹈艺术形体和健美学习,体验健康优美的感情,以陶冶自己;可以在真、善、美的艺术形态中提高审美的认识水平;可以通过健美的仪态去憧憬与追求未来的社会和理想的事物,以实现自己的个人理想和社会价值;可以通过训练活动表现自己心灵的想象与个人意志,享受形态美与生活美的情趣,以促进自身完美的形成等。

当代青年越来越注意自身的仪表美,而形体艺术教育在引导青年学生正确认识形体美以及风度气质方面起着很重要的作用。正如英国著名学者培根所言:"相貌的美高于色泽的美,而秀雅合适的动作美,又高于相貌的美,这是美的精华。"每一个学生都可以举步矫健、四肢舒展、身体挺拔、仪态大方,他们的心中充满美感,这就是形体艺术美育的作用。形体训练课程的内容丰富,形式新颖多样,内在联系性较强,能相互促进,不断地深化提高,这是一个有机整体。只有全面地进行形体艺术训练的各种学习,才能实现美育目标。

第二节 形体美的概念

爱美求美,一直是我们现实生活中的主题。形体美作为美的主体,与社会美紧密相连,是社会美的核心。正如车尔尼雪夫斯基所言:"人是地球上最美的物类!"人的形体美是自然美的最高形态,是社会生活中最丰富多彩、最怡心动人的美,是社会美的最高体现。人的形体美特征,即完美的形象性。它有两种含义:一是人外在的形体美;二是作为社会人内在的心灵美,即气质美,这种美的形象蕴含了形式和内容的一致性。这就是说,形体美的各个部分和谐以及色彩线条的鲜明和新颖性、形态的完美性构成了形象美的总和。但不是单一的外部形态美,只有内在美和外在美和谐统一,才能长久不衰。

人类在对美的认识的社会实践中,在各个历史时期,由于各阶段、阶层以及所处的社会生活环境不同,对人体美的理解与界定也不尽相同。因此,美本身还包含着受历史和社会制约的因素。中国古代在人体审美观上与现代有着很大差异,主要是受统治阶级和封建礼教的影响,尤其对女性美的看法影响明显。封建统治阶级由于锦衣玉食、妻妾成群,过着腐化堕落的生活,因此他们视女子畸形、病态和柔弱为美,导致了种种摧残妇女身体的恶劣做法,如古代崇尚妇女细腰,畸形的小脚被称为三寸金莲等。老百姓对美的看法首先是与身体好、能劳动联系在一起。因为他们是劳动的创造者,他们认为双颊红润、容光焕发、体格健壮、有一双大而有力的手的女子才是美的。

在现代生活中,男女平等,没有等级差异,每一个人都可用自己的勤劳和智慧参与社会建设。所以,现代的人体美首先是与社会生活联系在一起的,与生活实践紧密相连,并充分地体现了丰富多彩的生活形式,特别是人自由且朝气蓬勃地健康发展,才是现代社会崇尚美的标准。青少年发育期进行美化的、节律化的形体艺术训练可促进身体匀称、健康发展。他们在健美的姿态造型展示中,进行自我修养、自我完善和心灵陶冶。形体训练在追求高尚的情操和培养审美情趣方面有着不可替代的作用。

为了更好地学习和掌握训练内容,首先应该明确形体美的内涵和基本标准以及应遵循的原则。

一、形体美的内涵

形体是指人身体的形态,由体格、体形、姿态三个方面构成。体格指标包括人的高度(身高、坐高等)、体重、围度(胸围、腰围、臀围、臂围、腿围、颈围等)、宽度(肩宽、骨盆宽等)、长度(上、下肢长度等)等。其中,身高主要反映骨骼的生长发育情况;体重主要反映骨骼、肌肉、脂肪等重量的综合情况;胸围则反映胸廓的大小及胸部肌肉的生长发育状况。因此,身高、体重和胸围被列为人体形态变化的三项基本指标。

体形是指身体各部分的比例,如上、下身长的比例,肩宽与身高的比例,各种围度之间的比例等。体形主要取决于骨骼的组成与肌肉的状况。达·芬奇说过:"美感完全建立在各部分之间神圣的比例上。"由此可见,体形是否美,主要取决于身体各部分发展的均衡与整体的和谐。

姿态是指人坐、立、行、走等各种基本活动的姿势。人体的姿势主要通过脊柱弯曲的程度、四肢和手足以及头的部位等来体现。姿势的正确、优美,不仅衬托、体现人的整体美,还反映一个人的气质与精神风貌。可以说,它是展示人的内在美的一个窗口。

由形体构成的要素不难看出,形体美是一种综合的整体美。它既包含了人体外表形状、轮廓的美,又包含了人体在各种活动中表现出来的体态美。所谓形体美,就是健壮体格、完美体形、优美姿态融会而成的,展现出来的和谐的整体美。就我们每个人来说,当然是人人都想得到自身的完美,换句话说就是求得心灵(内容)与身体(形式)两个方面都达到尽善尽美的程度。心灵美是内在的,是指人的思想、精神、情操、品德和风度等方面。身体美是外在的,即指人的体形、仪表、举止等方面。形体艺术训练正是采用了舞蹈基础技能与健美训练结合,使人的内在美和外在美达到和谐统一的艺术形式美。学生可以通过形体艺术技能和理论学习,提高自身的机能水平,灵活自如地表现自我,在表演中体验优美、高尚、健康、温柔、刚健、细腻、粗犷的感情的同时,陶冶自己。这可以在真与假、善与恶、美与丑的艺术形象中提高审美认识水平;可以通过舞蹈艺术形象去憧憬与追求理想的社会和理想的事物,以树立自己的个人理想和社会理想;可以通过形体艺术活动表现自己心灵的想象与个人意志,享受形体美给予生活美的情趣,以促进自身完美的形成等。当代青年越来越注意自身的仪表美,而舞蹈美育教育在培养青年学生的形体美以及风度气质方面起着很重要的作用。

二、形体美的基本要求

作为人的外在美的一个重要组成部分,形体美的最基本要求是身体各部位符合美学中形式美的原则,即各部位的比例要均匀对称,这样才能给人和谐统一的美感。

从人体美学和生物学角度看,人最合适或最理想的形体是什么样的呢?从古至今,有许多艺术家、人类学家、医学家、文学家都在研究这个问题。在探讨人体美感的规律时,有些学者甚至把人体各部位的审美关系数据化、公式化。由于发现了人体各部位长度、宽度、对比度、曲度与某些数学比值和数学图案的密切关系,形体美也可以有一定的"定量"化。衡量形体美的基本标准为:五官端正,肤色红润,皮肤细腻并有光泽;生长发育良好,以骨骼为支架构成的人体各部分比例适当;肌肉均衡、发达,线条清晰,富有弹性;身体各部分围度正常;脊柱正直,双肩对称,姿态规范、端庄。

美国艺术史家潘诺夫斯基深刻地指出:"美,不在于各种成分,而在于各个部位和谐的比例。"艺术哲学大师笛卡儿说:"恰到好处的适中与协调就是美。"在现实生活中,身材高矮、胖瘦,美与不美,关键是看身高与体重的比例是否恰当。比例失调不能产生美感,比例适中则给人以和谐匀称的美感,环肥燕瘦就是典型的例证。此外,一个人尽管体形很美,却病态怏怏,站无站相,坐无坐姿,走起路来耸肩弓背,摇摇晃晃,又怎能让人产生美感呢?这就告诉我们,姿态美对充分表现体形美、烘托体形美起着重要作用。因此,在鉴别与评价形体美时,切不可把体格、体形、姿态三大要素孤立地割裂开来,必须全面综合分析,着眼于整体。在塑造自身的形体美时,则要根据本身的自然条件,从整体美的角度出发,进行身体各个部位的强化训练,达到协调配合的训练目的,方能实现美化形体的愿望。

三、形体美的一般评价标准

普列汉诺夫说过:"绝对的美的标准是不存在的,并且不可能存在。"这是因为,在人类历史的发展过程中,形体美的标准是变化的,即使同一时代的人,由于民族特点、种族差异、地理环境、审美习惯不同,标准也不尽相同。所以,只能根据现代社会人体美的研究,提出以下相对稳定的评价标准。

(一)体格、体形

标准身高和标准体重的计算方法有多种,下面各以一种算法为例进行说明。

(1)标准身高。人的身高,虽然一般以高为好,但也绝非越高越美,而以适中为宜。一般应根据身高指数评定。

$$身高指数 = 身高值 - 体重值$$

(2)标准体重(kg)。标准体重的计算公式(身高单位为 cm)为:

$$北方人 = [(身高 - 150) \times 0.6 + 50]$$

$$南方人 = [(身高 - 150) \times 0.6 + 48]$$

肥胖度在±10%范围内为正常,在10.1%~20%为过重,超过20.1%则为肥胖。

(3) 男子以股骨大转子为中心,上、下身长相等;女子以肚脐为界,上、下身长比例为5∶8。

(4) 男女两臂侧举时的长度等于身高。

(5) 男女两肩的宽度,约等于1/4身高。

(6) 男女大腿长等于1/4身高。

(7) 男子胸围约等于1/2身高加5 cm;女子胸围是身高的49.2%。

(8) 男子腰围约小于胸围18 cm;女子腰围不大于1/2身高。

(9) 男子臀围约等于胸围(是身高的50.6%),女子臀围大于胸围2~3 cm(是身高的56.5%)。

(10) 男子大腿围约小于胸围22 cm;女子大腿围小于胸围8~10 cm。

(11) 男子小腿围约小于胸围18 cm;女子小腿围小于胸围18~20 cm。

(12) 男子脚腕围约小于胸围12 cm,上臂围约等于1/2大腿围,前臂围约小于上臂围5 cm,颈围约等于小腿围。

(二) 姿态美

1. 立姿

男子挺拔刚健,女子亭亭玉立。要求两腿直立并拢,双肩平而放松,两臂自然下垂,挺胸收腹,收臀,立腰,立背,颈直,下颌微收,双目平视前方。

2. 坐姿

端庄、优美、温文尔雅。女子要求两膝并拢;男子双膝可稍分开,略窄于肩宽。腰背要挺直,肩放松,挺胸,收腹,脊椎与臀部成一条直线,微收下颌,目视前方。

3. 走姿

男子自然稳健、风度翩翩;女子轻捷自如、优美大方。要求以标准站姿为基础,走时头与躯干成一条直线,目视前方。步位正确,重心平稳,步幅基本一致,双臂自然摆动。

除此以外,在日常生活中动作的规范、准确、灵敏、协调也影响着形体美。

四、形体训练课的内容

根据形体美的内涵、基本要求和评价标准,从而确定了形体训练课程的基本内容(见图1-1)。

从图中可以看出,形体训练的各部分内容都只适宜于解决形体中某个方面的问题,带有一定的局限性。因此,要达到理想的训练效果,仅仅依靠选用某一类练习是难以奏效的,必须进行综合的、全面的练习。

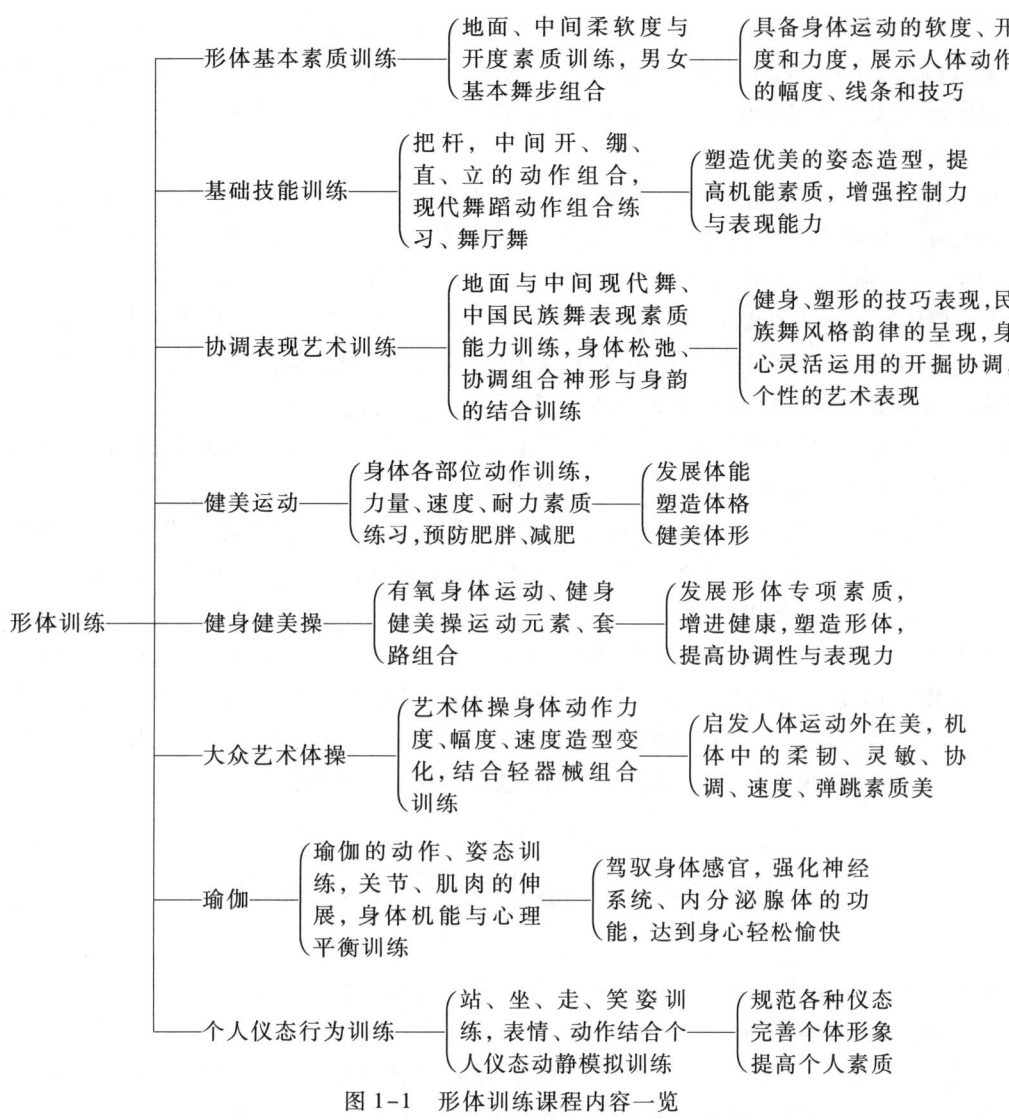

图 1-1 形体训练课程内容一览

第三节 形体训练应遵循的原则

形体训练应遵循课堂的教与学的基本原则,即教学的全面性、循序渐进性、针对性,学习的模仿性、变化练习性、比较创新性。

全面的教学原则主要是指教学内容全面、合理实用。形体训练课是根据人体各部分组织的整体的有机体的特点,结合形体美的因素,制定的互相联系、互相制约、互相促进的内容体系。每个部分都在教学中起着积极促进和发展的作用。所以,形体训练应该克服单纯的兴趣爱好的偏向。

循序渐进性是指教学内容的推进和深入,必须符合身心发展的客观规律,由易到难、由浅到深,逐渐提高。在教学方法上从单一元素到组合,从局部到整体,从原地到移动,从慢到快,从单纯的重复模仿到变换发展的创新来达到目的。为了使人体各部分机能产生良好的适应性变化,运动量和体能的安排应从小到大、由弱到强逐步提升,并把握好不同体能的大、中、小负荷有节奏地交替练习,合理安排,来促进机能的提高。

针对性是指在全面训练的基础上,根据个人的身体情况,采用相应的训练内容,达到身体各部分协调发展。如对男生上身突出胸、肩、背的训练,使胸背肌健硕,肩膀宽阔,以体现男生的阳刚之美;对女生则强调了胸、腰、腹、腿的柔韧性和力度的训练,展现曲线美。

学习的模仿性是形体训练课中的初级阶段,主要通过课本和教学图解,结合教师的动作演示,进行模仿学习,同时配合音像教材独立模仿练习,从陌生到熟悉,从感知到领会来掌握学习内容。

变化练习主要是根据自身体能和基本条件,在全面学习的基础上,充分发挥主观能动性,改变练习的内在因素,包括动作的节奏,幅度、速度的变化,可通过动作方向和运动路线的拓展与缩小的不同组合方式来反复练习。这是学习的中级阶段。

比较创新是形体训练学习的高级阶段。这个阶段可在全面掌握基本动作和技能的基础上,根据自身的要求自由采编内容来组合练习。这不但可以强化学习的兴趣和效果,而且可以增强独立的创新意识,培养创新思维和能力。

以上教与学的原则和方法主要是培养学生的自学能力,以及开掘他们自创意识的一种重要手段,但要达到训练的目的就必须持之以恒,不间断地反复练习,才能在身体保持旺盛的代谢过程中,产生良好的效果。另外,形体训练的技术、技能的掌握,是在不断地练习、强化和深入中获取的。只有不断地培养自己顽强的意志和积极主动的态度,才能从中获得愉悦和成功的快乐。

第四节 形体训练的社会功能

形体训练内容是根据人体生理结构特点科学地组编连接的,有自己独特的运动规律和本质特征,在社会生活中发挥着独特的功能和作用。所以,我们只有认识了形体艺术训练的性质及其在社会生活中处于什么位置,应该发挥哪些作用,才不致使我们在从事这项活动时陷入盲目性,才能充分发挥自己的身体机能和创造潜力,塑造出我们所追求的身心健美。

形体美是社会生活发展的产物,随着社会生活发展而发展。它是社会生活、社会思想、社会风尚的一种反映和表现。它一经形成又反过来影响社会生活。它对社会的作用与影响,是通过生动、鲜明的形体美来实现的。所以说,人们对世界观的认识、道德的倾向以及其他的功能作用,与形体美的因素是分不开的,并以具体可感的美的形式表现出来。这种美的形式不是孤立的,而是以特殊的意识形态作用于社会,并具有魅力的动态形象,使人赏心悦目,陶冶性情,美化心灵,促进人们的身心健康和社会风尚的完善,推动社会主义精神文明的建设和发展。

具体来说,形体美的社会功能有四个方面:一是增强体质,净化心灵;二是欣赏愉悦,陶冶情操;三是增进友谊,交流情感;四是美化社会,认识世界。

一、增强体质,净化心灵

形体训练是一门特殊的重在实践性的社会文化学科。首要功能是增强人们的体质,挖掘人体各种机能的潜力,加强免疫能力。早在18世纪,法国著名的思想家与哲学家伏尔泰就提出了"生命在于运动"的观点。在我国古代,人们在求生存、与大自然的斗争中就以各种各样自娱自乐的运动形式来强身健体,消灾祛病。据《吕氏春秋·古乐》中记载,在远古阴康氏年代,天气阴霾多雨,河道壅塞不通,洪水泛滥,人们的情绪忧郁,身体也逐渐衰弱。于是,有人就创造了健美的舞蹈让大家跳,舒展人们的筋骨,增强人们的体质,排除了"滞伏""郁淤"的潮湿阴沉之气,使人们恢复了健康。我国的传统医学和现代医学也都一致认为,适当的运动对人体大有裨益:第一,促进骨骼和肌肉生长,使身体健康匀称地发展;第二,调节心神,强化各脏腑组织的协调功能;第三,增强"心主血脉"和"肺主气"的功能;第四,增强脾胃功能,有助于饮食的消化和吸收;第五,能促进体内的新陈代谢,是恢复代谢功能最积极的措施。这种既增强体质,又促进青春的功能运动,正是人们普遍追求的。

形体训练从表面上看,是一般的健身运动,但实质上是一种比一般意义上更高级的艺术化的运动。训练的内容主要是由一种经过提炼、组织、美化、节律化的人体动态造型的运动组成的。参与者在优美的旋律伴奏下,在自身形体有节奏的律动中,充分感受到自我的存在、生命的活力,感受到自我展示的形体之美、气质神韵之美、节律之美和力量之美。在这种内情外化的运动过程中,获得了自身精神和肉体融会的美感,进入身心合一、内外交融的美妙境界。这也说明了我国各民族的自娱自乐的传统文化形式,以及新兴的社交舞等在大众文化中经久不衰的原因。所以说,形体训练是一种美好和谐的运动,既锻炼身体又净化心灵。

二、欣赏愉悦,陶冶情操

形体训练在培养人们追求美、塑造美的形体的同时,在提高自身艺术修养、追求高尚的情操和培养审美趣味等方面,有着不可替代的重要作用。

在现代社会里,人们利用闲暇时光积极投身于各种有利于健康的文化活动、健身运动。在学校和公益性文化场所,积极推广强身健体的形体训练已成为一种时尚。人们在亲身参加这些创造美的运动的过程中,把内心的美好情感充分地表现出来,并给自己的身心带来愉悦和审美感受,激发人们向往更高、更美好的境界,引导人们追求生活崇高的理想和情操。形体训练的这一功能是语言文字难以表达的,只有自己积极参与,才能有这种感受。优美动人的外形,不但营造了一个美好的氛围,而且从外在形态直至精神内涵都能得到愉悦和陶冶,使自己变得更美好、更善良、更崇高。这种审美的感受在人们的社会实践和社会生活中起着巨大的作用,它促进人的全面发展,帮助人们改造现实,是现代人们自身修养、自我娱乐的最好形式。

三、增进友谊,交流情感

形体训练的各个部分,从外部形态看,是各种动作和姿态的交替展现;从内部结构上看,它是一种以人体动态造型为主来表现和抒发人们美好情感的文化形式。人们在优美的音乐伴奏下,通过人体的律动,相互传达情感语言的信息,相互激励着对美好的追求,同时加深了人们之间的理解和融合,强化了整体的凝聚力。我国许多少数民族,在他们的传统节日里举行的活动中,除了祭奠祖先、祈求和庆贺等内容外,还有如少数民族的集体鼓、民族武术等运动,一个民族通过这种形式沟通本民族之间、本民族与其他民族之间的感情,增加了解,增进友谊,加强民族之间的凝聚力,民族的精神得以代代相传,并不断地得到更新和发展。我国举行的多次少数民族运动会,不但增强了民族之间的友谊和团结,且突破民族和国度的界限,让世界对我国各民族有了进一步了解,增进了我国各民族与世界各民族之间的友情。这种人体形象的律动文化,在传播中华民族古老文明和友好情感方面,发挥了重要作用。

四、美化社会,认识世界

在当今时代,社会发展很快,对人才的综合素质要求越来越高。作为高校毕业生,要使自己适应社会需求,在激烈的人才竞争中得到社会的认可,除了具备一定的专业知识和技能外,还需拥有健美的形体和高雅的气质,以及具备现代人的举止礼仪风范。形体训练课程正是本着这个目标而开设的。学生在学习过程中可以进一步了解现在丰富多彩的社会生活,以及生活中人们的情感变化;可以正确认识现实生活,以健康的心态对待生活,以健美的身体实现自我的真实反映;可以获得一定的社会效益,为社会营造美好的氛围。这就是形体训练的重要社会功能:在审美、创造美的活动中认识生活,了解世界,创造美好的未来。

所以说,形体训练作为人体语言文化在审美愉悦性和社会功能性方面具有双重意义。它的双重性特征表现在:健身美仪,提高人们的精神境界,开阔视野;美化心灵,满足人们的审美需要,美化社会。形体训练不再只是宣传教化的简单形式,而是有了更广阔的活动天地,逐渐反映出其本质功能,全面发挥了修养自身、欣赏愉悦、情感交流、认识生活等功能,使形体训练进一步密切了人和社会的关系,使人们在社会生活中寻找到自己的立足点,闪耀出更加富有个性的光彩。

相关链接

舍宾形体训练概念

舍宾是英文Shaping的译音,来源于20世纪90年代的俄罗斯。其含义就是形体整形、塑造或雕塑。字面的解释为塑造、成形。它包括形体测试系统、形体锻炼系统、形体营养处方系统、形体模特服装、发型优化系统、软组织运动雕塑程序方法体系。它是有别于健美操、有氧操的一种全方位追求形体美和形象美的运动,最早盛行于俄罗斯等一些欧洲国家和地区。目前它的流行范围越来越广。舍宾融合了体育、营养、美容、舞蹈等众多学科中对"美"的理解,是目前世界上唯一获得专利的形体雕塑系统。1995年年底舍宾进入中国至今,已经有20多个年头了。教练通常把舍宾的练习过程比喻成捏泥巴,针对每个人不同的骨骼类型、不同的部位来雕塑体形。

一、舍宾的起源与发展

舍宾起源于俄罗斯的舍宾运动。它通过计算机测评分别制定出适合个体的"营养+运动+医学+心理学"不同的训练处方,完成从形体美到总体形象美化,从外在姿态美到内在气质美的培养。舍宾形体运动设定的人体健美标准是形体的曲线美和围度的比例美。参加舍宾运动的女性先要做一次身体测试,以后每个月进行一次复测,以便调整训练计划。

舍宾不是一般意义上的运动项目,该运动是由一批苏联多学科专家,吸取了健美运动、体育舞蹈、保健医学、营养学、人体美学等先进成果,应用计算机技术,经10多年的实践研究所推出的集人体测验评价、形体雕塑、形象设计、整体美化于一体的人体美化系统,1991年获得苏联国家专利局专利,成为当今世界上唯一拥有多项运动专利的国际协会。短短几十年,舍宾体系连锁俱乐部已迅速发展到20多个国家,遍及约300个城市。

首先是姿态练习。学员们穿着舞蹈鞋,跟随教练完成一个个优美舒展的动作。接着换上高跟鞋,在乐曲声中时而转身留头,时而上步回身,有时双手交叉,有时右手滑落,在教练的口号声中或收腹提气,或双手相抱……宛如T形台上的模特。在姿态和步态练习之后,学员们重新换上舞蹈鞋,做协调性练习。随着优美的旋律,在教练的指导和示范下含胸,抱腿,脚点地,手臂时而伸展,时而做波浪状……很有芭蕾的味道。

舍宾练习既包括了古典芭蕾的优雅,又融入了现代舞的奔放。如果因此认为这是舍宾的全部内涵,未免失之偏颇。舍宾还有有关营养方面的规定,比如,对运动前后水量的摄入和补充就有严格的要求,训练中以及训练后不能马上饮水,训练结束一个小时后,方可喝水,但仅限于白开水、矿泉水、无糖茶水等。

舍宾专家认为,人的形象设计概念引自现代企业形象设计——CI概念,它是由VI(视觉识别系统)、BI(行为识别系统)和MI(理念识别系统)构成的,是由理念到行为再到外观的整体形象定位。舍宾作为高质量的形体雕塑、整体美化设计工程系统,可以说在之前的美容业界或者体育运动界都未能创造出这样一个先进的、科学的可操作系统。

国际经济预测专家预言,21世纪发展最快的产业是健康美丽产业、文化产业和信息产业,舍宾正是有关人类健康美丽的新兴产业。"要健康更要美丽",人类追求美的境界在不断地提高,舍宾将会得到更多人的欣赏。

二、舍宾的特点

现代人正在追求5个层次的人体美,即健康、静态形体美(外形、肢体围度、脂肪百分比、皮肤护理等)、动态美(姿势、表情、动作等)、气质美和整体美(自身和服饰、发型、化妆的协调配合)。舍宾运动是针对女性的生理特点,面对现代人对全面美的追求,由许多致力于形体研究的运动学家、医学家、营养学家、美学家和计算机专家等经过多年的共同努力,全面研究了人类生命、健康、长寿、生长、发育以及肌肉、骨骼等领域,得出的一套人体标准体态和最佳气质的人体美化工程系统,创造性地开发出了一套人类形体的计算机测评系统和骨骼结构分类形体模型标准设计方法。它是一套全新的形体雕塑和形象美化的科学方法。舍宾具有很强的综合性、科学性和针对性。目前,练习舍宾的主要是女性,因此,舍宾也被称为"女人的私房运动"。舍宾运动是一个完整的形体雕塑及形象设计系统,是世界上第一个把现代减肥美体理论及综合治理原则转变成具体的、可操作的训练方法的机构。严密的系统工程体系,也是当今世界上唯一形成专利体系及连锁俱乐部形式发展的国际性运动协会组织。

舍宾形体运动设定的人体健美标准是形体的线条美和围度的比例美。为此,舍宾运动体系通过测量把人类体形分为9种不同的类型,建立各种体形类型的最佳模型标准,使每个参加者都能从舍宾系统中找到适合自己身体条件的分类标准,并通过计算机形体测评了解自己的形体现状与标准模型之间的差距,然后根据舍宾体系提供的运动处方和营养处方,在教练的指导下通过训练、调养来缩短、消除差距,达到一个围度比例日趋美好的形体。

舍宾形体运动对人体美的定义是健康、体形、动作、姿态、修养、服饰在个性基础上的协调和统一。因此,舍宾运动不仅能有效地对参加者进行形体雕塑,而且通过多种练习使参加者身体健康、动作协调、姿态优美、举止文雅得体。舍宾体系的发型、化妆、服装参谋系统将为参加者提供合乎个人形体与气质的总体形象美化的指导。

舍宾形体运动以其独特的理论,先进、科学的训练方法,明显的减肥健美效果,一经推出便火爆都市,风靡全球,迅速成为现代都市人们追求的时尚。舍宾舞蹈是表现形体语言的过程。国内外许多选美小姐、影视明星、模特、节目主持人等都通过舍宾形体运动和舍宾舞蹈来改善体形。国际舍宾协会在我国设立了舍宾国际连锁俱乐部总部(北京),在许多大中城市也设立了连锁俱乐部,致力于舍宾运动的推广和普及,让更多的人拥有健康和美丽。中文"舍宾"已在中国注册。"舍宾"已成为当今爱美人士最时髦的用语之一。

三、舍宾健身三部曲

(一) 步骤一:精确你的美丽

首先,在开始舍宾前,舍宾计算机测评系统对参加者的体形进行全面的测评,得出一个客观科学的评价。其次,再将参加者的资料与舍宾标准数据库模型进行比较,找出参加者与舍宾标准模型中的差距。然后,舍宾设计系统制定出一套完全针对个人的形体训练方案。同时,舍宾营养系统也会根据参加者的实际情况,结合训练方案,设计出一个营养处方供参加者使用,使参加者逐步达到标准体形状态下的营养平衡。

舍宾俱乐部有专门的教练指导参加者进行训练。每个月要进行一次形体测试,检测形体雕塑的进展情况,可以看出身体围度和体重的变化,总结训练效果。情况反馈到计算机后,重新制定出一套新的方案,使参加者的形体逐渐向最佳标准模型靠拢。此外,神经衰弱、失眠、颈椎病、关节炎等也可以通过舍宾训练得到改善。

(二) 步骤二:优雅你的美丽

舍宾和其他健身方式最大的不同在于,它更能培养内在美。除了减肥,舍宾俱乐部还会进行形体语言训练,使参加者动作协调、姿态优美、举止文雅大方。根据自身的形体条件着装、化妆和选择发型的能力,使参加者的外形和内在气质等方面同时提高并达到最佳境界,因此备受爱美女性的青睐。舍宾舞蹈就是在舍宾形体训练的基础上发展起来的,专门为18~45岁的女性设计,它集舞蹈、体操、健美、时装、模特等专业的训练方法于一身,是舞蹈与健身的完美结合。它融入国际影星、名模的优雅姿态,博采众家之长,形成了舍宾舞蹈特有的风格。它具有极强的艺术性和丰富的表现力,是舍宾模特培训的辅助课程。

(三) 步骤三:巩固你的美丽

总结舍宾训练成效的三大要素是测评、脉搏、气质提升。与此同时,舍宾训练非常重视饮食的配合。打一个简单的比方,我们吃一个馅饼,可摄取200~300千卡的热量。一场舍宾课下来,所消耗的热量也在200~300千卡,如果在训练前吃一个馅饼,相当于消耗的就是刚才所吃的馅饼。所以舍宾规定,如果参加者的训练计划的目的是减脂,那么在训练前参加者不能提前储存热量。人在饥饿状态下运动,血糖下降,身体会调用肝糖原来提供热量,以达到燃烧脂肪的目的。运动后,人的新陈代谢旺盛,急需建构材料补充,并且吸收性特别强,此时不能马上进食,否则身体会超量吸收,导致肌纤维变粗,形成男性化特征的块状肌肉,所以运动后的一段时间内也不能进食。当然,舍宾饮食规则并不是要求节食,纯粹是为了配合当时的训练以确保效果。这的确是一套非常科学、完善的人体美化工程系统。

四、舍宾与健康

当然,人们也熟知运动与健康以及运动营养对年轻化的诸多作用。我们也可以更好地理解发达国家的人为什么比我们更热心地参与运动和注重营养。据了解,在德国和美国平均每100~150人就有一位健身指导,而有些国家每200人左右就有一个营养师。有健康理念与生活习惯的社会群体会更青睐于像舍宾这样对健、寿、美综合治理的系统体系。因为人们要追求高品质的生活,无疑,高品质生活的基础,就是高质量的生命。高质量的生命意味着人们更健康、更长寿、更美丽,有更旺盛的精力和良好的心情等。舍宾专家发现如果一个女人过于瘦弱或过于肥胖就会影响她们的社会生活,更多的因素是形体问题带来的心理障碍,例如由于形体丑陋造成自信心不强,或造成生理有影响等。舍宾专家很诱人的发现之一就是大多数参加舍宾训练的人们在训练半年或一年后均有明显改进或提高。舍宾的训练能提高生活质量的原因还在于舍宾训练能使练习者改变形体,更有自信心及精力,体力旺盛等方面。

(资料来源:根据网络资料整理)

本章小结

形体训练是获得形体美、心理美及美的表现的重要途径。学生通过基础素质训练、技能技巧训练、健美协调训练和仪态训练等实训部分的练习,逐步具备现代人的健美外形和优雅的举止风范,从而培养和提高自己的审美理想和审美能力,开掘对美的丰富的想象力和创造力,为社会营造优雅文明的文化环境,为弘扬中华民族的传统美德奠定良好的基础。

思考题

1. 什么是形体训练?其特点是什么?
2. 形体美的基本要素是什么?
3. 形体训练主要包括哪些部分?
4. 形体美的内涵和基本标准是什么?
5. 形体训练的目的和作用是什么?

第二章　形体基本素质训练

知识目标
- 了解形体基本素质训练的目的和作用。
- 掌握身体各部位机能素质训练的技术要求、内容结构与方法。
- 理解形体基本素质训练的内在联系特点、塑身特征。

能力目标

学习目标
- 培养、提高学生身体的肌肉力量、柔韧性、控制能力。
- 培养学生身体各部位的协调活动能力、舒展表现能力。
- 促进身体良好发育、正确体态的形成。

素养目标
- 提升学生的形体美育意识。
- 促进提高身体机能的灵活性和协调性。

　　形体基本素质训练是形体训练最重要的内容之一。训练可采用单人练习和多人配合练习两种形式，通过中间和地面的练习，有针对性地对人体的肩、胸、腰、腹、腿等各部位进行训练，以提高人体机能的力度、柔软度、开度、柔韧性和控制力。这可以为塑造良好的人体形态，改善形体的控制力打下良好的基础。形体基本功练习应本着从易到难、从简单到复杂的原则，同时也要注意自己和配合者的承受能力，不能超负荷，以免发生伤害事故。基本形态控制练习是对练习者身体形态进行系统训练的过程练习，是形成人体正确形态的重要内容。它是通过徒手的动作、组合等强化的训练，进一步改变身体形态的原始状态，提高身体机能素质，促进形体动作的灵活性和协调发展。这部分练习动作比较简单，个别动作要求比较严格，训练必须从严要求，持之以恒，为过渡到形体技能训练奠定基础。

视频：热身操

第一节　热身操

　　热身操是形体训练的准备部分。它的目的是活动关节，充分拉长肌肉线条，逐步增加心跳次数，为完成较复杂的练习和整套动作做好心理、生理准备，使之真正达到预期的效果。

一、基本动作

（一）原地踏步（2 个八拍）

原地踏步如图 2-1 所示。

（二）踏跳步（4 个八拍）

准备：立正，两手自然下垂。

第一个八拍

第 1—4 拍：左脚起向左横踏 4 步，双手握拳曲肘自然摆动（见图 2-2、图 2-3）。

第 5—6 拍：左脚旁跳一步稍蹲，右腿旁抬 25°，双手左前拍掌（见图 2-4）。

第 7—8 拍：右脚收回正步站立，双手收回。

第二个八拍

第 1—8 拍：右脚起向右对称做一次。

图 2-1　　　　图 2-2　　　　图 2-3　　　　图 2-4

第三个八拍

第 1—4 拍：左脚起向前交替踏 4 步，双手握拳曲肘自然摆动。

第 5—6 拍：左脚前跳一步稍蹲，右腿后抬 25°，双手前拍掌，眼看前方（见图 2-5）。

第 7—8 拍：右脚收回正步站立，双手收回。

第四个八拍

第 1—4 拍：右脚起向后交替踏 4 步，双手握拳曲肘自然摆动。

第 5—6 拍：右脚后跳一步稍蹲，左腿前抬 25°，双手前拍掌，眼看前方（见图 2-6）。

第 7—8 拍：左脚收回正步站立，双手收回。

图 2-5　　　　　　图 2-6

（三）跑跳步（4个八拍）

准备：立正，两手自然下垂。

第一个八拍

第1—8拍：左脚起原地小跑8步，两臂自然摆动（见图2-7）。

第二个八拍

第1—8拍：并腿立足4次，两手手指交叉翻掌，向前推伸4次（见图2-8）。

第三个八拍

第1—2拍：左脚旁跳一步，右脚并步，左臂后环一圈（见图2-9）。

第3—4拍：同第1—2拍动作。

第5—8拍：右边对称做一次（见图2-10）。

第四个八拍同第三个八拍动作。

图2-7

图2-8

图2-9

图2-10

（四）原地后踢跑（2个八拍）

准备：立正，两手叉腰。

第1拍：左脚原地跳一步，同时右脚绷脚后踢小腿（见图2-11）。

第2拍：右脚原地跳一步，同时左脚绷脚后踢小腿。

两个八拍内重复这两拍动作。

（五）前吸踢腿跳（2个八拍）

准备：立正，两手叉腰。

第一个八拍

第1—2拍：左脚原地小跳一步，右前吸腿，两手叉腰（见图2-12）。

第3—4拍：左脚原地踮跳一次，右腿姿态不变。

第5—8拍：右脚起，动作同第1—4拍对称。

第二个八拍

第1—2拍：左脚原地小跳一次，右前吸腿，两手叉腰。

第3—4拍：左脚原地踮跳一次，右脚前踢绷脚（见图2-13）。

第5—8拍：右脚起，动作同第1—4拍对称。

图 2-11　　　　　　　图 2-12　　　　　　　　图 2-13

（六）斜吸踢腿跳（2个八拍）

准备：立正，两手自然下垂。

第一个八拍

第1—8拍：左脚起原地跑跳步8个，双手自然摆动。

第二个八拍

第1—2拍：左脚原地小跳一次，右脚左斜前吸腿，左手胸前握拳，右手握拳旁伸（见图2-14）。

第3—4拍：左脚原地踮跳一次，右脚前踢，上身右拧，左手前伸，右手侧平举（见图2-15）。

第5—8拍：右脚起，动作同第1—4拍对称。

图 2-14　　　　　　　　　　　图 2-15

（七）整理运动（4个八拍）

准备：立正，两手自然下垂。

第一个八拍

第1拍：左脚前走一步，两臂体前交叉（见图2-16）。

第 2 拍：右脚侧点地，两臂划至侧平举（见图 2-17）。

第 3—4 拍：右脚起，同第 1—2 拍动作。

第 5—8 拍：同第 1—4 拍动作。

第二个八拍

第 1 拍：左脚后退一步。

第 2 拍：右脚前点地，两臂前平举（见图 2-18）。

第 3 拍：右脚后退一步。

第 4 拍：左脚前点地，两臂旁划至侧平举（见图 2-19）。

第 5—8 拍：同第 1—4 拍动作。

第三个八拍同第一个八拍动作。

第四个八拍同第二个八拍动作。

图 2-16

图 2-17

图 2-18

图 2-19

二、教学提示

热身运动的时间长短、活动量的大小应根据天气情况和个人身体状况而定。一般情况下，热身运动的时间应控制在总锻炼时间的 20% 左右，做到身体感觉发热、微微出汗为宜。

视频：身体各部位的动作训练

第二节　身体各部位的动作训练

身体局部进行锻炼，如对头、颈、上肢、下肢、躯干等部位进行规范训练，有利于呼吸功能提高和血液循环加速，加强各关节的柔韧度，使胸、脊椎得到充分伸展，各部位肌肉发达，有益于促进身体发育和体质增强，力求人体匀称和谐、肌肉线条清晰、关节灵活舒展，从而塑造优美的体形。同时，身体局部训练还可以预防和克服各部位的畸形发展，形成健康、良好的姿态。

一、头部练习

头部运动能促进头部血液循环,改善颈椎僵直和其他毛病,使颈部肌肉发达,增强其柔韧性。

(一) **转环头**(2个八拍)

准备:直立,两手叉腰。

第一个八拍

第1—2拍:头前屈(见图2-20)。

第3—4拍:头还原。

第5—6拍:头后仰(见图2-21)。

第7—8拍:头还原。

第二个八拍

第1—8拍:头由前向左环绕一周(见图2-22)。

图2-20

图2-21

图2-22

(二) **甩转头**(4个八拍)

准备:直立,两手叉腰。

第一个八拍

第1—4拍:左脚前上一步成弓箭步,上身前俯,埋头(见图2-23)。

第5—8拍:左脚收回,头还原。

第二个八拍

第1—4拍:右脚后退,左脚虚点地,上身后仰,仰头(见图2-24)。

第5—8拍:右脚收回站立,头还原。

第三个八拍

第1—4拍:左脚旁移一步,上身左倾,甩头看左边(见图2-25)。

第5—8拍:左脚收回站立,头还原。

第四个八拍同第三个八拍动作,右边对称做一次。

| 图 2-23 | 图 2-24 | 图 2-25 |

二、躯干练习

躯干配合运动能促进提高人体内脏功能,有利于呼吸功能提高和血液循环改善,增强背部脊柱的拉伸力。

（一）肩部练习（4个八拍）

准备：直立,两手自然下垂。

第一个八拍

第1—4拍：左脚前上一步虚步,右转体90°,左肩后绕圈2次（见图2-26）。

第5—8拍：右脚前上一步虚步,左转体90°,右肩后绕圈2次（见图2-27）。

第二个八拍

第1—4拍：左脚前上一步,左转体90°,右肩前绕圈2次（见图2-28）。

第5—8拍：右脚前上一步,右转体90°,左肩前绕圈2次,身体还原（见图2-29）。

第三个八拍

第1—8拍：左脚前上一步成弓箭步,双肩向前绕圈4次（见图2-30）。

第四个八拍

第1—8拍：向后移重心成左虚步,双肩向后绕圈4次,脚收回还原（见图2-31）。

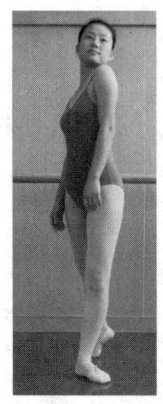 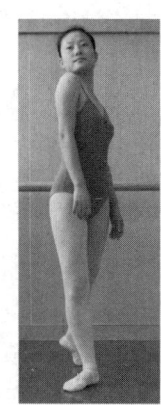    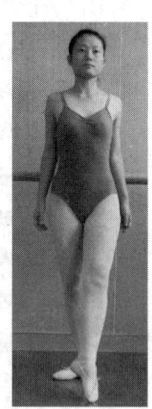

| 图 2-26 | 图 2-27 | 图 2-28 | 图 2-29 | 图 2-30 | 图 2-31 |

（二）扩胸练习

练习一（2个八拍）

准备：立正，两手自然下垂。

第一个八拍

第1—2拍：左脚旁移一步开立，同时双手握拳屈肘平抬（见图2-32）。

第3—4拍：双臂外拉，扩胸两次（见图2-33）。

第5—6拍：左脚前上一步成弓箭步，双手前伸向外振拉扩胸两次（见图2-34）。

第7—8拍：左脚收回，双手回位。

图2-32

图2-33

图2-34

第二个八拍

第1—8拍：右脚起，动作同前八拍对称。

练习二（2个八拍）

准备：立正，两手自然下垂。

第一个八拍

第1—4拍：左脚旁移一步，左转90°成弓箭步，双臂经前至侧后平振扩胸两次（见图2-35）。

第5—8拍：左脚收回，双手回位。

第二个八拍

第1—8拍：右脚上步，动作同前八拍对称。

练习三（2个八拍）

准备：立正，两手自然下垂。

第一个八拍

第1—2拍：左脚前上一步成弓箭步，同时双臂抬至侧平举，掌心向下（见图2-36）。

第3—4拍：两臂经前划至侧上举，手心相对（见图2-37）。

第5—8拍：左脚收回，两臂向前下划还原。

第二个八拍

第1—8拍：右脚起，动作同前八拍对称。

图 2-35

图 2-36

图 2-37

(三) 体侧屈练习

练习一(2个八拍)

准备:立正,两手自然下垂。

第一个八拍

第1—2拍:左脚旁移一步成开立,同时两臂抬至侧平举(见图2-38)。

第3—4拍:右臂上举(掌心向内),左手叉腰,身体向左侧屈(见图2-39)。

第5—6拍:动作同第1—2拍。

第7—8拍:还原。

图 2-38

图 2-39

第二个八拍

第1—8拍:同前八拍,方向相反。

练习二(2个八拍)

准备:立正,两手自然下垂。

第一个八拍

第1—2拍:左脚向左侧一步成弓箭步,同时左臂侧上举,右手叉腰(见图2-40)。

第3—4拍:上体向右侧屈(见图2-41)。

第5—6拍:同第1—2拍。
第7—8拍:左腿、手收回,还原。
第二个八拍
第1—8拍:同前八拍,但方向相反。
练习三(2个八拍)
准备:立正,两手自然下垂。
第一个八拍
第1—2拍:左脚旁移一步成开立,同时两臂上举,手交叉(掌心向上)。
第3—4拍:身体向左侧屈(见图2-42)。
第5—6拍:左脚、手收回。
第7—8拍:还原。
第二个八拍
第1—8拍:同前八拍,但方向相反。

图2-40   图2-41   图2-42

(四)转体练习

练习一(2个八拍)

准备:立正,两手自然下垂。

第一个八拍

第1—2拍:左脚旁移一步成开立,两臂上举(掌心相对)(见图2-43)。

第3—4拍:上体向左拧转成大踏步,两臂打开经身体两侧下划,右臂侧上举,左手侧平举(掌心向下)(见图2-44)。

第5—6拍:双手两侧下划侧平举,同时右转体回位(见图2-45)。

第7—8拍:还原。

第二个八拍

第1—8拍:同前八拍,但方向相反。

图 2-43　　　　　　　图 2-44　　　　　　　图 2-45

练习二(2个八拍)

准备:立正,两手自然下垂。

第一个八拍

第1—2拍:左脚旁移一步成开立,两臂侧平举(见图2-46)。

第3—4拍:上体向左前屈,右手指尖触左脚尖,左臂侧后举,头看左(见图2-47)。

第5—6拍:上体右转,左手触右脚尖,右臂侧后举。

第7—8拍:还原。

第二个八拍

第1—8拍:同前八拍,但方向相反。

图 2-46　　　　　　　图 2-47

(五) 上肢练习

练习一(2个八拍)

准备:立正,两手自然下垂。

第一个八拍

第1—2拍:左脚旁移一步成开立,同时两臂经体前交叉上分手至侧平举(见图2-48、图2-49)。

第3—4拍:两臂侧屈上举(两手半握拳,拳心相对)(见图2-50)。

第5—6拍:两臂伸直成侧上举(拳心相对)(见图2-51)。
第7—8拍:翻掌,两臂侧下划还原,左脚收回。
第二个八拍
第1—8拍:右脚出同前八拍做一次。

图2-48　　　　　　图2-49　　　　　　图2-50　　　　　　图2-51

练习二(2个八拍)
准备:立正,两手自然下垂。
第一个八拍
第1—4拍:两臂于体前交叉,向上双分手至侧平举,同时身体左转90°,左脚旁移一步成弓箭步(见图2-52、图2-53)。
第5—6拍:身体右转90°,左脚收回,两臂头上交叉,向下双分手至侧平举(见图2-54)。
第7—8拍:还原。
第二个八拍
第1—8拍:同前八拍,出右脚做。

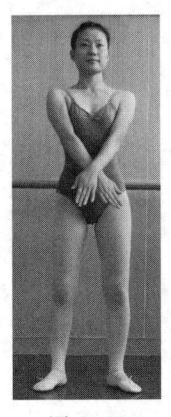  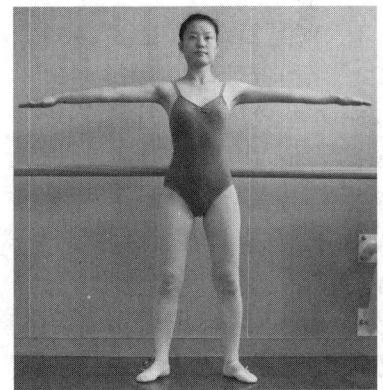

图2-52　　　　　　图2-53　　　　　　　　图2-54

练习三(2个八拍)
准备:立正,两手自然下垂。

第一个八拍

第1—2拍:左脚侧移一步成开立,两手侧平举(见图2-55)。

第3—4拍:左手下划经胸前向上打开,至侧斜上举,重心左移,眼看左(见图2-56)。

第5—6拍:右手起同第3—4拍,成两臂上举(掌心相对),眼看上(见图2-57)。

第7—8拍:还原。

第二个八拍

第1—8拍:同前八拍,右脚出,方向相反做一次。

图2-55

图2-56

图2-57

(六)下肢练习

下肢运动可加大腿部关节的活动幅度,可使伸腿平直有力,臀部紧缩;能增强腿部的肌肉力量和关节的柔韧性、跟腱的力度,促进全身的血液循环;使大腿与小腿肌肉匀称发展,外形丰满圆润。

1. 提踵下蹲

练习一(3个八拍)

准备:直立,两手叉腰。

第一个八拍

第1—2拍:提踵立(见图2-58)。

第3—4拍:还原(见图2-59)。

第5—6拍:提踵立。

第7—8拍:还原。

第二个八拍

第1—2拍:左脚旁移一步(与肩宽)。

第3—6拍:提踵立(见图2-60)。

第7—8拍:还原。

第三个八拍

第1—8拍:出右脚做一次,动作同前八拍。

练习二(1个八拍)

准备:直立,两手叉腰。

第1—2拍:提踵立。

第3—4拍:半蹲,脚踵仍提起,右手旁打开,左手扶把(见图2-61)。

第5—6拍:提踵立。

第7—8拍:还原。

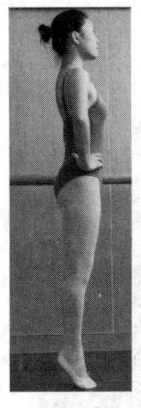  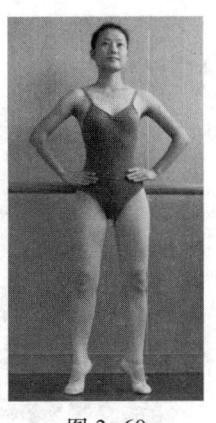 

图2-58　　　　　图2-59　　　　　图2-60　　　　　图2-61

2. 踢腿练习

练习一(4个八拍)

准备:直立,两手叉腰。

第一个八拍

第1—2拍:左腿前屈膝(见图2-62)。

第3—4拍:左绷脚向前踢伸(见图2-63)。

第5—6拍:左脚点地(见图2-64)。

第7—8拍:还原。

第二个八拍

第1—8拍:同前八拍,换右腿做。

  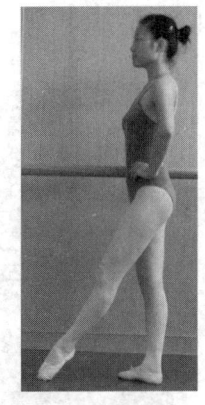

图2-62　　　　　图2-63　　　　　图2-64

第三个八拍

第1—2拍:左腿旁屈膝(见图2-65)。

第3—4拍:左绷脚向旁踢伸(见图2-66)。
第5—6拍:左脚点地(见图2-67)。
第7—8拍:还原。

第四个八拍

第1—8拍:同前八拍,换右腿做。

图 2-65　　　　　　　图 2-66　　　　　　　图 2-67

练习二(2个八拍)

准备:立正,两手自然下垂。

第一个八拍

第1—2拍:左腿向后上方用力踢出,同时两臂上举后振(掌心相对)(见图2-68)。

第3—4拍:还原成准备。

第5—8拍:同前四拍,换右脚做。

第二个八拍

第1—2拍:左腿向右前踢出,两臂侧平举(见图2-69)。

第3—4拍:还原。

图 2-68　　　　　　　　　图 2-69

第5—8拍:踢右腿,同前四拍。

3. 跳跃练习

练习一(1个八拍)

准备:立正,两臂自然下垂。

第1拍:两脚原地跳起,两臂摆至前平举(见图2-70)。

第2拍:两脚跳起,两臂摆至斜后举(见图2-71)。

第3拍:两脚跳起转体180°(或360°),两臂摆至上举(掌心相对)(见图2-72)。

第4拍:还原。

第5—8拍:同前四拍,但转体方向相反。

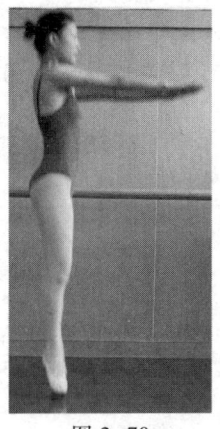
图2-70

图2-71

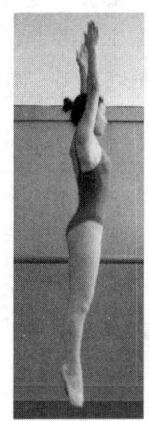
图2-72

练习二(2个八拍)

准备:立正,两手自然下垂。

第一个八拍

第1—2拍:左脚跳起,左腿屈膝右前抬,同时右手屈肘握拳至胸前,左手握拳侧平举(见图2-73)。

第3—4拍:右脚跳起,同前两拍。

第5—6拍:左脚跳起,右腿屈膝后抬,右手触右脚尖,眼看右(见图2-74)。

图2-73

图2-74

第7—8拍:右脚跳起,同前两拍。

第二个八拍

第1—8拍:同第一个八拍动作。

教学提示

(1) 躯干整体运动时,肩臂舒展,锻炼两侧均衡协调,举臂稍慢,脊柱立直,双腿挺直用力。

(2) 上肢的整体运动是由肩带骨、肩关节、肘关节、腕关节以及手部各关节的活动配合完成的。上肢运动宜用慢速度或中等速度进行,呼吸要均匀,做动作时眼看手。

(3) 弯腰时上半身保持平衡,脊柱伸展有力,双臂左右划动,维持身体平衡,调适肢体匀称。

(4) 下肢运动时,腰背立直,俯倾适度,收腹缩臀,臂腿用力伸直夹紧,配合协调,呼吸均匀,保持形体姿态平衡。

第三节　地面素质训练

视频:地面素质训练

地面素质训练主要训练身体各部分与关节的柔韧性和弹性,其目的是充分展示人体各种动作的幅度、线条所具备的柔软度、开度和力度。在多年教学的实践中,我们认为地面训练最适合现代青年学生学习,表现在以下三个方面。

(1) 地面训练一般用坐、躺、跪等姿态进行,重心低,便于初学者掌握。

(2) 双腿坐地减轻了支撑人体体重的负担,接触地面部分较大,可充分舒展身体各部位动作,拉长各关节的韧带,增强肌肉群的力量。

(3) 地面训练收效大、见效快,经常训练可改变人的松懈状态,为进入中间训练做好准备。

一、基本动作

(一) 盘坐上身伸展

音乐:$\frac{4}{4}$拍。

准备:双腿盘坐,双手两旁自然下垂。

前奏音乐:双手从两旁抬至上方,屈肘抱后脑,双肘向后展开(见图2-75)。

第1—2小节:双肘合拢,肘关节相碰(见图2-76)。

第3—4小节:双肘展开。

第5—8小节:动作同第1—4小节。

第9—10小节:双肘合拢,同时含胸使两肘相碰。

第11—12小节:双肘展开,同时挺直后背。

第13—16小节:动作同第9—12小节。

第17小节:上身转向左(见图2-77)。

第18小节:还原。

第19小节:上身转向右。

第 20 小节：还原。

图 2-75

图 2-76

图 2-77

第 21 小节：第 1 拍转向左，第 2 拍转向右，第 3—4 拍还原。
第 22 小节：向左下旁腰（见图 2-78）。
第 23 小节：还原。
第 24 小节：向右下旁腰。
第 25 小节：还原。
第 26 小节：第 1—2 拍向左下旁腰，第 3—4 拍还原。
第 27 小节：第 1—2 拍向右下旁腰，第 3—4 拍还原。
第 28 小节：双手向上打开（见图 2-79）。
第 29 小节：第 1—2 拍，右手向上做爬绳状，右扭头看右手（见图 2-80）。第 3—4 拍，左手向上做爬绳状，左扭头看左手。
第 30 小节：动作同第 29 小节。

图 2-78

图 2-79

图 2-80

第 31 小节：第 1 拍，双手扶膝盖，上身向前额头碰地（见图 2-81）。第 2 拍，上身还原。第 3 拍，向后下胸腰，仰头（见图 2-82）。第 4 拍，还原。

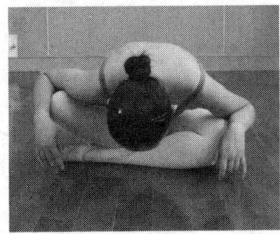
图 2-81

图 2-82

第32小节:动作同第31小节。

第33—36小节:动作同第29—32小节。

第37小节:坐正,深呼吸准备。

第38—39小节:第1—2拍,上身拧向右,向前下腰(见图2-83)。第3—4拍,保持向前下腰状,平移到前(见图2-84)。第5—6拍,继续平移到左(见图2-85)。第7—8拍,上身直起。

图2-83

图2-84
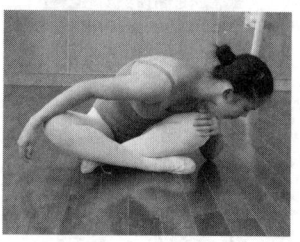
图2-85

第40小节:动作同第37小节。

第41—42小节:做第38—39小节的相反动作。

第43小节:坐正,深呼吸准备。

第44—45小节:第1—2拍,上身拧向右,向前下腰。第3—8拍,保持向前下腰状移向左,起身向左下旁腰(见图2-86)。

第46—47小节:第1—2拍,保持左旁腰转向后下腰。第3—4拍,保持后转向右下旁腰。第5—6拍,从右到左。第7—8拍,坐起,头向左肩。

第48小节:坐正,深呼吸准备。

第49—52小节:动作同第44—47小节。

第53小节:造型(见图2-87)。

图2-86

图2-87

教学提示

(1) 要充分伸展上身,双肘合时要紧,展时要开。

(2) 拧身向左,左肘带动,右肘尽量与左肘保持180°。

(3) 下左旁腰的同时提右旁腰,下右旁腰则相反。

(4) 攀缘抓绳时要有一节节向上的感觉。

(5) 腰向斜前时,胸要尽可能贴大腿,后背向远平伸。

(6) 整个组合呼吸要均匀,深呼吸时,四拍呼吸一次。

(二) 坐地勾绷脚

音乐:$\frac{2}{4}$拍。

准备:坐正两腿伸直并拢,绷脚,双手两旁自然下垂。

第1—2小节:第1小节,勾脚。第2小节,绷脚(见图2-88、图2-89)。

第3—8小节:动作同第1—2小节。

第9—12小节:第9小节,右勾脚,左脚保持绷脚。第10小节,还原。第11小节,左勾脚,右脚保持绷脚。第12小节,还原。

第13—16小节:动作同第9—12小节。

第17—20小节:第17小节,两脚勾脚。第18小节,两脚同时向外开,成一位勾脚状(见图2-90)。第19小节,绷脚。第20小节,两脚并拢还原(见图2-91)。

第21—24小节:动作同第17—20小节。

图2-88　　　　　　　图2-89　　　　　　　图2-90　　　　　　　图2-91

教学提示

(1) 坐地时上身要挺拔,两腿并拢伸直,脚绷到脚趾尖。

(2) 勾脚要尽可能向上翘,伸展脚跟腱。

(3) 两腿外开要从大腿根开始向外旋转。

(三) 盘腿坐地压胯

音乐:$\frac{3}{4}$拍。

准备:盘腿坐地,脚心相对,双手扶脚。

第1—2小节:第1小节,两膝微微抬起。第2小节,两膝下压打开。

第3—4小节:动作同第1—2小节。

第5—8小节:动作同第1—4小节。

第9—12小节:两膝微微抬起。此4小节里,一拍一次下压打开胯部(见图2-92)。

第13—16小节:动作同第9—12小节。

第17—20小节:第17小节,双腿旁伸直,上身伸直向前压,双手相握撑地面,头抬起(见图2-93)。第18—19小节,四拍控制不动。第20小节,两拍还原。

第21—24小节:动作同第17—20小节。

第 25—26 小节:两腿旁伸直,绷脚(见图 2-94)。

第 27—28 小节:上身向前伸展,胸贴地面,双手前伸直(见图 2-95)。

第 29—30 小节:从向前伸展姿态还原。

第 31—32 小节:不动。

第 33—36 小节:动作同第 25—28 小节。

第 37—40 小节:动作同第 29—32 小节。

图 2-92

图 2-93

图 2-94

图 2-95

教学提示

(1)盘坐时绷脚,小腿尽量回收,双膝盖尽量贴地。

(2)胯部打开,大腿外侧平放在地面。

(3)向前压胯要保持后背挺直。

(四)坐地吸腿练习

音乐:$\frac{4}{4}$拍。

准备:坐地,两腿并拢伸直,双手旁下展开,中指尖轻着地。

第 1 小节:右腿正前吸腿(见图 2-96)。

第 2 小节:伸直。

第 3—4 小节:左腿动作同第 1—2 小节。

第 5—6 小节:动作同第 1—2 小节。

第 7—8 小节:动作同第 3—4 小节。

第 9—12 小节:第 9 小节,右腿正吸腿。第 10 小节,右腿开胯(见图 2-97)。第 11 小节,保持开度伸直。第 12 小节,还原。

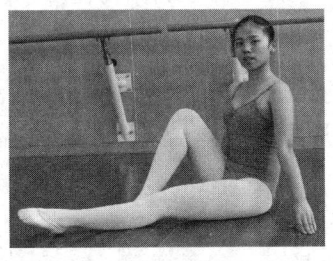
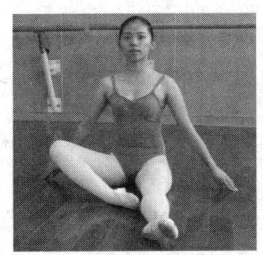

图 2-96　　　　　　　　　图 2-97

第 13—14 小节:动作同第 9—10 小节。

第 15—16 小节:动作同第 13—14 小节,换左腿做一遍。

第 17 小节:右腿向上抬 25°,保持开度(见图 2-98)。

第 18 小节:放下。

第 19—20 小节:动作同第 17—18 小节,做左腿。

第 21—22 小节:动作同第 17—18 小节。

第 23—24 小节:动作同第 19—20 小节。

第 25 小节:右腿上抬 25°,腿保持不动,小腿弯曲,脚尖在左脚外侧点地(见图 2-99)。

第 26 小节:第 1—2 拍,保持大腿不动,小腿伸直。第 3—4 拍,放下,还原。

图 2-98　　　　　　　　　图 2-99

第 27—28 小节:左腿动作同第 25—26 小节。

第 29—30 小节:动作同第 25—26 小节。

第 31—32 小节:动作同第 27—28 小节。

教学提示

(1) 上身在动作过程中,要保持向上挺直。

(2) 吸腿要绷脚,脚趾尖沿地面上下移动。

(3) 抬腿 25°之前,两腿略向外旋转开。

(五) 侧卧旁吸腿

音乐:$\frac{4}{4}$拍。

准备:面向左,侧身卧地,双腿侧伸直,左手向上伸直,右手至胸前,掌心扶地。

第 1 小节:右腿外开,旁吸腿 90°(见图 2-100)。

第 2 小节：旁吸腿伸直，还原。

第 3—4 小节：动作同第 1—2 小节。

第 5 小节：第 1—2 拍，旁吸腿。第 3—4 拍，向前转成正吸腿（见图 2-101）。

第 6 小节：前两拍，打开旁吸。后两拍，伸直，还原。

第 7—8 小节：动作同第 5—6 小节。

第 9 小节：旁吸腿 90°。伸直旁抬腿 90°（见图 2-102）。

第 10 小节：前两拍，收回吸腿。后两拍，伸直，还原。

第 11 小节：前两拍，向旁伸直抬腿 90°。后两拍，吸腿。

第 12 小节：前两拍，向旁伸直抬腿 90°。后两拍，放下，还原。

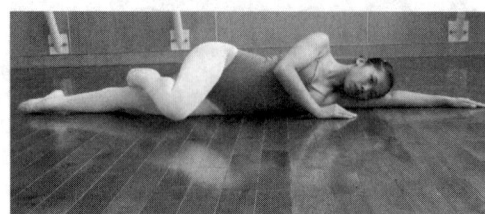
图 2-100

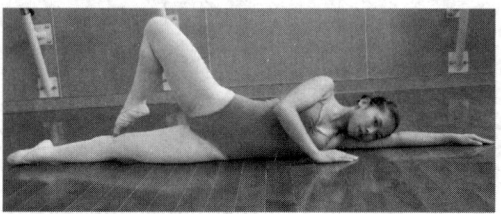
图 2-101

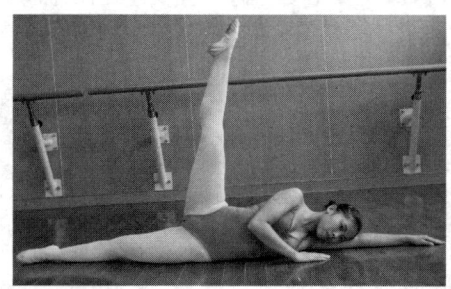
图 2-102

教学提示

（1）动作腿在吸腿时，脚尖要始终贴住另一条腿的膝盖处，不能松散。

（2）动作腿从开始动作时就要向外旋开大腿，膝盖顶直，脚尖用力朝伸出方向延伸，一直保持至全部动作完成之后才可回原位。

（六）俯卧后吸腿

音乐：$\frac{4}{4}$ 拍。

准备：双手小臂相叠撑地，上身微起，绷脚，伸直，并拢。

第 1 小节：前两拍，右后吸小腿。后两拍，放下（见图 2-103）。

第 2 小节：左腿动作同第 1 小节。

第 3 小节：动作同第 1 小节。

第 4 小节：动作同第 2 小节。

第 5 小节：两腿同时后吸小腿（见图 2-104）。

第 6 小节:两腿同时放下。
第 7—8 小节:动作同第 5—6 小节。
第 9 小节:前两拍,右直腿后抬腿 25°。后两拍,屈小腿成后吸腿(见图 2-105、图 2-106)。
第 10 小节:前两拍,伸直小腿。后两拍,放下后腿。
第 11—12 小节:动作同第 9—10 小节,做左腿。
第 13—14 小节:动作同第 9—10 小节。
第 15—16 小节:动作同第 11—12 小节。

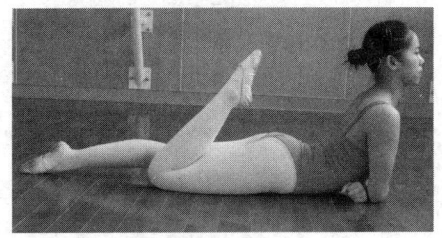
图 2-103

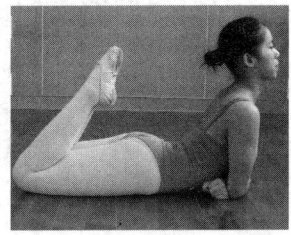
图 2-104

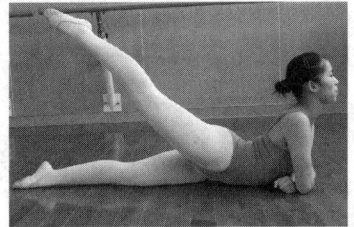
图 2-105

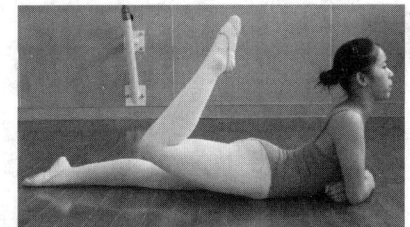
图 2-106

教学提示

(1)小腿后吸时,后跟要尽量靠近臀部。
(2)后腿正对自己后脑勺,不能掀胯,保持双肩和胯部正对前方。
(3)上身保持在准备姿态做动作。

(七)坐地压腿

音乐:$\frac{2}{4}$拍。

练习一

准备:坐地两腿并拢伸直,绷脚,双手两旁展开。
准备拍(2 小节):双手上抬至头上,指尖相对(见图 2-107)。
第 1—2 小节:第 1 小节,双手前压贴脚尖,头胸贴腿(见图 2-108)。第 2 小节,起身。
第 3—4 小节:动作同第 1—2 小节。

图 2-107

图 2-108

教学提示

（1）向前压腿，两条腿始终绷直、收紧，不能放松。

（2）上身要尽量向长向远往下压，背拉直，尽量胸贴大腿。

练习二

准备：右剪式盘坐，双手两侧自然下垂。

准备拍（2 小节）：手打开，右手旁平伸，左手头上托举（见图 2-109）。

第 1—2 小节：第 1 小节，向右旁压腿，双手右伸贴右脚尖，侧身贴右大腿（见图 2-110）。第 2 小节，还原。

第 3—6 小节：动作同第 1—2 小节，做两次。

结束拍（2 小节）：还原。

图 2-109

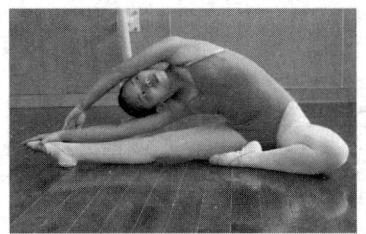
图 2-110

教学提示

（1）右剪式坐姿，要求盘坐腿打开，收盘要紧。

（2）向旁伸直的腿，要伸直绷脚打开，从大腿根外旋打开。

（3）向旁压腿要保持后背挺直，用身体侧面向腿下压。

（八）劈叉压后腿

音乐：$\frac{2}{4}$ 拍。

准备:左前直叉,绷脚腿外开,双手在身体两旁撑地(见图2-111)。
准备拍:双手侧抬至头上,指尖相对。
第1小节:向后下腰,双手向后伸拉(见图2-112)。
第2小节:还原。
第3—6小节:动作同第1—2小节,做两次。

图2-111

图2-112

 **教学提示**

(1) 双肩和胯正对左脚方向,同时大腿根向外旋开,膝盖和脚外开绷直。
(2) 压后腿要保持好劈叉正确姿态向后压,胯和双肩摆正,上体尽量向后向远伸展。

(九) 仰卧前大踢腿

音乐:$\frac{2}{4}$拍。

准备:仰卧,两腿并拢伸直,绷脚,双手掌心向下扶地。
第1小节:第1拍,右前大踢腿(见图2-113),落地。第2拍,不动。
第2小节:第1拍,左前大踢腿,落地。第2拍,不动。
第3—16小节:重复第1—2小节动作。

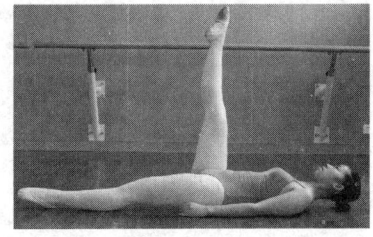

图2-113

 **教学提示**

(1) 大踢腿要有速度,在一拍里完成。
(2) 保持好正确姿态,动作腿用力向上踢,另一只脚要伸直绷脚收紧,紧贴地面。

(十) 侧卧旁大踢腿

音乐:$\frac{2}{4}$拍。

准备:左侧身卧姿,两腿并拢伸直。左手掌心向下旁伸直扶地,右手胸前扶地。
准备拍(2小节):右腿外开成绷脚。
第1小节:第1拍,右旁踢腿(见图2-114),落地。第2拍,不动。
第2—4小节:动作同第1小节,做3次。

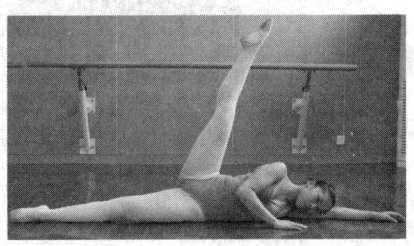

图2-114

第 5—6 小节：右腿落下还原。

**教学提示**

（1）旁腿必须打开后再踢。

（2）一拍完成踢腿动作，快速并用力踢高。

（十一）俯卧后大踢腿

音乐：$\frac{2}{4}$ 拍。

准备：同后吸腿姿态。

第 1 小节：第 1 拍，右后大踢腿（见图 2-115）。第 2 拍，还原。

第 2 小节：动作同第 1 小节。

第 3—4 小节：动作同第 1—2 小节，踢左腿。

图 2-115

**教学提示**

（1）保持正确姿态踢后腿，膝关节不能弯曲。

（2）后踢腿时两肩保持平正，向后踢腿时要对准自己的后脑勺，不要歪斜。

（3）后踢腿不要掀胯，保持髋关节不离开地面。

（十二）跪姿后踢腿

音乐：$\frac{2}{4}$ 拍。

准备：左膝跪地，右腿向后伸直脚尖点地，双手与肩同宽撑地（见图 2-116）。

第 1—2 小节：第 1 小节，右腿后踢（见图 2-117），落地后点地。第 2 小节，不动。

第 3—8 小节：动作同第 1—2 小节，做 3 次。

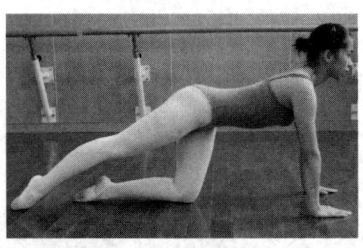 

图 2-116　　　　　　　　图 2-117

第 9—16 小节：动作同第 1—8 小节，左腿做 4 次。

**教学提示**

跪姿后踢腿与俯卧后大踢腿相同，要求上身后抬尽量碰腿。

（十三）背肌练习

音乐：$\frac{2}{4}$拍。

准备：俯卧地，双手掌心向下前伸。

第1—2小节：第1小节，上、下身同时向上离地上抬起，成两头翘。第2小节，轻轻放下（见图2-118）。

第3—8小节：动作同第1—2小节复做3次。

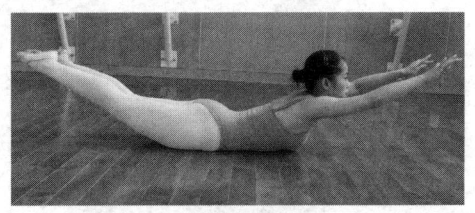

图2-118

 教学提示

（1）背肌练习在上、下身同时离开地面时，越高越好。

（2）要保持手、脚伸直，朝相反方向撑。

（3）放下时要控制，慢而轻地还原。

二、教学提示

（1）地面动作训练要反复练习熟练，达到动作规范，再配合音乐练习。

（2）进入音乐练习阶段，上身姿态和双手动作与传情达意融合在一起。

（3）开胯和下腰的动作在教师指导下，循序渐进地练习，强化腰的柔韧性和背肌的力量。

第四节　中间基本动作小组合

视频：中间基本动作小组合

运用身体各部分活动机能动作的组合，在轻快活泼的音乐伴奏下，舒展身体各个部位的肌肉。初步掌握音乐节奏与身体动作协调的配合。提高训练的兴趣，积极投入技能训练中。

一、基本动作

音乐：$\frac{2}{4}$拍。

（一）行进间小踢步

准备：正步站立，双手自然下垂。

第1—2拍：左脚起向前小跳一步，立起，右脚同时前小踢腿25°，双臂自然右摆（见图2-119）。

第3—4拍：做相反动作。

（二）踮脚旁踢步

准备：正步站立，双臂自然下垂。

第1—2拍：左脚旁跳一步，立起，右脚同时旁小踢腿25°，双手自然左摆，头转向右（见图2-120）。

图 2-119

图 2-120

第 3—4 拍:做相反动作。

(三)行进间跑踢步

准备:正步站立,双臂自然下垂。

第 1—3 拍:左脚起向左前小跑三步,双手同时拉回交叉,经胸前至头上双分手到两侧。

第 4 拍:左脚原地踮跳一次,右脚向左前蹬腿抬 25°,勾脚,双手同时胸前拍掌,眼看左边(见图 2-121)。

第 5—8 拍:做相反动作。

(四)双起单落拍脚跳

准备:正步站立,双臂自然下垂。

第 1—2 拍:第 1 拍,双脚跳起,双手经胸前至头上向两侧双分手。第 2 拍,左脚落地,右脚向左后吸腿踢起,上身左拧,左手拍右脚尖,右手侧上举(见图 2-122)。

第 3—4 拍:做相反动作。

图 2-121

图 2-122

(五)转体拧身跳

准备:正步站立,双臂自然下垂。

第1—2拍:双脚并拢跳起,落地半蹲,双手同时左摆,上身左拧,头向左(见图2-123)。

第3—4拍:做相反动作。

(六)托手上立

准备:正步站立,双臂自然下垂。

第1—2拍:左脚左前上一步,半脚尖站立,右脚同时后抬90°,双手经胸前至头上托手(见图2-124)。

图2-123

图2-124

第3—4拍:右脚落下并步,双手两侧落下回原位。

第5—8拍:做相反动作。

二、组合

音乐:$\frac{2}{4}$拍,中速。

准备:正步站立,双手自然下垂。

准备拍(两小节):不动。

第1—2小节:行进间小踢步做两次。

第3—4小节:踮脚旁踢步做两次。

第5—8小节:行进间跑跳步左右做两次。

第9—10小节:双起单落拍脚跳做一次。

第11—12小节:转体拧身跳做一次。

第13—14小节:托手上立做一遍,收回准备位。

 **教学提示**

(1)每一个分解动作要反复练习,达到熟练。

(2)做组合时,身体各关节尽量放松,动作要舒展,幅度尽量大。

(3)呼吸自然均匀,最好四拍吸气、呼气一次。

视频:舞蹈小组合

第五节　舞蹈小组合

舞蹈小组合综合舞蹈动作、基本步伐等形体动态元素,结合节奏鲜明、轻松愉快的音乐,使学生自觉地融入音乐和舞蹈的意境之中,达到和谐与美的表现,进一步激发学生对美的追求的愿望。经常参与,既可培养学生文明礼貌、纯洁高尚的品德,又可增进集体荣誉感,增进友谊。

一、欢乐舞

音乐:$\frac{2}{4}$拍,欢快。

(一)基本动作

1. 动作一:行进步

准备:自然位站立,双手自然下垂。

第1拍:左脚上一步,右脚跟上一步。

第2拍:前半拍,左脚上一步。后半拍,以左脚为重心,颤跳一下,右小腿稍后抬。

第3—4拍:换右脚起步做第1—2拍的动作。

2. 动作二:转腕颤点步

第1—2拍:右脚点于左脚前,双手至胸前向里转腕,手臂前伸,双肩稍前后抖动(见图2-125)。

第3—4拍:右脚向旁打开至旁点地,双手向两侧打开,手心向上(见图2-126)。

第5—6拍:右脚点于左脚前,双手翻绷拉至头上方,手背相对(见图2-127)。

第7—8拍:动作同第3—4拍。

图2-125　　　　　　　　　　图2-126　　　　　　　　　图2-127

(二)组合

人数不限,但必须是双数。男女舞伴相隔站立,先由单圈按逆时针方向行进(见场记图2-1),后变成双圈舞蹈,最后再回到单圈。

第1—4小节:全体双手做"托帽式"(见图2-128),按逆时针方向做"动作一"两次。

场记图 2-1

图 2-128

第5—8小节：男伴双手背于腰后，头向左转看女伴。女伴双手做"托帽式"，两人左肩相靠，按逆时针方向边做"动作一"两次，边绕一周（见场记图 2-2、图 2-129）。

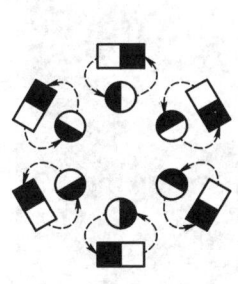
场记图 2-2

图 2-129

第9—12小节：全体面向圆心，男伴双手做"托帽式"，向圆心做"动作一"两次。女伴在原位做"动作二"。

第13—14小节：男伴左转身，左手在前，右手在后，右脚起，向圈外走四大步。女伴右转身，左手提裙（见图 2-130），按逆时针方向做"动作一"一次，走至新舞伴前（见场记图 2-3）。

第15—18小节：男女伴向左转身转一个大圆圈（见场记图 2-4），男伴右手按于胸前向女伴行"单臂礼"；女伴面对男伴，左脚在前，右脚在后，踏步下蹲做"提裙礼"（见图 2-131）。

第19—20小节：男伴双手做"托帽式"，女伴向右转身站起，双手做"托帽式"。

音乐继续进行，舞蹈重复跳。

注：此舞蹈动作简单、易学，节奏轻快、跳跃。跳舞时要充满青年人的朝气。

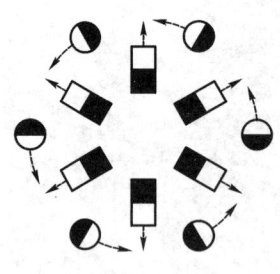

场记图 2-3

图 2-130

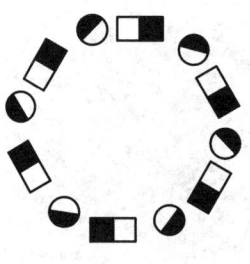

场记图 2-4

图 2-131

二、春之舞

音乐：$\frac{3}{4}$拍，活泼。

(一) 基本动作

1. 前三步

准备：小八字步站立，双手自然下垂。

准备拍(4拍)：保持准备姿势，后2拍，右腿稍屈膝。

第1拍：左脚向前上一步。

第2拍：右前脚掌向前上一步。

第3拍：前半拍，左前脚掌向右脚相并；后半拍，左脚着地屈膝稍蹲，右脚向前抬起。此动作也可右脚起步开始做。

2. 侧身进三步

准备:男女并排站立,双手自然下垂。

准备拍的后半拍,右腿稍屈膝,同时向右侧转身,双手两侧平伸,男伴右手与女伴左手相牵。

第1拍:男伴右脚向前上一步屈膝,同时上身稍向右倾。

第2拍:左脚上前一步,右脚后点地。

第3拍:右脚着地屈膝,左前脚掌屈膝点于右脚后(见图2-132)。

女伴做男伴的相反动作。

3. 侧身退三步

准备:男女并排站立,双手自然下垂。

第1拍:男伴右脚向后退一步屈膝,同时上身稍向左倾。

第2拍:左脚后退一步,右脚后点地。

第3拍:右脚着地屈膝,左腿屈膝于右脚后(见图2-133)。

女伴做男伴的相反动作。

4. 三步一转身

准备:男女背对站立,双手两侧平伸。

第1拍:左脚向前上一步,同时屈膝,右脚在左脚后屈膝离地,向右转1/3圈。

第2拍:左前脚跐于左脚后,同时左脚离地继续向右转1/3圈。

第3拍:左前脚掌向右脚旁上一步成正步踮脚掌,同时继续向右转1/3圈,成两人面对面(见图2-134)。

图2-132

图2-133

图2-134

5. 横三步

准备:男女相对,双手侧平伸,双脚立起。

第1拍:右脚向右旁横跨一步,屈膝。

第2拍:左前脚掌跐于右脚后,同时右脚离地。

第3拍:右脚着地屈膝,左前脚掌点于右脚后。

(二)组合

人数不限,但必须是双数。参加者围成两个大圆圈,按逆时针方向两人一对站立(见场记

图2-5），男伴左手与女伴右手相握抬起，准备起舞（见图2-135）。

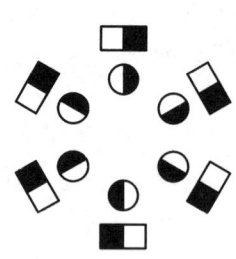

场记图2-5

图2-135

第1—4小节：男伴左脚起，女伴右脚起向前做"前三步"4次。

第5—6小节：男伴左脚起，女伴右脚起做"侧身进三步、侧身退三步"一次。

第7—8小节：各自做"三步一转身"一次，成面对面，然后左脚起做"横三步"一次。

第9—10小节：各自双手叉腰，先右后左做"横三步"各一次。

第11小节：男女伴右脚起做"侧身进三步"与舞伴擦右肩而过（见图2-136），换到对方的位置上，转身成面对面。

第12小节：各自左脚起做"横三步"一次。

第13—15小节：各自做第9—11小节的动作一次。

第16小节：男伴原地向右转身，女伴左转身后右脚起向前做"前三步"，即换了个舞伴（见场记图2-6），然后，新舞伴们两人一对按准备姿态站立。

音乐继续进行，舞蹈重复跳。

注：此舞是三拍子乐曲，舞蹈时要跳出轻松、愉快、活泼、朝气蓬勃的情绪，使舞蹈始终洋溢着欢乐的气氛。

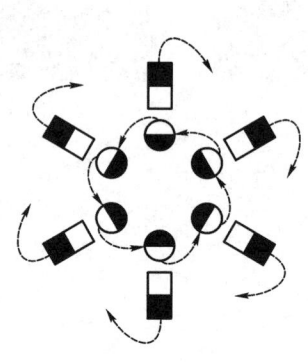

场记图2-6

图2-136

形体训练刍议

形体训练是一项比较优美、高雅的健身项目,主要通过舒展、优美的舞蹈基础练习结合健身进行综合训练,可塑造人们优美的体态,培养高雅的气质,纠正生活中不正确的姿态,可以说它是所有运动项目的基础。

一、起源

形体训练起源于芭蕾、舞蹈、体操的基本功训练。

二、定义

形体训练是一个外来语,还未见到权威的定义。目前比较典型的意见有狭义的和广义的两种。

狭义的形体训练是指形体美训练。

广义的形体训练有形体动作的训练。这样,各种各样的动作练习都可以称为形体训练,甚至某些服务行业的程式化动作,比如迎宾、端菜、送菜、礼仪姿势等,也可以称为形体训练。

我们认为用形体美训练作为形体训练的定义比较确切,这也符合大多数形体训练者的意愿。他们花费大量的时间、金钱和体力进行训练,绝不仅仅是为了活动一下身体,娱乐和游戏更在其次,对自身体态美的塑造才是最终目的,具有强烈的目的性。

三、作用

(一)形体训练能改善神经系统和大脑功能

神经系统可分为中枢神经系统和周围神经系统两部分。中枢神经系统由脑与脊髓组成,而周围神经系统则是由脑和脊髓发出的神经纤维组成的。整个神经系统是人体主要的机能调节系统,人体的各器官、系统的一切活动都是在神经系统的控制下进行的。通过神经系统的调节,人体对内外环境的变化产生相适应的反应,使内部与周围环境之间达到协调统一,从而使人体的生命活动得以正常进行。

形体训练是外环境对机体的一种刺激。这种刺激具有连续、协调的特点,使机体处于一种运动状态。在这种状态下,中枢神经将随时动员各器官及系统使之协调、配合机体的工作。经常参加形体训练,就能使神经活动的敏锐度得到相应的提高。除此之外,形体训练还要求动作迅速、准确,而迅速、准确的动作又要在大脑的指挥下来完成。脑是中枢神经的高级部位。进行形体训练时,脑和脊髓及周围神经要建立迅速而准确的应答式反应,而脑又要随时纠正错误动作,储存精细动作的信息。经过经常、反复不断地刺激,提高人的理解能力、思维能力和记忆能力,从而使大脑更加聪明。所以说,经常参加形体训练,可以加强机体神经系统的功能和大脑的工作能力,使身体更加健康、大脑更加聪明。

(二)形体训练能提高心血管系统的功能

心血管系统即心脏与各类血管所组成的,并以心脏为动力的闭锁管道系统,也就是人们常说的血液循环系统。形体训练主要由运动系统即骨骼与肌肉运动参与完成。运动系统在进行工作时要消耗大量的氧气、养料,在消耗的同时要不断地补充供给大量的新鲜氧气及养料,还要排泄大量的废物。这一繁重的任务,只能依靠体内的闭锁的管道系统——心血管(循环)系统来完成。

人体在处于安静状态时,平均心率为75次/分钟,而心脏的每搏血液输出量为50~70毫升,每分钟输出量约为4.5升。在进行强烈的肌肉运动时,可以达到安静时的5~7倍,这就势必使心肌处于激烈收缩的状态。经常的刺激会使心肌纤维增粗,心房、心室壁增厚,心脏体积增大,血容量增多,从而增加了心脏的力量。由于心肌力量的增加,每搏射出的血量增多,心跳的次数相应减少。在平时较安静的状态下,心脏能够得到较长时间的休息,从而减轻心脏的工作负担,使心脏青春永驻。

在日常生活中,有些年轻人往往忽视形体训练,因此经常出现身体不正、弓背含胸、端肩缩脖、腿弯曲等不健康的体态。通过形体训练,从实际出发,有针对性地练习一段时间,就会练就出一个健美的形体。另外,人的头面部姿态是表达人类丰富情感的重要方式,通过形体训练,可以充实头面部姿势和神态的美。人的形象美需要其外在表现和内在修养和谐统一。健身俱乐部的体操中的形体训练,不仅利用了芭蕾、舞蹈、体操舒展的动作训练了人体的优雅姿态,而且传播了它们高雅的艺术精髓,培养了人的内涵修养,使人的精神和形体之美达到统一,有助于提高练习者的现代气质和高雅风度。

本章小结

形体训练自始至终要求练习者保持良好的姿态,对头、颈、胸、腰、胯、臀、膝、臂、手、足等均有细腻的要求,帮助学生纠正肩、胸、腿等的不良姿态,使身体端正、挺拔,以健美的形体、优雅的姿态体现最佳的动作效果。长期的柔韧性练习能够改善和提高关节的灵活性,增强关节的弹性和伸展能力,从而加大动作的幅度、稳定性和身体的弹动能力。柔韧性练习还有利于肌肉间协调能力的改善,从而提高身体的协调能力,加强肌肉的行为能力。具有良好的柔韧性、协调性的健身健美练习者能够潇洒自如地把每个动作发挥到极限,使动作姿态更规范、优美。健身健美艺术化是形体训练的发展趋势之一,其中音乐和舞蹈修养是其艺术化的具体表现。舞蹈小品训练能提高学生的表现力、创造力、鉴赏力,陶冶情操,对促进学生全面发展有着重要作用,而且良好的音乐和舞蹈修养有利于对健美艺术的掌握。

思考题

1. 身体各部位动作训练的主要作用是什么?
2. 地面素质训练的基本特点、要领是什么?
3. 中间动作组合训练的基础是什么?
4. 舞蹈小组合起到什么表现作用?

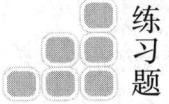
练习题

1. 每周将身体素质动作训练两次。
2. 尝试练习基本动作组合。
3. 可四人一组根据自身条件编排舞蹈,表演小品。
4. 制定个人训练计划。

第二章教学训练提示

第三章 基本技能训练

学习目标

知识目标
- 了解艺术技能训练的目的和作用。
- 掌握把杆和中间技能的规范准则、科学的训练方法和特点。
- 掌握力与美结合表现的含义、训练学习应遵循的原则。

能力目标
- 培养和提高学生的身体机能和塑美能力。
- 使学生的自身条件得到完美提升、协调发展。
- 培养学生在动静结合的美态中表现音乐的能力。

素养目标
- 培养学生的专注力和吃苦耐劳的毅力。
- 培养学生形成正确的审美观念和审美情趣。

整套把杆和中间规范、严谨、科学的基础技能训练方法的运用,可使学生身体达到形体美所需的开、绷、直、立的姿态,让身体各部分肌肉和关节的柔韧性与能力有机结合,逐渐形成一种从静止到运动中的向上提升、线条优美的完美体态。

视频:开、绷、直、立

第一节 开、绷、直、立

开、绷、直、立是基础技能训练的四个基本元素,这四个元素始终贯穿融会在整套训练之中。这种严谨、规范的训练塑造人体优美的动态造型,改变自然形态中的不足,是形体训练的重要环节之一。

一、开

开是指从人体的髋关节到膝关节、腕关节全部打开。学生要在正确的指导下练习,否则会造成肌肉或韧带拉伤。学生可根据个人条件决定开度的大小,以达到增强人体下肢表现力的目的。

二、绷

绷是指脚尖下压前伸,脚背平展,形成绷脚,拉长腿部肌肉,增强腿的长度和肌肉的力度,使其线条修长、优美。

三、直

直是指人体垂直的重心,以下肢双腿直立、上身脊椎直立为准则,强化训练,有助于身体的矫正和生长发育,形成挺拔、升高的姿态。

四、立

立是指人体的每一个关节、肌肉向上提,重心向上,以训练肌肉素质和弹跳能力为主,形成向上提升的状态。

第二节　手、脚的位置

视频:手、脚的位置

基本的手位、脚位的规范训练有促进身体各部位动作协调配合,并在动作运动过程中达到平稳的作用,增强表现能力。

一、手的位置

(一) 手形
手形:五指自然放松、并拢,大拇指与中指稍靠近(见图3-1)。

(二) 手位
1. 一位
双手在身体前呈椭圆形,手心朝上,指尖相对,两手间距一拳左右,稍稍离开大腿(见图3-2)。
2. 二位
双手臂在一位手姿态向上抬至胸前(见图3-3)。
3. 三位
双手臂在二位手姿态上,向上抬至头前上方(见图3-4)。

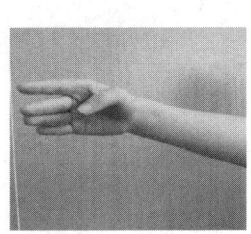

图3-1

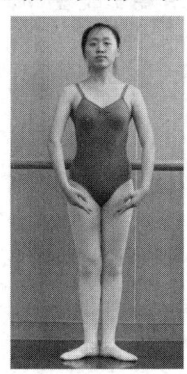

图3-2

图3-3

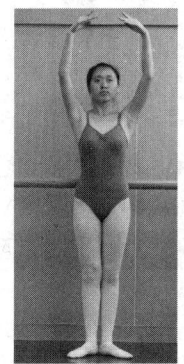

图3-4

4. 四位

三位手姿态,另一只手落下至二位(见图3-5)。

5. 五位

四位手姿态,二位手向旁打开(见图3-6)。

6. 六位

五位手姿态,三位手落下到二位(见图3-7)。

7. 七位

六位手姿态,二位手打开到旁至七位(见图3-8)。

图3-5　　　　　图3-6　　　　　图3-7　　　　　图3-8

教学提示

(1) 双手在变位的过程中,两手臂始终保持椭圆形,头、眼随手走,身体各部位相互协调配合。

(2) 手、臂到位后,要保持七个手位的规范姿态。

(3) 练习时,运用内在力量,上身保持平稳,不要出现晃动。

(4) 每一个手位要多控制几拍,反复练习。

二、脚的位置

(一) 脚的基本形态(男女相同)

1. 绷脚

脚的五趾并拢伸直,脚背绷起(见图3-9)。

2. 勾脚

脚的五趾并拢,脚尖用力向回勾起(见图3-10)。

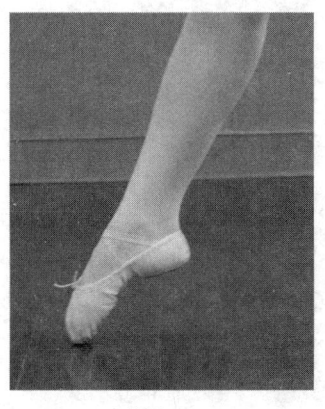 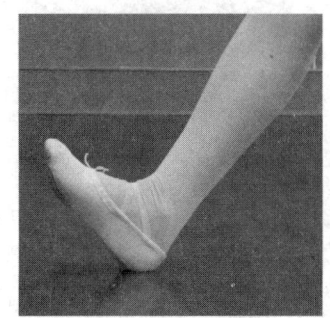

图 3-9　　　　　　　　　图 3-10

（二）脚的几种位置

1. 一位

两脚后跟相靠，脚尖向外打开呈一字形（见图 3-11）。

2. 二位

在一字位的基础上，两脚后跟分开，相距约一脚宽（见图 3-12）。

3. 五位

在开位的基础上，一只脚在另一只脚前重叠，脚尖脚跟相靠合拢（见图 3-13）。

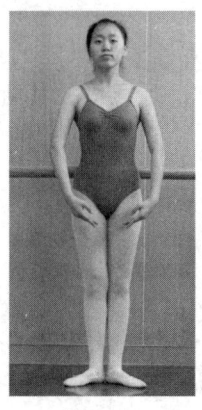  

图 3-11　　　　　　图 3-12　　　　　　图 3-13

4. 八字步

两脚跟并拢，两脚尖打开（见图 3-14）。

5. 大八字步

在八字步的基础上，一只脚横向迈一步，与肩平，两脚尖打开（见图 3-15）。

图 3-14　　　　　　　　　图 3-15

教学提示

（1）在保持上身稳定的基础上，反复练习。

（2）脚位和脚形结合练习，注意身体重心的移动。

（3）最好将手的姿态配合脚的位置练习，以保持平衡与优美的形态。

视频：把杆训练

第三节　把 杆 训 练

这部分的训练内容主要借助把杆的支撑力量，单手扶把，完成身体各部分机能的训练，塑造优美的姿态造型。促进力量、协调等素质的发展，提高形体的控制能力，是形体技能训练由地面过渡到中间必不可少的环节。

一、起踵练习

音乐：$\frac{2}{4}$拍，中速。

准备：双手扶把，一位站立。

第1—4小节：第1—4拍双脚跟慢提起，脚尖着地。第5—8拍，立踵控制，慢慢还原（见图3-16）。

第5—8小节：动作同第1—4小节。

第9—12小节：左脚旁移一步成二位（见图3-17）。

第13—16小节：动作同第1—4小节。

第17—20小节：右脚向左脚前上一步成五位（见图3-18）。

第21—24小节：动作同第1—4小节。

结束音乐：双手收回一位。

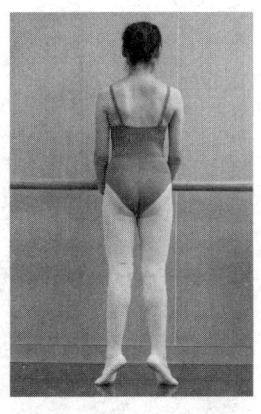　　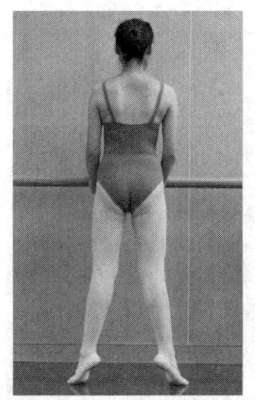　　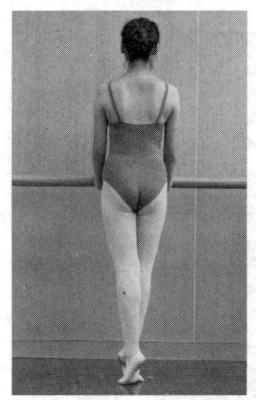

图 3-16　　　　　　　　图 3-17　　　　　　　　图 3-18

教学提示

（1）起踵时双脚跟尽量上提，脚尖用力向上顶，腿、胯部肌肉收紧，双肩放松。

（2）速度应均匀，重心往上，控制身体平稳，立起、落下要稍慢。

（3）还原身体重量落在脚掌上，保持上身不松弛。

二、擦地

音乐：$\frac{2}{4}$ 拍。

准备：左手扶把，右手一位，五位站立。

准备拍（2小节）：右手打开七位。

第1—2小节：第1—2拍，右脚向前擦出，脚尖点地（见图3-19）。第3—4拍，右脚收回前五位。

第3—4小节：动作同第1—2小节。

第5—6小节：第1—2拍，右脚向右旁擦出，脚尖点地（见图3-20）。第3—4拍，右脚收回前五位。

第7—8小节：动作同第5—6小节，收回后五位。

第9—10小节：第1—2拍，右脚向后擦出，脚尖点地（见图3-21）。第3—4拍，右脚收回后五位。

第11—12小节：动作同第9—10小节。

第13—16小节：动作同第5—8小节。第7—8拍，右脚收回前五位，双脚立起左转体180°，同时左手离开把杆打开成七位。右手收回扶把，双脚落成左前五位。

第17—28小节：左脚为动力腿，动作同第1—12小节。

结束拍（2小节）：左手收回一位。

图 3-19　　　　　　　　图 3-20　　　　　　　　图 3-21

教学提示

（1）擦地绷脚可以在一位脚或五位脚的位置上做,动作腿尽量向远、向下延伸,绷脚背,立脚趾。

（2）固定好重心和胯部,身体不要跟动作腿晃动。

（3）前擦地脚跟先行,收回时脚尖带回,后擦地则相反。保持开度。

三、小踢腿

音乐:$\frac{2}{4}$拍。

准备:左手扶把,右手一位,右脚前五位站立。

准备拍(2 小节):右手打开七位。

第 1—2 小节:第 1—2 拍,右脚向前踢出 25°(见图 3-22)。第 3—4 拍,右脚收回前五位。

第 3—4 小节:动作同第 1—2 小节。

第 5—6 小节:第 1—2 拍,右脚向旁踢出 25°(见图 3-23)。第 3—4 拍,右脚收回前五位。

第 7—8 小节:动作同第 5—6 小节,收回后五位。

第 9—10 小节:第 1—2 拍,右脚向后踢出 25°(见图 3-24)。第 3—4 拍,右脚收回后五位。

第 11—12 小节:动作同第 9—10 小节。

第 13—16 小节:动作同第 5—8 小节。第 16 小节第 7—8 拍,右脚收回前五位同时立起,左转 180°,左手离开把杆打开至七位,右手收回扶把,脚跟落地或左脚至前五位。

第 17—28 小节:左腿为动作腿,动作同第 1—12 小节。

结束拍(2 小节):左手收回一位。

图 3-22　　　　　　　　　图 3-23　　　　　　　　　图 3-24

教学提示

（1）小踢腿动作经擦地向空中踢起25°，绷脚，速度较快，有一定的爆发力。

（2）踢出一拍完成，再控制一拍收回，控制好上身和胯不要晃动。

四、蹲

音乐：$\frac{4}{4}$拍。

准备：左手扶把，右手一位，一位站立。

准备拍（1小节）：右手打开七位。

第1—4小节：第1—2小节半蹲（见图3-25），第3—4小节回原位。

第5—8小节：动作同第1—4小节。

第9—12小节：第9—10小节全蹲（见图3-26），第11—12小节回原位。

第13—16小节：动作同第9—12小节。

第17—20小节：右脚旁擦地，落二位。

第21—24小节：第21—22小节全蹲（见图3-27），第23—24小节回原位。

第25—28小节：动作同第21—24小节。

第29—32小节：右脚收回成前五位。

第33—36小节：第33—34小节半蹲（见图3-28），第35—36小节回原位。

第37—40小节：动作同第33—36小节。

第41—44小节：第41—42小节全蹲（见图3-29），第43—44小节回原位。

第45—48小节：动作同第41—44小节。

结束拍（2小节）：右手收回一位。

图 3-25

图 3-26

图 3-27

图 3-28

图 3-29

教学提示

（1）一位、五位全蹲可稍抬脚跟，注意胯、膝、脚尖的开度。
（2）蹲、起速度要较慢、均匀，后背挺直。

五、划圈下腰组合

音乐：$\dfrac{3}{4}$ 拍。

准备：左手扶把，右手一位，五位站立。

准备拍（1 小节）：右手打开七位。

第 1 小节：右脚前擦地，经旁向后划圈至后点地，收回一位。

第 2 小节：动作同第 1 小节。

第 3—4 小节：动作同第 1—2 小节反向划圈两次。

第 5 小节：右手收回至二位下前腰（见图 3-30）。

第 6 小节：上身慢直立还原，手抬至三位打开七位。

第 7 小节：双脚立起，下后腰，眼看右（见图 3-31）。

第8小节：脚落下，上身慢直立还原。
第9小节：右手经二位至三位，向左下旁腰（见图3-32）。
第10小节：上身立直还原，右手打开至七位。

图3-30

图3-31

图3-32

第11小节：右脚打开至二位，左手离开把杆经二位抬至三位。
第12小节：左脚尖点地向右下腰。
第13小节：上身立直还原。
第14小节：左手下落扶把，右脚收回前五位。
结束拍（1小节）：右手回一位。

教学提示

（1）划圈时，支撑腿用力抓住地板，胯部和上身要正。
（2）下前腰时，背拉直，上身前俯，膝直，尽量胸触地。
（3）下后腰时，挺胸，立腰，上身尽量向后向远方伸展。
（4）下旁腰时，侧抬头，背伸直，以腰为轴，上身尽量侧屈。

六、压腿

音乐：$\dfrac{3}{4}$拍。

准备：左手扶把，右手一位，五位站立。

准备拍（1小节）：右手经二位至三位，右腿经前吸腿，伸直放在把杆上。

第1—2小节：第1小节前压腿（见图3-33），第2小节控制2拍，还原。

第3—4小节：动作同第1—2小节。

第5—6小节：第5小节，左转身45°面向把杆，右手扶把，左手三位。第6小节，右腿外旋转侧耗腿。

第7—8小节：第7小节旁压腿（见图3-34），第8小节控制2拍，上身还原。

第9—10小节：动作同第7—8小节。

第11—12小节：左转身90°，成右后腿，右手七位。

第13—14小节:第13小节,支撑腿屈膝半蹲(见图3-35),立直。第14小节,再重复做一次。

第15—16小节:双手同时收回经二位至三位,第15小节上身后屈压后腿(见图3-36)。第16小节控制两拍,上身还原。

第17—18小节:动作同第15—16小节。

第19—20小节:右腿经旁腿收回成后五位,右手扶把,左手收回一位。

第21—40小节:动作同第1—20小节。

图3-33

图3-34

图3-35

图3-36

教学提示

(1)压腿时,动作腿要伸直绷脚,上身直立,前压胸贴大腿,旁压肩和身体外侧贴在大腿,后压上身尽量向后屈。

(2)压腿、耗腿、控腿时,保持胯正,立腰立背。

七、大踢腿

音乐:$\frac{3}{4}$拍。

准备:右手扶把,左手一位,五位站立。

准备拍(1小节):左手打开七位。

第1小节:左脚向前大踢腿(见图3-37),还原。

第2—3小节:动作同第1小节。

第4小节:不动。

第5—8小节:向旁大踢腿(见图3-38),动作同第1—4小节,左脚收回后五位。

第9—12小节:向后大踢腿(见图3-39),动作同第1—4小节。

图 3-37　　　　　　　　　图 3-38　　　　　　　　　图 3-39

第13—16小节:向旁大踢腿,动作同第1—4小节。

结束拍(2小节):左手收回一位。

教学提示

(1) 大踢腿难度大,爆发力强,支撑腿用力钉住地面,上身直立,不要摇晃。

(2) 踢前腿、旁腿时,用脚背绷直的力量带动腿,尽量向上向远踢,胯、上身要正,保持平稳。

(3) 踢后腿时,上身直立,用大腿根的力量带动腿向正后上方踢。

八、控制

音乐:$\frac{3}{4}$拍。

准备:右手扶把,左手一位,五位站立。

准备拍(1小节):左手打开七位。

第1小节:左前大吸腿,前踢伸(见图3-37)。

第2小节:控制。

第3小节:动作腿稍屈膝,左手上抬至三位呈前鹤立式,眼看左(见图3-40)。

第4小节:控制。

第5—6小节:左腿伸直前点地,收后五位,左手至七位。

第7小节:左旁大吸腿,后伸抬腿90°,左手同时经二位前伸,呈迎风展翅式(见图3-41)。

图 3-40　　　　　　　　　　　图 3-41

第 8 小节：控制。

第 9—10 小节：动作腿落下后点地，收回后五位，左手收回一位。

第 11 小节：左旁大吸腿，旁伸 90°，左手打开七位（见图 3-42）。

第 12 小节：控制。

第 13—14 小节：动作腿落下后点地，收回后五位。

第 15 小节：左脚旁擦地，旁抬 90°。

第 16 小节：动作腿向后划，稍屈膝，左手上抬至三位，呈后鹤立式，支撑腿半脚尖站立，头向右（见图 3-43）。

图 3-42　　　　　　　　　　　图 3-43

第 17 小节：控制，后一拍支撑腿脚掌着地。

第 18 小节：动作同第 9—10 小节。

第 19 小节：动作同第 15 小节。

第 20 小节：动作腿旁抬 180°，左手上抬至三位，上身稍向右倾，眼看右下方，呈俯望式（见图 3-44）。

第 21 小节：控制。

第 22 小节：动作腿落下旁点地，收回前五位，左手收回一位，上身还原。

第23—24小节:双脚半脚尖立起左转体180°,左手离开把杆打开七位,右手扶把。

第25—46小节:动作同第1—22小节,反向做一遍。

教学提示

(1) 前后鹤立式姿态,小腿稍比大腿端高一点儿。

(2) 迎风展翅姿态,双手手心朝下,右手向前,向远方伸展。

(3) 控前腿、旁腿、后腿时,支撑腿重心要稳,肩、胯要正,立腰,提胯挺胸。

(4) 控制难度大,要反复练习规范的动作造型。在动作过程中,腿尽量伸直,绷脚,手和上身协调配合。

图 3-44

九、跳

(一) 原地小跳

音乐:$\frac{2}{4}$拍。

准备:八字步位站立,手一位。

第1—2小节:跳前半蹲,推地而起,脚背绷直,上身直立,双手同时经二位胸前打开至七位(见图3-45、图3-46),落地半蹲,还原。

图 3-45

图 3-46

(二) 原地大跳

准备:大八字步站立,手一位。

第1—2小节:深蹲,两腿用力地推开地面,高高跳起,空中大八字步,双手同时经二位由胸前打开至七位,落地成八字步,半蹲,直立,双手收回胯旁(见图3-47、图3-48)。

图 3-47　　　　　　图 3-48

十、跳组合

音乐：$\frac{2}{4}$拍，欢快。

准备：八字步站立，双手叉腰。

准备拍(2 小节)：半蹲，双手下滑胯两旁，指尖相对。

第1—2 小节：连续小跳 4 次，双手渐渐经前打开向两侧平伸。

第 3 小节：小跳在空中时，落成大八字步半蹲，双手下落胯旁。

第4—5 小节：连续大跳 4 次，双手同时打开侧平伸。

第6—7 小节：双脚向前跳起，左腿落地半蹲，右腿后抬 90°，左手旁伸，右手前伸，手心朝下(见图3-49)。左腿直立，右腿收回小八字步，双手收回旁胯。

第8—9 小节：半蹲，双手下落胯旁。双脚向后起跳，右脚擦地前抬，左脚后退步半蹲，双手经胸前向两侧打开，右手侧平伸，左托手(见图3-50)。

第 10 小节：左腿直立，右脚前点地收回小八字步，双手收回胯两旁。

注：音乐继续，从头开始反复练习。

图 3-49　　　　　　图 3-50

教学提示

（1）跳起时上身直立，落地时支撑腿重心要稳，保持动作腿舞姿，不要松，立腰，背拉直。

（2）起跳时，经蹲用腿部力量带脚推地而起。

（3）落地时，前脚掌先着地，压脚跟半蹲，动作和姿态造型要有连贯性，膝盖和踝关节要有柔韧性。

第四节　中间动作组合训练

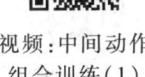
视频：中间动作组合训练（1）

脱离把杆使学生在中间完成把杆上的动作和造型。掌握中间跳、转和舞步组合的技能技巧，提高腿部、腰背部的弹性和力量，加强腰部的柔韧性。结合组合训练，掌握身体各部分的协调性与表现性，增强动作运行间的连接性和流畅感。

小品组合：俄罗斯舞步。

音乐：$\frac{2}{4}$拍，欢快、热烈。

准备：男女并排自然直立，双手自然下垂。

第1—2小节：第1小节，双手经前向两旁打开。第2小节，双手收回叉腰。

第3—4小节：右手行礼（见图3-51）。

第5小节：右脚、左脚各向前走一步。

第6小节：右脚向前一步，左脚向前伸出，脚尖点地稍蹲，手不动（见图3-52）。

图3-51

图3-52

第7—8小节：左脚起，向前走，动作同第5—6小节。

第9—12小节：动作同第5—8小节，结束在自然位。

第13—14小节：双手沿前向旁打开。

第15—16小节：右手收回，放在胸前，左手旁下垂。

第 17 小节：女右脚旁移一步，左脚至右脚后半脚尖踮步；男左脚起，动作同女反向做。
第 18 小节：动作同第 17 小节，双手渐渐向前、旁打开，收回叉腰，互看对方（见图 3-53）。
第 19—20 小节：男左女右脚旁一步，另一脚在后半脚尖点地两下（见场记图 3-1）。
第 21—24 小节：男右女左脚起，动作同第 17—20 小节，回原位（见场记图 3-2）。

场记图 3-1　　　　场记图 3-2

第 25—28 小节：男原地右转半圈。
男女左肩相对，两人右手三位，左手叉腰，动作同第 17—20 小节，左转一圈，头向左（见图 3-54）。

视频：中间动作
组合训练（2）

图 3-53

图 3-54

第 29—32 小节：男女原地右转半圈，左手三位，右手叉腰，两人右肩相对，动作同第 25—28 小节对称做，右转一圈，头向右。
第 33—34 小节：右、左、右脚向后退三步，停在左脚前点地，稍蹲，双手分开下滑至两旁。
第 35—36 小节：动作同上。
第 37—38 小节：右手经前向旁打开，左手动作一样。
第 39—40 小节：双手收回叉腰。
第 41 小节：第 1 拍，右脚向旁小跳一步，左脚跟跺地一下，并步。第 2 拍，左脚小跳，右脚跟跺地一下。
第 42 小节：右、左、右脚各跺地一下。
第 43—44 小节：左脚起跳，动作同第 41—42 小节。
第 45 小节：右、左、右、左、右脚跺地五下，向前跳。
第 46 小节：再做一次，向前跳（见场记图 3-3）。
第 47—52 小节：动作同第 41—46 小节，向前走。
第 53 小节：第 1 拍，右脚脚跟压脚掌，左脚跺地一下，并步，向前移动（见场记图 3-3）。第 2

拍,左脚起再做一次。

第 54 小节:右、左、右脚跺地三下。

第 55—56 小节:动作同第 53—54 小节。

第 57—64 小节:动作同第 53—54 小节,女右、男左转身向前走,做 4 次(见场记图 3-4)。

场记图 3-3　　　　场记图 3-4

第 65—66 小节:右、左、右、左、右脚跺地五下,男女并排向前做,双手同时经前向旁打开,结束。

 教学提示

(1) 第 1—40 小节动作慢板,后面是快板。两人做动作时,要相互交流,动作对称。
(2) 人数不限,快慢板可自行编排,方向可自行设计。

第五节　现代舞厅舞

视频:现代舞厅舞

根据学生的爱好和兴趣,我们特意采编了华尔兹慢三步和快步舞两种现代标准交谊舞和舞厅舞。这两种舞厅舞既有严谨的舞步程序,又有传统舞厅舞的实用性和自娱性,能激发舞者的兴趣。这种学习和训练有助于提高学生的协调性与艺术表现力,展现出优美的舞姿,为在各种社交场合中显露才华创造条件,为进行进一步的艺术美育学习奠定良好的基础。

一、现代舞几种常用的舞姿

现代舞常用的舞姿包括开式舞姿(见图 3-55)、闭式舞姿(见图 3-56)、右错位舞姿(见图 3-57)、锁步舞姿(见图 3-58)和虚步舞姿(见图 3-59)。

图 3-55　　　　　　　图 3-56　　　　　　图 3-57

图 3-58

图 3-59

二、华尔兹（Waltz）慢三步

华尔兹属于三步舞，亦称"圆舞"，起源于 12 世纪的德国和奥地利的农民舞，17 世纪末进入维也纳皇宫成为宫廷舞，经不断演变，发展成为历史最悠久的社交舞。

华尔兹舞步的特点是有升降动作，如波涛起伏。国标舞的升降、摆荡、反身、倾斜四大技巧在华尔兹舞中得到充分体现，使其具有既庄重典雅又华丽多姿的独特风格。因此，华尔兹素有"舞中之后"的美称。

华尔兹慢三步是从维也纳华尔兹（快三步）演变而来的，20 世纪初风行于欧洲大陆。华尔兹的舞厅舞与国标舞在舞步的节奏、风格等方面基本相同，但舞步的技巧、难度、变化与造型等方面不如国标舞讲究，舞蹈动作不像国标舞那样有规范化的严格要求。

（一）基本动作

1. 前进后退步

准备：男女舞伴呈闭式舞姿。

男舞步	女舞步
第 1 拍：左足前进一大步。	第 1 拍：右足后退一大步。
第 2 拍：右足前进一小步。	第 2 拍：左足后退一小步。
第 3 拍：左足向右足并步。	第 3 拍：右足向左足并步。
第 4 拍：右足前进一大步。	第 4 拍：左足后退一大步。
第 5 拍：左足前进一小步。	第 5 拍：右足后退一小步。
第 6 拍：右足向左足并步。	第 6 拍：左足向右足并步。

教学提示

（1）前进和后退时，由脚尖着地过渡至脚掌脚跟着地。

（2）男士出左脚，女士出右脚，男左女右或男右女左，男进女退或女进男退。

（3）第三拍可以不并步，前进一小步或后退一小步完成。

2. 前后交叉步

准备：闭式舞姿。

男舞步

第1拍：左足掠过右足右侧前进一步，同时上体右转1/8周（见图3-60）。

第2拍：右足向左足旁进一步，同时上体左转1/8周。

第3拍：左足并右足，两足跟离地。

第4拍：右足掠过左足向左侧前进一步，同时上体左转1/8周（见图3-61）。

第5拍：左足向右足旁进一步，同时上体右转1/8周。

第6拍：右足并左足，两足跟离地。

女舞步

第1拍：右足在左足后交叉退一步，同时上体右转1/8周。

第2拍：左足在右足旁退一步，同时上体左转1/8周。

第3拍：右足与左足并步。

第4拍：左足在右足后交叉退一步，同时上体右转1/8周。

第5拍：右足在左足后交叉退同时上体一步，同时上体左转1/8周。

第6拍：左足与右足并步。

图3-60

图3-61

教学提示

（1）男士完成前交叉步时，女士则完成后交叉步，男女舞伴胯部靠近，同时身体侧转1/8周。

（2）体现升降动作时，膝盖稍屈，慢慢直立。

（3）男伴引导女伴右转1/8周时，男伴采用暗示与帮助的方法，用左手向右轻推女伴右手，引导女士右转1/8周。

（4）动作过程中，男伴主动，女伴始终随男伴起舞。

3. 转圈步

准备：闭式舞姿。

男舞步

第1拍：左足前进一大步。

第2拍：右足前进一小步。

女舞步

第1拍：右足后退一大步。

第2拍：左足后退一小步。

第3拍：左足向右足并步。
第4拍：右足前进一大步。

第5拍：左足前进一小步。

第6拍：右足向左足并步。

第3拍：右足向左足并步。
第4拍：左足后退一步，同时右转1/8周（见图3-62）。

第5拍：右足后退一步，同时右转1/8周（见图3-63）。

第6拍：左足后退一步，同时右转1/2周。

图3-62

图3-63

教学提示

（1）男士从第4拍开始，左手牵动女士右前暗示女士右转，女士3拍完成转一圈。
（2）女士前进或后退左转一圈方法相同，男士可前进后退右转一圈。

（二）舞蹈组合

音乐：$\frac{3}{4}$拍。

准备：闭式舞姿。

第1—4小节：前进后退步两次。

第5—8小节：左右转圈步两次。

第9—12小节：前后交叉步两次。

第13—16小节：前进后退步两次。

注：音乐继续，继续跳。

三、快步舞（Quick Step）

快步舞起源于英国，流行于欧美。它的特点就是节拍轻松、活泼动人，加上在四拍舞步中常见的合并步，整个舞蹈给人一种甜美轻快的感觉。当今的快步舞又将芭蕾舞中的一些小跳动作融合在内，因此显得更加轻快灵巧，更具有技巧与艺术魅力。下面介绍快步舞中的一种舞厅舞快四步。舞厅舞快四步与中四步只是速度不同,许多中四步舞可加快速度作为快四步来跳。舞厅舞快四步多反复使用 SSQQ 这种四常步。快步舞的不少舞步可以融合在快四步中。

(一)基本舞步

1. 前进后退步

男舞步	女舞步
S:左足前进。	右足后退。
S:右足前进。	左足后退。
Q:左足前进。	右足后退。
Q:右足并左足。	左足并右足。
S:左足后退。	右足前进。
S:右足后退。	左足前进。
Q:左足后退。	右足前进。
Q:右足并左足。	左足并右足。

教学提示

这是舞厅舞快四步最基本的舞步,动作要点是两个快步。难点往往出现在第二个快步结束后,衔接下个小节的第一个慢步。

2. 原地手牵步

准备:男女舞伴相对站立,两手臂前伸自然平行相牵。

男舞步	女舞步
S:右足前进,同时两手向身体左右侧拉开(见图3-64)。	左足前进,同时两手向身体左右侧拉开。
S:左足原地踏步。	右足原地踏步。
Q:右足后退至左足后踏步,同时两手臂向前平伸(见图3-65)。	左足后退至右足后踏步,同时两手臂向前平伸。

图 3-64

图 3-65

3. 右转 90°

准备：闭式舞姿。

| 男舞步 | 女舞步 |

S：左足向左侧退步，足尖朝右，右转 45°。　　右足前进一步，足尖朝右。
S：右足进步，足尖朝右，继续右转 45°。　　左足退步，足尖朝右。
Q：左足进步。　　右足退步。
Q：右足并左足。　　左足并右足。

 **教学提示**

（1）熟悉舞步后，每小节右转 180°～360°。

（2）男右足进在女伴两足之间。

4. 左转 90°

准备：闭式舞姿。

| 男舞步 | 女舞步 |

S：左足前进，足尖朝左，左转 45°。　　右足向右侧后方退步，足尖朝左。
S：右足向右前方进步，同时左转 45°。　　左足后退，足尖朝左，同时左转 45°。
Q：左足向右后方退步。　　右足前进。
Q：右足并左足。　　左足并向右足。

5. 轻跳右转步

准备：闭式舞姿。

| 男舞步 | 女舞步 |

S：两足转跳，左足全脚掌着地，左膝弯曲，成后弓步，右腿踝、膝、髋关节伸直，足尖触地从前往后划弧右摆，同时头右转（见图 3-66）。　　两足轻跳，右足向前全脚掌着地，右膝弯曲，成前弓步，重心移至右足，左腿向后伸直，足尖触地，从右至左划弧摆动，同时向左甩头。

图 3-66

S：右足进短步，身体直立，同时右转90°。
Q：左足进短步，同时右转90°。
Q：右足并左足。

左足着地，身体直立，同时左转90°。
右足退短步，同时左转90°。
左足并向右足。

教学提示

（1）男女舞伴第一个慢拍时同时甩头。
（2）轻跳时稍离地。
（3）第一个慢拍时的摆腿要尽力伸直，并划弧摆动。
（4）娴熟后，两个慢步、两个快步可完成360°右转。

（二）组合舞步

音乐：$\frac{4}{4}$拍，稍快。

1. 进退转头

准备：开式舞姿。

男舞步

S：左足前进（见图3-67）。
S：右足原地踏步。
Q：左足后退，腿伸直，左足前脚掌着地，同时上体稍后仰，并向右后方转头，左手腕、手臂由前向上往后摆至胸前，肘关节朝前，肘略高于手腕部分与女伴前臂靠拢（见图3-68）。
Q：保持舞姿，右足在原地踏步。

女舞步

左足前进。
右足原地踏步。
右足退步，腿伸直，右足前脚掌着地，上体稍后仰，并向左后方转头，右手腕、手臂由前向上往后摆，至胸前肘关节朝前，肘略高于手腕部，前臂与男伴前臂靠拢。
左足在原地踏步。

图3-67

图3-68

2. 男女单手相牵，转体180°

准备：男伴左手牵女伴右手相对站立。

男舞步	女舞步
第1拍 S：左足向女伴左侧前进一步，牵动女伴开始右转（见图3-69）。	右足向男伴左侧前进一步，开始右转。
第2拍 S：右足前进一步，左手牵动女伴右手右转180°（见图3-70）。	左足前进一步，右手牵男伴左手右转180°。
第3拍 Q：左足进步，右手换牵女伴右手，并与女伴换位（见图3-71）。	右足退一短步，右手换牵男伴右手，并与男伴换位。
第4拍 Q：右足并向左足。	左足并向右足。
第5拍 S：左足朝女伴右侧进步，男伴右手与女伴右手相牵，并在手下左转90°（见图3-72）。	右足朝男伴右侧进步。
第6拍 S：右足前进一步继续在手下左转90°。	左足前进一步。
第7拍 Q：左足退短步，左转90°，与女伴换位。	左足前进短步与男伴换位。

图 3-69

图 3-70

图 3-71

图 3-72

第8拍 Q:右足并左足,同时左手换牵女伴右手。

左足并右足。

3. 双手相牵转体

准备:男女舞伴相对站立,两人双手相牵,手臂向前伸直。

男舞步　　　　　　　　　　　　　女舞步

第1拍 S:左足向女伴左侧进步。　　右足前进一步。

第2拍 S:右足进步,双手牵动女伴右转90°。　　左足原地踏步,右转90°。

第3拍 Q:左足后退,双手牵动女伴继续右转90°,同时男伴左转90°。　　右转90°,同时右足后退一步。

第4拍 Q:右足原地踏步,男伴继续左转90°,男女舞伴侧身相对(见图3-73)。　　左足原地踏步。

第5拍 S:两手牵动女伴左转180°。

第6拍 S:同时男伴右转180°。　　左转180°,返回原位呈准备姿势,基本舞步不变。

第7拍 Q:返回原位呈准备姿势。

第8拍 Q:基本舞步不变。

第9拍 S:左足在女伴右侧前进一步。　　右足前进一步。

第10拍 S:右足前进一步,双手牵动女伴左转90°,同时男伴右转90°。　　左足前进一步,左转90°。

第11拍 Q:左足进短步,继续让女伴左转90°。　　右足进短步,继续左转90°。

第12拍 Q:男伴右转90°,同时退右足,男女舞伴侧身相对并互望(见图3-74)。　　左足退步,男女舞伴侧身相对并互望。

第13拍 S:双手牵动女伴右转180°。

第14拍 S:同时男伴左转180°。　　右转180°,返回原位呈准备姿势,基本舞步不变。

图 3-73

图 3-74

第15拍Q:返回原位呈准备姿势。
第16拍Q:基本舞步不变。

教学提示

舞步娴熟后,只需用两个小节即可完成女伴右转180°和左转180°的动作。

4. 缠头进退

准备:男女舞伴相对站立,双手互牵。

男舞步	女舞步
S:左足前进。	右足前进。
S:右足原地踏步,双手举起,右手牵动女伴左手,从女伴头后落于右颈部,同时左手从自己头后落于右肩颈部(见图3-75、图3-76)。	左足原地踏步,双手举起。左手往头后落在自己的右肩颈部。同时,右手从男伴头后落于对方右肩颈部。
Q:左足后退。	右足后退。
Q:右足原地踏步,同时双手脱手,右臂伸直,从女伴右肩处向后平行拉开与女伴右手相牵。	左足原地踏步,双手与男伴脱手,右手与男伴右手相牵。

图 3-75

图 3-76

教学提示

(1)运步时男女舞伴始终相对。
(2)两个快步,快速完成右手直接动作,手臂应伸直。
(3)舞步动作相同,手花动作相反(见图3-77、图3-78)。

5. 双手交叉相牵转体

准备:男女舞伴相对站立,两人双手相牵,男伴右手在交叉点上方。

图 3-77

图 3-78

男舞步

第1—2拍 S:双手牵动女伴右转360°,同时男伴与女伴互换位置。
第3拍 Q:基本舞步不变(见图3-79)。
第4拍 Q:同第3拍。
第5—6拍 S:在双手交叉点下,男伴左转360°,同时与女伴交换位置。
第7拍 Q:基本舞步不变。
第8拍 Q:同第7拍。

女舞步

在男伴指示下完成右转360°,与男伴互换位置。

与男伴互换位置。

图 3-79

6. 缠腰转身

准备:男女舞伴相对站立,两手平行相牵。

男舞步

第1—2拍 S:右手指示女伴右转180°。
第3—4拍 Q:女伴在男伴左手臂缠腰,

女舞步

右转180°,在男伴左手臂缠腰。

两人面向前方(见图3-80)。

第5—6拍S、第7—8拍Q:左手牵动女伴腰右转180°。同时右手换牵女伴腰后右手,左手在体前牵住女伴左手(见图3-81、图3-82)。

左转180°,男女舞伴侧位相靠,与男伴面向前方,右手放在后腰部,与男伴右手相牵,左手与男伴左手相牵,置于身体左前方。

图3-80

图3-81

图3-82

7. 原地双手缠肩双向转体

准备:男女舞伴双手相牵,右转180°,同时男伴右手经女伴右侧,从头部往下缠肩。女伴在男伴前方(见图3-83)。

男舞步	女舞步
第1拍S:左足向左横短步,双手牵动女伴左转90°,男伴向左侧身,目视女伴(见图3-84)。	右足原地踏步,原地左转90°。
第2拍S:右足向右横短步,双手牵动女伴右转180°,同时男伴向右侧,目视女伴(见图3-85)。	左足进短步,原地右转180°。

图3-83

图3-84

图3-85

第3拍Q：左足向左横短步，双手牵动女伴左转270°，男女舞伴相对站立。　　右足原地踏步，左转270°与男伴相对站立，平行牵手。

第4拍Q：右足并左足。　　左足后退短步，与右足并步。

**教学提示**

（1）男女舞伴配合默契，达到完美的表现。

（2）动作要流畅、连贯，随着音乐起伏旋转。

（3）动作衔接可根据舞者的情况自行编排。

相关链接

形体训练过程是一种动态美的行为艺术培养过程，同时也是一种美的教育过程。美育是人类自身建设的一个重要方面，它把一个人的社会性与生理性融合在心理中，使一个人达到最高的人生境界。舞蹈则是以经过组织、美化和艺术加工的人体动作为主要表现手段，表达人们的思想感情，反映社会生活的一种艺术形式。在舞蹈教学中更能体现美育的特点，美育与舞蹈教学相辅相成。

一、美育与舞蹈艺术

人们对美育这个概念的理解有狭义和广义之分。广义的美育，即通常所说的"审美教育"。狭义的美育，又称"艺术教育"。持广义美育观点的人们认为美育不仅要以艺术教育为主，而且要渗透到心理教育、伦理教育及各门学科中去，借助社会生活、大自然中许多现实的美的形象对人们进行审美教育，使人们树立正确的审美观念、道德观念。美育旨在培养年轻一代对自然界、社会生活、日常生活、文学作品和艺术作品中美的感受，培养他们的审美情趣、审美观点和审美能力，并发展创造美的能力。

美育在构成人的个性的全面发展教育中，有其独特的功能，美育的提倡是社会发展的必然要求，是社会文明与进步的标志。我国政府提出了德、智、体、美、劳并举的教育方针，是比较重视美育的。近几年来，美学逐渐引起人们的兴趣，以至形成了今天的"美学热"。这不是偶然的，它说明人们需要美、向往美。运用艺术美、社会美和自然美的形象对青少年进行教育，会发挥春风化雨、潜移默化的作用，能塑造人的心灵美、语言美、行为美和体态美，是培养人全面发展的教育不可忽视的重要组成部分。

舞蹈艺术的美育效益在哪里呢？先从舞蹈艺术的特点谈起。舞蹈是通过人体的一定的动作、手势、舞姿、造型来表达思想和内容的艺术。舞蹈是人为的美的形象，非自然形态的、特殊的美的表现形式。舞蹈者使人们从他那灵巧的躯体得到艺术上的美感，或者在情感上获得满足。舞蹈艺术是在一定的空间和时间里来完成的，是一种在流动中消逝的空间和时间造型艺术。舞蹈长于表情，舞蹈中的感情比现实中的感情更集中、更强烈，它是人对现实情感的一种意识、反省和提炼。舞蹈可以培养人们的美好感情和情操。舞蹈美的功能在于按照美的规律和审美理想创造鲜明生动的、意蕴丰富的艺术形象，借以塑造人的灵魂和满足人们的审美需要。它和其他姊妹艺术一样,具有认识功能、宣传功能、教育功能和娱乐功能,其美育效益也在于此。

二、职业教育美育中的舞蹈艺术

随着社会经济发展,美在包围着我们,成为我们这个时代生活的主调、主旋律。作为高等院校的学生,应该具有更高的审美能力和审美情趣,以便承担教育别人的社会职责,并达到自身的完美。美育主要是通过包括舞蹈在内的艺术学科的教学及活动来体现的。法国近代著名美学家席勒认为,要达到人的精神上的解放和完美人格的形成,即要造就能够有力地推动人类社会向前发展的人才,其途径就是美育。中国近代明确倡导美育的著名教育家蔡元培认为,美育与人的成才有着极其重要的关系。

就我们每个人来说,当然是人人都想得到自身的完美,换句话说就是求得心灵(内容)与身体(形式)两个方面都达到尽善尽美的程度。因此,学生可以通过舞蹈活动表现自己心灵的想象与个人意志,享受舞蹈美与生活美的情趣,以促进自身完美的形成等。当代青年越来越注意自身的仪表美,而舞蹈教育在对青年学生的形体美塑造以及风度气质培养方面起着很重要的作用。人们见过舞蹈演员,他们的身材匀称、形体优美,令人生美。在现在的青年学生当中自然形体不美的人也为数不少,诸如缩颈、伸脖、耸肩、塌腰、驼背、撅臀、内外八字步者都不乏其人。其中除少数先天畸形外,多数是平时不注意形体锻炼,习惯于某种不正确的姿势而造成的。舞蹈训练使人站立挺直,收腹昂胸,压肩长颈,两眼平视,这种训练使人有一定的内在的、向上的挺拔之感。这样的姿态合上音乐的旋律节拍跳舞,其形态动作才能显得优雅大方。正如英国著名学者培根所言:"相貌的美高于色泽的美,而秀雅合适的动作的美,又高于相貌的美,这是美的精华。"使美遍布人的整个形体,又使美感填充他们的心灵,拥有表里如一和宽柔谨慎的心理品质,这就是舞蹈美育的功用。

综上所述,舞蹈是综合时空的纯形式艺术,它按照美的规律和审美理想,创造鲜明生动、意蕴丰富的艺术形象,使人形成内在美与外在美的统一,满足人们的审美需要。舞蹈形体教学在美育中有重要的作用,借助舞蹈形体教学进行艺术教育是美育的主要形式和重要途径。

本章小结

通过舞蹈与健美相关的知识技能训练,学生不仅可以在音乐和动作的节奏中实现对肌肉、意志、感觉和情绪的自我控制,增强关节的灵活性、肌肉的弹性和自如的反应能力,而且可以为塑造健美的形体打好基础。学生在愉快的乐曲中进行集体训练,既可增强集体意识,又可以展示他们美的仪表和健康挺拔的体态;既缓解了他们的学习压力,也使学生找到了展示自我的空间。学生能在训练中提高个人的模仿能力,启发丰富的想象和对事物的感悟去表现动作的内涵。舞蹈艺术形体训练的过程也是综合能力提高的过程。

思考题

1. 舞蹈艺术形体训练的作用是什么?
2. 开、绷、直、立的基本含义是什么?
3. 基本技能训练的特点、手段和方法是什么?
4. 如何将技能训练与舞蹈小品结合,突出表现美的个性?

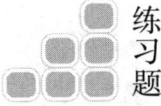

1. 根据自身条件制定技能训练计划。
2. 基本技能动作及组合训练每周两次。
3. 练习已熟练的动作。
4. 尝试自编集体舞蹈小品表演。

第三章教学训练提示

第四章　协调表现艺术训练
——现代舞素质训练

知识目标
- 了解现代舞素质训练的目的和作用。
- 掌握现代舞的发力方式,加强对自己身体的认识。
- 理解现代舞素质训练的内在联系特点、塑身特征。

能力目标
- 增强学生腿部的肌肉力量,培养上身松弛、放松的能力。
- 培养学生身体各部位协调活动的能力、舒展表现能力。
- 培养学生灵活运用身体,掌握身体重心及重心的分配和转移的能力。

素养目标
- 使学生能够利用自身的六种感觉去进行理性的思考。
- 培养学生的健康心态,做到心胸开阔、思维敏捷、勇于创新。

学习目标

　　现代舞素质练习是形体训练的重要内容之一,在练习中以单人练习为主。通过中间和流动练习,让学生认识自己的身体,学会运用呼吸,摆脱肢体的僵硬,达到灵活运用身体的目的,为塑造良好的人体形态打下良好的基础。现代舞练习应本着从易到难、从简单到复杂的原则,在学生自然放松的体态下进行系统训练,引导学生的意识无限向远延伸,使学生的动作幅度尽可能地做到最大,起到拉伸身体的作用,从而改变身体形态的原始状态,提高身体的机能素质。同时,通过空间的流动以及方位的变化,加强学生的反应度和灵敏度。在训练过程中,每个人都会有自己的舞蹈状态与舞蹈意识,这一点在现代舞中十分重要。因此,在训练学习中,教师要发掘学生的舞蹈意识,提高学生的艺术修养。

视频:体态与手位练习

第一节　体态与手位练习

　　现代舞的体态与芭蕾、中国古典舞等舞种的体态有所不同,它要求身体处于自然状态。其特征为自由、开放、冒险与求新。正确地掌握现代舞体态是学习现代舞最基本的要求。

一、基本动作

（一）基本体态

赤脚，全身保持直立，脚尖向正前方，脚位为正步，与肩同宽，脊椎向上运动，两肩向外运动，要求脊椎与头部成一条直线，上身基本呈放松自然状。双手垂直于大腿两侧，大腿肌肉呈放松状，呼吸均匀，感觉所有骨骼都伸展开，人体基本保持直立状态，眼睛向散点放射，感受外空间意识，要注意占有所有身体的外空间（见图4-1）。

（二）基本手位

1. 大一位

大一位如图4-2所示。

2. 平肩位

平肩位如图4-3所示。

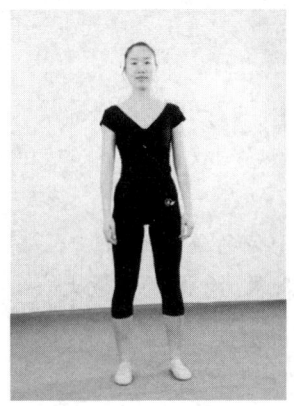 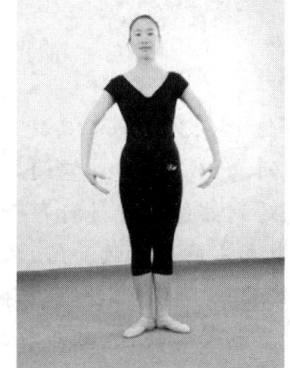 

图 4-1　　　　　　　　图 4-2　　　　　　　　图 4-3

二、组合

音乐：$\frac{2}{4}$拍，中速。

准备：身体面对1点方向，双脚正步位，双手位于两侧自然放松。

第一个八拍

双脚与肩同宽，脚趾尖正对前方，双手放松垂直两侧。

第二个八拍

第1—4拍：双手垂直两侧逐渐向上延伸至90°（见图4-4）。

第5—8拍：由手指垂直逐渐向上延伸至180°（见图4-5）。

第三个八拍

第1—4拍：双手由正上方逐渐向两边打开至平肩位。

第5—8拍：双手由平肩位垂直向下回到身体两侧呈放松状态。

第四个八拍

动作与第一个八拍动作一致。

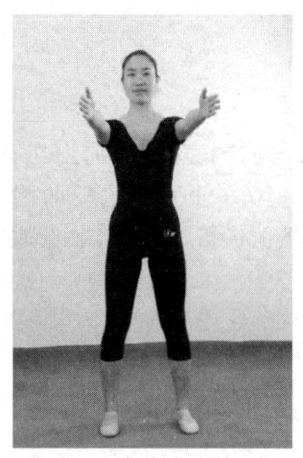

图 4-4　　　　　　　　　　　　图 4-5

教学提示

（1）站立时注意重心，微微向前倾斜15°，脚后跟着实地面。
（2）可以闭上眼睛进行体态练习，用意识去感受外空间。
（3）每一个手位可以先单一练习，达到熟练后可进行每个手位的连接练习。
（4）在手位之间连接的动作过程中身体应尽量放松，动作舒展开，幅度尽量大。
（5）在整个训练过程中体态要自然放松，呼吸要自然均匀。
（6）体态与手位要反复练习熟练，达到动作规范，然后再配合音乐练习。

第二节　活动组合

视频：活动组合

每一堂形体课前，都要活动身体的各个关节。通过此组合练习，对头、肩、胸腰、旁腰、膝盖、脚踝等关节进行活动，为课堂的其他练习做好热身准备。

一、基本动作

（一）半蹲

脚正步位，双腿膝盖自然弯曲下蹲（见图4-6）。

（二）后撤步

单腿后撤，另一条腿向前抬起45°（见图4-7）。

图 4-6

图 4-7

二、组合

(一) 组合一

音乐：$\frac{2}{4}$ 拍，中速。

准备：身体面对正前方，双脚正步位，双手位于两侧自然放松。

第一个八拍

第 1—4 拍：脚正步，双手放松于两侧，膝盖逐渐弯曲垂直下蹲（见图 4-8）。

第 5—8 拍：逐渐伸直膝盖。

第二个八拍

动作与第一个八拍动作一致，重复一次。

第三个八拍和第四个八拍

与第一个八拍的动作一致，节奏加快 1 倍，做 4 次。

第五个八拍和第六个八拍

与第一个八拍的动作一致，节奏加快 2 倍，做 8 次。

第七个八拍

第 1 拍：弯曲膝盖，右手正上方上伸与肩同高（见图 4-9）。

第 2 拍：伸直膝盖，右手上伸至头上方（见图 4-10）。

第 3 拍：弯曲膝盖，右手心顺时针外转，同时带动上身右转（见图 4-11）。

第 4 拍：伸直膝盖，手落回至双腿两侧位置。

第 5—8 拍与第 1—4 拍动作一致，方向相反。

第八个八拍

第 1 拍：弯曲膝盖，双手两侧上伸至 45°位置（见图 4-12）。

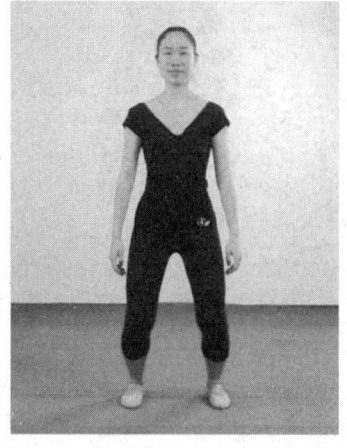 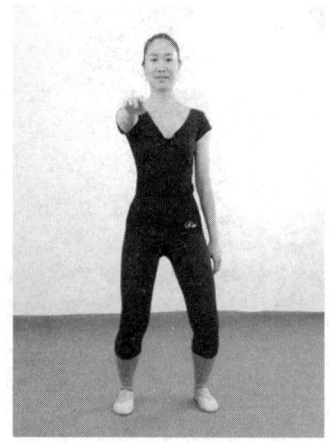

图 4-8　　　　　　　　　图 4-9

  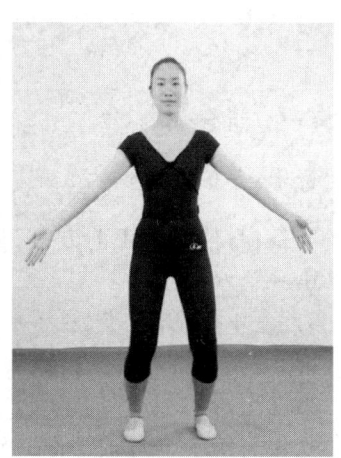

图 4-10　　　　　　图 4-11　　　　　　图 4-12

第 2 拍：伸直膝盖，双手两侧上伸至 90°位置。

第 3 拍：弯曲膝盖，双手两侧上伸至正上方。

第 4 拍：伸直膝盖，双手自然落下。

第 5—8 拍与第 1—4 拍动作一致。

（二）组合二

音乐：$\frac{2}{4}$拍，中速。

准备：身体面对正前方，双脚正步位，双手位于两侧自然放松。

第一个八拍

第 1 拍：右腿后撤弯膝，左腿起脚 45°，向远延伸，双手打开至头两侧位置（见图 4-13）。

第 2 拍：落左脚，呼吸蹲起一次，双手回至身前交叉位（见图 4-14）。

图 4-13   图 4-14

第 3 拍：回右脚，呼吸蹲起一次，双手打开两侧 45°。

第 4 拍：双腿蹲起一次，双手身前交叉位。

第 5 拍：左腿后撤弯膝，右腿起脚 45°，向远延伸，双手打开至头两侧位置。

第 6 拍：落右脚，呼吸蹲起一次，双手回至身前交叉位。

第 7 拍：回左脚，呼吸蹲起一次，双手打开两侧 45°。

第 8 拍：双腿蹲起一次，双手回至身前交叉位。

第二个八拍

重复第一个八拍动作。

第三个八拍

第 1 拍：右腿向右旁迈步屈膝，左腿起脚 45°，脚趾尖向左延伸，左手在头侧位置指尖向右延伸，右手在胯前方指尖向左延伸，身体向左右两个方向伸展（见图 4-15）。

第 2 拍：落左脚点地，双手回至平肩位。

第 3 拍：回右脚，呼吸蹲起一次，双手身前交叉。

第 4 拍：双腿蹲起一次，双手向两侧打开至平肩位。

第 5 拍：左腿向左旁上步屈膝，右腿起脚 45°，脚趾尖向右延伸，右手在头侧位置指尖向左延伸，左手在胯前方指尖向右延伸，身体向左右两个方向伸展。

第 6 拍：落右脚，呼吸蹲起一次，双手回至平肩位（见图 4-16）。

第 7 拍：回左脚，呼吸蹲起一次，双手身前交叉。

第 8 拍：双腿蹲起一次，双手向两侧打开至平肩位。

第四个八拍

重复第三个八拍动作。

图 4-15

图 4-16

教学提示

（1）注意动作中膝盖的呼吸。
（2）身体要放松，手指尖和脚趾尖要尽可能向远方延伸。
（3）呼吸要均匀，与音乐节奏要配合。

视频：脊椎练习

第三节　脊　椎　练　习

在现代舞训练中，脊椎的练习是最基础也是最重要的训练内容之一。脊椎是支撑我们整个身体的重要支柱，也是贯穿舞蹈动作最重要的组成部分。任何舞蹈动作都离不开脊椎的运动。通过练习，在脊椎弯曲、伸直的过程中感受腹部肌肉的收缩，将原本直立不变化的上身加入了上下、前后的运动路线，使学生了解身体从而达到解放身体的目的。

一、基本动作

卷轴：身体保持直立，脚与肩同宽正步位，头顶心带动上身一截一截地放松往下运动，双手自然下垂，将整个上身和下身保持叠式的姿势（见图 4-17）。

二、组合

音乐：$\frac{2}{4}$ 拍，中速。

准备：身体面对 1 点方向，双脚正步位，双手位于两侧自然放松。

第一个八拍

身体保持直立，脚与肩同宽正步位，头顶心带动上身一截一截地放松往下运动，双手自然下垂（见图 4-18）。

 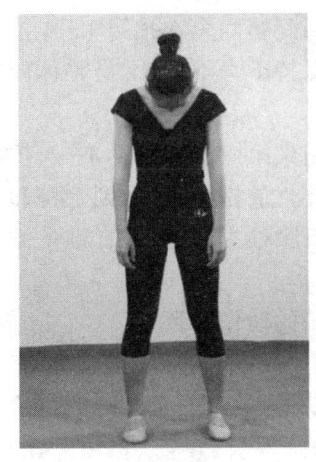

图 4-17　　　　　　　　　图 4-18

第二个八拍

以腰椎为起点,使脊椎一截一截向上伸展恢复至直立状态。

第三个八拍和第四个八拍

重复第一个八拍和第二个八拍的动作。

第五个八拍

第1—4拍:与第一个八拍动作一致,速度加快1倍。

第5—8拍:以头顶心为起点,带动上身一截一截向上动作,双手自然下垂,将上身与下身保持90°的姿势(见图4-19)。

第六个八拍

第1—4拍:双手向两侧打开,同时与下身保持90°的姿势(见图4-20)。

第5—8拍:保持下身不动,上身整体向左上方转动到最大幅度(见图4-21)。

图 4-19　　　　　　图 4-20　　　　　　图 4-21

第七个八拍

第1—4拍:回到第六个八拍第1—4拍的位置。

第5—8拍:保持下身不动,上身整体向右上方转动到最大幅度。

第八个八拍

第1—4拍:回到第六个八拍第1—4拍的位置。

第5—6拍:吐气放松上身,回到上身和下身保持叠式的姿势。

第7—8拍:以腰椎为起点,使脊椎一截一截向上伸展恢复至直立状态。

第九个八拍

与第一个八拍的动作一致。

第十个八拍

保持上身不动,膝盖弯曲至全蹲的位置。

第十一个八拍

伸直膝盖,上身向下保持不动。

第十二个八拍

以腰椎为起点,使脊椎一截一截向上伸展恢复至直立状态。

教学提示

(1) 脊椎运动时头要尽可能地向里卷,运动的速度要平均。

(2) 身体折叠时要将头位于双脚中间。

(3) 在练习过程中,要有意识地去感受脊椎的运动。

视频:腿部训练

第四节　腿部训练

腿部训练是形体训练中必不可少的练习,其主要目的是训练大腿的肌肉,使肌肉线条直线向远延伸,通过不断擦地和蹲的练习,完美地塑造学生的腿形,以及脚踝和膝盖的灵活性,为后面的流动训练、跳的训练打下良好的基础。

一、基本动作

(一) 单一半蹲

双脚小八字位,双腿膝盖自然弯曲下蹲(见图4-22)。

(二) 单一擦地

双脚正步位,其中一条腿向外(前、旁、后)擦出(见图4-23)。

图 4-22

图 4-23

二、组合

(一) 蹲组合

音乐:$\frac{3}{4}$拍,中速。

准备:双脚八字位,双手大一位。

第一个八拍

第1拍:指尖带动,双手上升至小七位,双腿半蹲一次(见图 4-24)。

第2拍:双手收回至大一位,直膝(见图 4-25)。

图 4-24

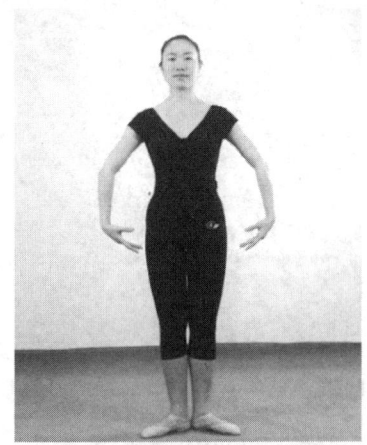
图 4-25

第3拍:双手上升至大二位,双腿半蹲一次(见图 4-26)。

第4拍:双手打开至七位,直膝(见图 4-27)。

第5—8拍:双手提腕呼吸,七位落至大一位,经过二位(见图 4-28)。再次打开七位,双腿全蹲一次。

图 4-26　　　　　　　　图 4-27　　　　　　　　图 4-28

第二个八拍

第 1 拍：落手至大腿两侧，手心贴大腿。

第 2 拍：双肩向后环动，带动双手手心转动至前方，双腿变至正步位，与肩同宽，同时抬头（见图 4-29）。

第 3—4 拍：双脚不动，上身向下，手自然放松。

第 5 拍：手回大一位。

第 6 拍：起上身，双脚回至八字位。

第 7 拍：双手大二位。

第 8 拍：右脚向旁擦出至二位，双手打开至七位（见图 4-30）。

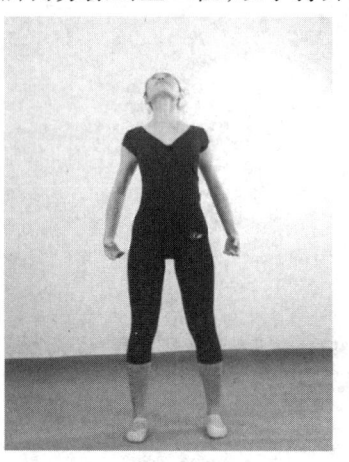 

图 4-29　　　　　　　　　　　图 4-30

第三个八拍

第 1 拍：双手落回大一位，腿二位蹲。

第 2 拍：双手至大二位，直膝。

第 3—4 拍：双手打开至七位，双腿二位半蹲一次。
第 5—8 拍：双手提腕呼吸，由七位落至大一位，经过二位上升至三位，双腿二位全蹲一次（见图 4-31）。

第四个八拍

第 1—2 拍：双手由胳膊肘带动自然下落，抬头，双腿二位蹲一次（见图 4-32）。

图 4-31

图 4-32

第 3—4 拍：上身自然落下，双手伸直放松，双腿伸直。
第 5 拍：右脚重心，半蹲，左脚收回至八字位，上身向右移，手一位（见图 4-33）。
第 6 拍：直膝，上身翻转至向前位置，提旁腰，手至三位（见图 4-34）。

图 4-33

图 4-34

第 7 拍：上身回正，手位与脚位不变。
第 8 拍：左脚前擦地至四位，双手经七位回至大一位。

第五个八拍

第 1 拍：双手向前上升至与肩同高，双腿四位半蹲（见图 4-35）。

第2拍:双手抱回二位,收腹,低头,双膝伸直(见图4-36)。

图4-35

图4-36

第3拍:双手打开至七位,还原上身,双腿四位半蹲。

第4拍:双手落回大腿两侧,双膝伸直。

第5—8拍:动作与第1—4拍动作一致。

第六个八拍

第1拍:双手上升至大二位,收腹,低头,双腿四位半蹲。

第2拍:双手上升至三位,上身还原,双膝伸直。

第3—4拍:双手打开至七位,立半脚尖。

第5—6拍:落半脚尖。

第7—8拍:左脚收回五位,双手落回大一位。

第七个八拍

第1拍:双手向前上升至与肩同高,双腿五位半蹲。

第2拍:双手抱回二位,收腹,低头,双膝伸直。

第3拍:双手打开至七位,还原上身,双腿五位半蹲。

第4拍:双膝伸直。

第5—8拍:双手落回一位,经二位再次打开七位。双腿五位全蹲。

第八个八拍

第1拍:双手抱至大二位,收腹,低头,双腿五位半蹲。

第2拍:双手上升至三位,上身还原,双膝伸直。

第3—4拍:双手打开至七位,立半脚尖。

第5—6拍:落半脚尖。

第7—8拍:左脚收回一位,双手落回大一位。

(二)擦地组合

音乐:$\frac{2}{4}$拍,中速。

准备:正步位,手放于身体两侧,自然放松。

第一个八拍

第1拍:右脚向前擦出,右手向旁至与肩同高,左手向前至与肩同高(见图4-37)。

第2拍:收回右脚,收回大一位。

第3—4拍:与第1—2拍动作一致。

第5拍:与第1拍动作一致。

第6拍:落右脚脚后跟,双手收回大一位(见图4-38)。

第7拍:倒重心至右脚上,左脚后点地(见图4-39)。

图4-37
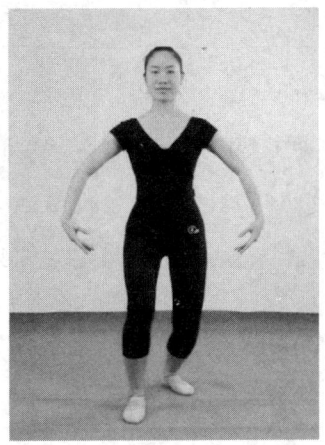
图4-38
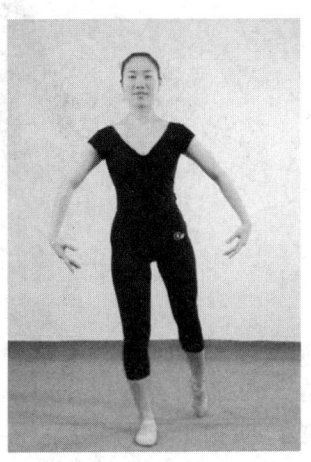
图4-39

第8拍:左脚回正步位。

第二个八拍

第1拍:左脚向前擦出,左手向旁上升至与肩同高,右手向前升至与肩同高。

第2拍:收回左脚,收回大一位。

第3—4拍:与第1—2拍动作一致。

第5拍:与第1拍动作一致。

第6拍:左脚经过正步位擦地至后。左手正前与肩同高,右手旁方向与肩同高。

第7拍:倒重心于左脚上,右脚前点地,双手收回大一位。

第8拍:右脚回正步位。

第三个八拍

第1拍:右脚向旁擦出,双手打开平肩位(见图4-40)。

第2拍:右脚收回,双手收回大一位。

第3—4拍:与第1—2拍动作一致。

第5拍:与第1拍动作一致。

第6拍:收回右脚,双手上升至正上方。

第7拍:蹲左腿,右腿向旁擦出,双手逆时针划圈至右斜上方位置。

第8拍:还原。

第四个八拍

与第三个八拍动作一致,换左脚做一次。

第五个八拍

第1拍:右脚向后擦出,右手向前上升至与肩同高,左手向旁升至与肩同高(见图4-41)。

图4-40

图4-41

第2拍:收回右脚,收回大一位。

第3—4拍:与第1—2拍动作一致。

第5拍:与第1拍动作一致。

第6拍:落右脚脚后跟,双手收回大一位。

第7拍:倒重心至右脚上,左脚前点地。

第8拍:左脚回正步位。

第六个八拍

第1拍:左脚向后擦出,左手向前上升至与肩同高,右手向旁升至与肩同高。

第2拍:收回左脚,收回大一位。

第3—4拍:与第1—2拍动作一致。

第5拍:与第1拍动作一致。

第6拍:左脚经过正步位擦地至前。左手正旁与肩同高,右手正前方向与肩同高。

第7拍:倒重心于左脚上,右脚后点地,双手收回大一位。

第8拍:右脚回正步位。

第七个八拍

第1拍:右脚向前擦出,双手抱至胸前。

第2拍:右脚收回,双手拉开至双肩上(见图4-42)。

第3拍:右脚擦后,右手向上延伸,左手向旁延伸(见图4-43)。

第4拍:还原。

第5拍:左膝弯曲,右腿向旁擦出,左手斜下方,右手斜上方(见图4-44)。

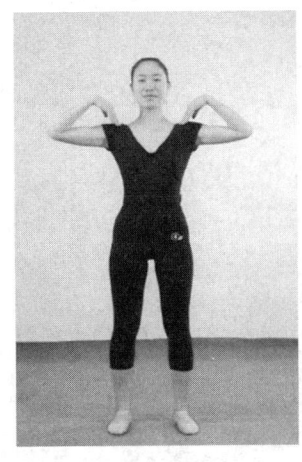  

图 4-42　　　　　　　　图 4-43　　　　　　　　图 4-44

第 6 拍：倒重心回左脚，弯曲双膝，双手自然落下，收腹，低头放松。
第 7—8 拍：还原。
第八个八拍
动作和第七个八拍动作一致，反方向做一次。

教学提示

（1）在蹲的过程中始终要保持上身直立。
（2）半蹲和全蹲时臀部不能向后坐，保持颈椎、尾椎、脚后跟在一条直线上。
（3）在蹲的过程中要注意膝盖的松弛度。
（4）在擦地的过程中始终要保持膝盖直立，收回时双腿膝盖要收紧。
（5）擦地出去时，脚趾尖尽可能向远延伸。
（6）腿部训练时要注意上身协调配合。
（7）练习时所有的动作要做到极限，这样才能起到一个拉伸的作用。
（8）动作要连贯，动作与音乐要协调配合。
（9）此练习要经过一个长期的训练才能达到效果，因此要反复练习。

第五节　甩手组合

视频：甩手组合

甩手组合是通过腹部的收缩与放松的配合，甩动双手发力，让身体在放松状态下随着惯性运动，每一次发力的惯性带动身体达到最大幅度的伸展。

一、基本动作

（一）单一的双手向上甩

单一的双手向上甩如图 4-45 所示。

（二）单手向斜前方甩

单手向斜前方甩如图 4-46 所示。

（三）胳膊肘上提带动双脚起跳

胳膊肘上提带动双脚起跳如图 4-47 所示。

图 4-45

图 4-46

图 4-47

二、组合

音乐：$\frac{2}{4}$ 拍，中速。

准备

第1—4拍：双脚正步位，双手位于两侧自然放松。

第5—8拍：体态不变，双手起至正上方。

第一个八拍

第1—2拍：吐气，上身前屈放松，双手向前甩下，同时向上提，膝盖顺着双手的下落与上提呼吸一次（见图4-48）。

第3—4拍：上身回正，双手借着上提的反弹力，原路返回至正上方，膝盖上提呼吸一次。

第5—8拍：与第1—4拍动作一致。

第二个八拍

动作与第一个八拍动作一致，重复一次。

第三个八拍

第1—2拍：吐气，上身前屈放松，双手向前甩下，同时向上提，膝盖顺着双手的下落与上提呼吸一次。

第3—4拍：上身回正，双手借着上提的反弹力，原路返回至正上方，膝盖上提呼吸一次。

第5—6拍：双手经过划圈两边打开至胸前交叉位，抬头，膝盖上提呼吸一次（见图4-49）。

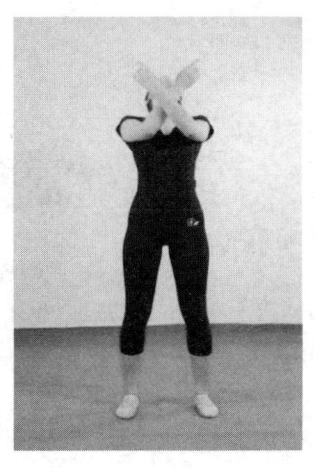

图 4-48　　　　　　　图 4-49

第 7—8 拍:双手原路返回至正上方,膝盖上提呼吸一次。

第四个八拍

动作与第三个八拍动作一致,重复一次。

第五个八拍

第 1—4 拍:动作与第一个八拍第 1—4 拍动作一致。

第 5—6 拍:吐气,上身前屈放松,双手向前甩下,同时向上提,双腿顺着双手的下落与上提蹲跳一次。

第 7—8 拍:上身回正,双手借着上提的反弹力,原路返回至正上方,膝盖上提呼吸一次。

第六个八拍

动作与第五个八拍动作一致,重复一次。

第七个八拍

第 1—2 拍:双手向上甩,抬头,膝盖上提呼吸一次。

第 3—4 拍:双手向下甩,扶地,上身下前腰,膝盖呼吸一次。在伸直膝盖的同时双脚后跟立起,只有尾椎向上提。

第 5—8 拍:动作和第 1—4 拍动作一致。

第八个八拍

第 1—2 拍:双手向上甩,抬头,膝盖上提呼吸一次。

第 3—4 拍:双手向下甩,扶地,双腿向后撤(见图 4-50)。

第 5—6 拍:推手倒重心于双脚上。膝盖弯曲。

第 7—8 拍:伸直膝盖,尾椎带动上身一截一截向上起。

教学提示

(1) 甩手时要有力度,动作幅度要做到最大。

(2) 膝盖要呼吸协调配合。

(3) 每次甩手时腹部都要有一次收缩与放松。

图 4-50

视频:斜线
流动练习

第六节 斜线流动练习

斜线流动练习主要是通过步伐的流动变化,上身的协调配合,更全面地对腿部能力进行训练,同时也是对身体重心、发力点的提高训练,加大了难度和力度。前面的练习都是为这个练习打基础。

一、基本动作

(一)斜线行进步伐练习

双腿自然弯曲,斜线向前运动(见图 4-51)。

(二)脚尖行进步伐练习

双脚起脚后跟,斜线向前运动(见图 4-52)。

图 4-51

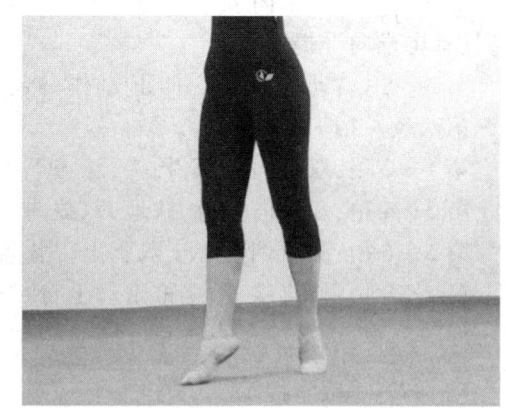

图 4-52

二、组合

(一) 行进步伐组合

音乐：$\frac{3}{4}$拍，中速。

准备：教室右后区准备，身体正对右前方向。双脚一位半蹲，双手位于两侧自然放松。

1. 组合一

第一个八拍

第1—2拍：右脚弯曲上步，双手大一位（见图4-53）。

第3—4拍：左脚弯曲上步，双手大一位。

第5—8拍：动作和第1—4拍动作一致。

第二个八拍

动作和第一个八拍动作一致，重复一次。

2. 组合二

第一个八拍

第1—2拍：右脚弯曲上步，上身向右转，左右手前后伸直展开（见图4-54）。

第3—4拍：左脚弯曲上步，上身向左转，左右手后前伸直展开。

第5—8拍：动作和第1—4拍动作一致。

第二个八拍

动作和第一个八拍动作一致，重复一次。

图4-53　　　　　　图4-54

3. 组合三

第一小节

第1拍：双手大一位，右脚弯曲向前上步。

第2拍：上左脚，同时双脚伸直立脚后跟，上身保持不动。

第3拍：上右脚，双脚直立，保持起脚后跟，上身不动。

第 4 拍：双手大一位，左脚弯曲向前上步。

第 5 拍：上右脚，同时双脚伸直立脚后跟，上身保持不动。

第 6 拍：上左脚，双脚直立，保持起脚后跟，上身不动（见图 4-55）。

第二小节

动作与第一小节动作一致。

4．组合四

第一小节

第 1 拍：双手大一位，右脚弯曲向前上步，上身向右转。

第 2 拍：上左脚，同时双脚伸直立脚后跟，上身保持不动。

第 3 拍：上右脚，双脚直立，保持起脚后跟，上身不动。

第 4 拍：双手大一位，左脚弯曲向前上步，上身向左转（见图 4-56）。

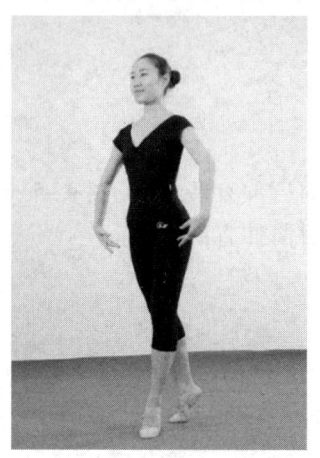 

图 4-55　　　　　　　　图 4-56

第 5 拍：上右脚，同时双脚伸直立脚后跟，上身保持不动。

第 6 拍：上左脚，双脚直立，保持起脚后跟，上身不动。

第二小节

动作与第一小节动作一致。

（二）跳跃步伐组合

音乐：$\frac{3}{4}$拍，中速。

1．组合一

准备：

第 5—7 拍：教室右后区准备，身体正对右前方，双脚五位，双手一位。

第 8 拍：左脚上步。

第一小节

第 1—3 拍：左手打开至平肩位，右手打开至斜上方，踢右脚跳，左脚紧跟上去，空中双脚夹五位。

第4拍:双手打开至平肩位,双脚五位跳,颈椎至尾椎收缩(见图4-57)。

第5拍:落右脚。

第6拍:上左脚。

第二小节

动作与第一小节动作一致。

2. 组合二

音乐:$\frac{3}{4}$拍,中速。

准备:

第5—8拍:教室右后区准备,身体正对左前方,双脚五位,双手一位。

第一小节

第1拍:左手打开至平肩位,右手打开至斜上方,上右脚,左脚空中由旁划圈至前(见图4-58)。

第2拍:双手抱二位,左脚上步(见图4-59)。

图4-57

图4-58

图4-59

第3拍:双手二位,右脚上步。

第4拍:右手打开至平肩位,左手打开至斜上方,上左脚,右脚空中由旁划圈至前。

第5拍:双手抱二位,右脚上步。

第6拍:双手二位,左脚上步。

第二小节

动作与第一小节动作一致。

教学提示

(1)在步伐运动中保持膝盖的屈伸度。

(2)步伐运动过程中的幅度应保持一致。

(3)头要与上身运动的方向一致。

（4）注意运动过程中身体重心的变化。

（5）在跳跃过程中要收紧身体，注意空中的体态。

（6）流动的路线要明确。

（7）流动练习的动作难度比较大，所以要让学生单独进行练习，先达到动作规范后，再配合音乐进行流动的练习。

（8）进入音乐练习阶段，上身姿态和下身步伐与音乐要完美地融合在一起。

（9）整个练习正、反两个方向都要进行。

视频：跳跃练习

第七节　跳跃练习

跳跃练习通过快速地推脚背，加强对脚踝、大腿肌肉能力的训练，提高腿部的爆发力。同时感受跳跃性动作从预备起跳至落地完成的整个过程中，力量的凝聚和力量的延伸。

一、基本动作

（一）一位小跳

小八字位半蹲准备，脚掌推地起跳（见图4-60）。

（二）中跳

小八字位半蹲准备，脚掌推地尽可能向上起跳，要有腾空感（见图4-61）。

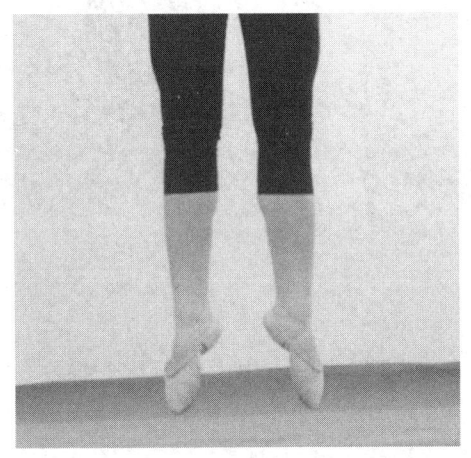
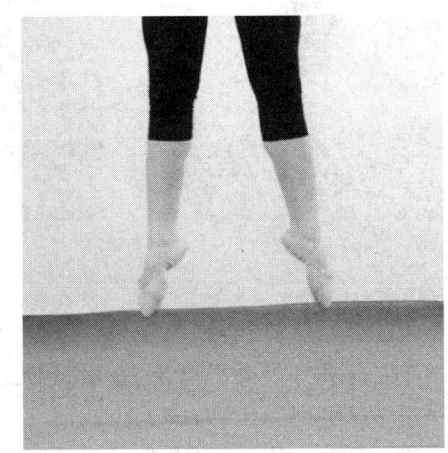

图4-60　　　　　　　　　　　图4-61

二、组合

（一）小跳组合

1. 组合一

音乐：$\frac{2}{4}$拍，快速。

准备：
第5—8拍：正步位，双手两侧自然放松，双腿半蹲（见图4-62）。

图4-62

第一个八拍
第1—4拍：双脚推地小跳4次，同时双脚向外逐渐打开，双手两侧自然放松。
第5拍：双脚推地小跳1次，同时双脚收回正步位，双手两侧自然放松。
第6—7拍：伸直膝盖。
第8拍：双腿半蹲。
第二个八拍
动作和第一个八拍动作一致，重复一次。
第三个八拍
第1拍：左脚在前，右脚在后小跳1次。
第2拍：双脚收回正步位小跳1次。
第3拍：右脚在前，左脚在后小跳1次。
第4拍：双脚收回正步位小跳1次。
第5拍：双脚向外打开小跳1次。
第6拍：双脚收回正步位小跳1次。
第7拍：伸直膝盖。
第8拍：双腿半蹲。
第四个八拍
第1拍：右脚在前，左脚在后小跳1次。
第2拍：双脚收回正步位小跳1次。
第3拍：左脚在前，右脚在后小跳1次。
第4拍：双脚收回正步位小跳1次。
第5—8拍：动作和第三个八拍第5—8拍动作一致。

2. 组合二

音乐：$\frac{2}{4}$拍，快速。

准备：

第5—8拍：双脚一位，双手大一位，双腿半蹲。

第一个八拍

第1拍：一位小跳，双手打开至斜下位。

第2拍：一位小跳，双手上升至平肩位（见图4-63）。

第3拍：一位小跳，双手上升至正上方（见图4-64）。

第4拍：双腿下蹲。

第5—7拍：伸直膝盖，双手两边落下。

第8拍：双腿半蹲。

第二个八拍

动作和第一个八拍动作一致，重复一次。

第三个八拍

第1—5拍：一位小跳5次，双手胸前交叉（见图4-65）。

  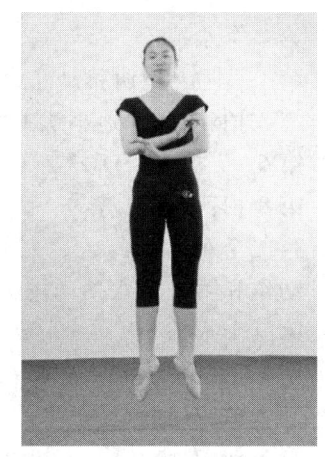

图4-63　　　　　　图4-64　　　　　　图4-65

第6拍：双脚下蹲，双手落回身体两侧。

第7拍：伸直膝盖。

第8拍：双腿半蹲。

第四个八拍

第1—7拍动作和第三个八拍第1—7拍动作一致，重复一次。

第8拍：脚掌不动，双脚后跟外转至正步位。

（二）**中跳组合**

音乐：$\frac{3}{4}$拍，中速。

准备：

第5—8拍:双脚一位,双手大一位,双腿半蹲。

第一个八拍

第1—3拍:一位小跳3次,双手大一位不动。

第4拍:蛙式吸腿中跳,双手打开至斜上方(见图4-66)。

第5—8拍:动作和第1—4拍动作一致。

第二个八拍

动作和第一个八拍动作一致,重复一次。

第三个八拍

第1—3拍:一位小跳3次,双手大一位不动。

第4拍:蛙式吸腿中跳,双手打开至斜上方,同时身体转至右侧方向。

第5—7拍:一位小跳3次,双手大一位不动。

第8拍:蛙式吸腿中跳,双手打开至斜上方,同时身体转至正后方向。

第四个八拍

第1—3拍:一位小跳3次,双手大一位不动。

第4拍:蛙式吸腿中跳,双手打开至斜上方,同时身体转至左侧方向。

第5—7拍:一位小跳3次,双手大一位不动。

第8拍:蛙式吸腿中跳,双手打开至斜上方,同时身体转至正前方。

图4-66

教学提示

(1) 跳时在空中腿部要收紧,伸直膝盖。

(2) 上身始终保持直立、放松的状态。

(3) 落地时要求膝盖松弛,脚掌先落,全脚不能直接落地。

(4) 中跳在空中时间要尽可能长,要有腾空感。

(5) 要明确变化的方向。

（6）跳跃动作训练强度比其他训练的强度要大，所以要先做到动作规范，再配合音乐练习。

（7）进入音乐练习阶段，上身姿态和腿的跳跃与音乐要完美地融合在一起。

（8）跳跃训练的前提是完全热身，然后再进行练习，不然很容易导致腿部受伤。

第八节　还原综合练习

视频：还原综合练习

还原综合练习是经过一堂课的训练后，调整呼吸，放松身体各个部位的肌肉，回到自然状态的一个练习。

一、基本动作

（1）地面站立的自然放松体态。

（2）放松躺地。

二、组合

音乐：$\frac{2}{4}$拍，慢速。

准备：正步位，双手自然放松。

第一个八拍

双手两边上升至正上方。

第二个八拍

第1—4拍：头向上仰，下胸腰。

第5—8拍：上身还原，双手由胳膊肘带动落至身体两侧。

第三个八拍

由头带动脊椎一截一截放松往下运动，双手放松垂直于地面。

第四个八拍

膝盖慢慢蹲。

第五个八拍

第1—4拍：向前移动重心，双手顺势向前触及地面，微起脚后跟（见图4-67）。

第5—8拍：双手发力推回重心。

第六个八拍

动作与第五个八拍动作一致，重复一次。

第七个八拍

尾椎带动下身，伸直膝盖。

第八个八拍

第1—4拍：膝盖慢慢下蹲。

第5—8拍：向后移动重心，臀部贴合地面至脊椎一截一截平躺于地面，双手平肩位，双脚自然打开（见图4-68）。

图 4-67

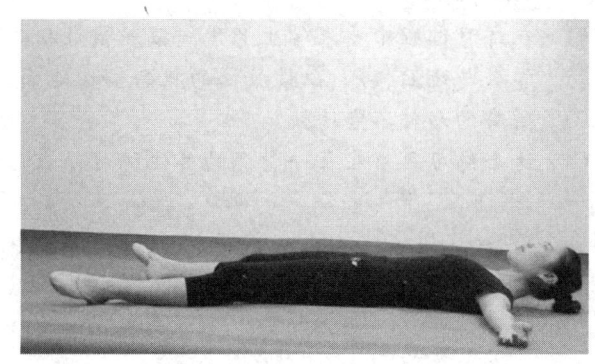
图 4-68

第九个八拍

第1—4拍：右手指尖带动手臂，一截一截向左运动，同时带动上身左转。

第5—8拍：丹田发力，上、下身向腹部靠拢（见图4-69）。

第十个八拍

还原至平躺位置。

第十一个八拍

第1—4拍：左手指尖带动手臂，一截一截向右运动，同时带动上身右转。

第5—8拍：丹田发力，上、下身向腹部靠拢。

第十二个八拍

还原至平躺位置。

第十三个八拍至第十六个八拍

和第九个八拍至第十二个八拍动作一致。

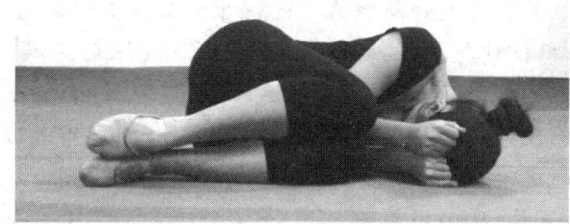
图 4-69

教学提示

（1）在练习过程中要求学生身体一截一截放松。
（2）学会与地面接触，以最放松的状态躺在地面上。
（3）所有的动作不宜过快。
（4）这个练习要求在每一堂课的其他练习结束后进行，达到放松全身肌肉的效果。

相关链接

现代舞概说

一、来源

现代舞是19世纪末20世纪初发生于美国和德国的一场舞蹈大革命，它彻底否定的对象是封闭僵化的古典芭蕾。它最鲜明的特点是反映现代西方社会的矛盾和人们的心理特征，故称为现代舞。在100多年的舞蹈史上，美国先后出现了自由舞、早期现代舞、古典现代舞、后现代舞和后后现代舞共5个时期，德国则出现了新舞蹈、舞蹈剧场共两个时期。两国现代舞的发生可谓不约而同，但都曾受到"现代舞之母"——美国舞蹈家伊莎多拉·邓肯的某种启迪，并在20世纪30年代之后开始相互交流和彼此影响，出现了两国现代舞互动互补、融为一体的新类型。

德国现代舞曾为欧洲、亚洲、大洋洲的现代舞奠基，影响广泛，后因纳粹的统治而停滞。与此相反，美国现代舞恰恰是在第二次世界大战之后兴起，开始对全球产生重大影响的。20世纪70年代以来，又先后在德国、荷兰、英国、法国、比利时、日本等欧亚国家产生了当代舞、舞蹈剧场、身体剧场、舞蹈等风格迥异的崭新形式。

任何历史大事件的发生，都是偶然与必然的对立统一，现代舞的发生也不例外。从发生学的角度来看，美国和德国这两个现代舞的发源地都是古典芭蕾相对薄弱的国度，而任何革命的成功往往都是从薄弱之处开始取得的。伊莎多拉·邓肯率先高呼"古典芭蕾一点儿也不美"，的确是因为她在美国加州那个当时文化落后的角落里，赶上了一位蹩脚的芭蕾教师。但19世纪末的古典芭蕾自身也确实陷入了一个极度封闭保守、缺乏个性生气、题材单调乏味、动作机械僵化的低谷，显然迫切需要并且已经孕育了某种新生力量的诞生。从社会学的角度来看，现代舞既是人类社会进入20世纪以后，在科技日新月异、经济迅速发展、社会深刻变革、各种思潮迭起的历史条件下产生和发展起来的，也是舞蹈家们追求身心解放、回归人性、以舞为本、观照社会的必然结果。从美学的角度来看，现代舞与其他各门类的现代艺术一样，在审美理想和艺术本体上均与古典艺术分道扬镳，在创作的观念、方法和技术上打破了各种清规戒律，主张把自己的视角伸向人类和自然的每一个层面与角落，从而用革新求异、气象万千的新艺术来拥抱我们这个新的时代。

任何历史大事件的发生，都有长期播种和孕育的阶段，现代舞的发生也不例外。在邓肯那声石破天惊的呐喊之前，欧洲已有几位先行者，从思想到身体，同时发动着这场舞蹈艺术的革命。

首先是法国歌唱家和音乐理论家佛朗索瓦·德尔萨特(1811—1871年)，他率先为人的身体设计了一套完整的动作原理和表情体系，并在《应用美学的科学》这部著作中加以描述。他将身体各部位分成3个区域,将每个区域分成3个部分,又将所有的动作分别归属于连接、平行与对抗这3个基本的类别。不过,尽管他当时的初衷只是提高戏剧和音乐表演者的表现力,而与舞蹈毫无关系,但在19世纪末,当古典芭蕾日渐衰落之际,他的这个表情体系便成了现代舞先驱们别无选择的精神启迪与身体练习。

接着是瑞士音乐教育家和理论家埃米尔·雅克-达尔克罗兹(1865—1950年),他可能受到佛朗索瓦·德尔萨特的影响,创造了一套取名为"人体律动操"的节奏练习,初衷也只是强化音乐系学生的身体感受力和表现力,不料也成了早期现代舞者们不可多得的身体练习。

最后一位,也是影响最深远的理论和实践先驱,当然非匈牙利人鲁道夫·冯·拉班莫属,他的艺术背景中包括了绘画、戏剧和芭蕾,曾先后在瑞士和德国开办过两家舞蹈学校。在那里,他借助于"二十面体"等几何原理,发现了"人体动律学"这套"人体小宇宙的运动规律",并以此为基础,创造了"拉班舞谱"这种舞蹈的记谱体系,以及"动作合唱"这套舞蹈的训练体系。"人体动律学"又称"空间和声学",其重大意义被国际学术界认为可与爱因斯坦发现了"自然大宇宙的运动规律"的相对论相提并论,并被广泛地运用到舞蹈以外的工业生产中去。

二、逻辑定义

"现代舞"是英文 Modern Dance 的意译,它分别起源于美国和德国,素有"20世纪舞蹈最高成就"之誉,是迄今为止最具有国际性的舞蹈品种之一。它以"现代舞之母"伊莎多拉·邓肯"古典芭蕾一点儿也不美"那声呐喊为号角,最初彻底否定古典芭蕾的唯美主义理想和程式化语言,主张踏着时代的脉搏而舞,弘扬别出心裁的个性特征,倡导独辟蹊径的原创精神,力求内容与形式完美统一。1933年,由美国舞评家约翰·马丁根据自己的讲演稿整理出版第一部同名专著。在德国,它早期被称为新舞蹈、表现派舞蹈、德国舞蹈和中欧舞蹈,后期则逐渐形成了舞蹈剧场。它极大地冲击和改良了古典芭蕾的观念、方法、技术和美感,并有效地丰富和发展了百老汇歌舞剧的表现手段。现代舞是一种相对开放的舞蹈体系。

三、基本特征

第一,现代舞的生活观是乐观向上、随遇而安、兼容开放、顺乎自然,而它的艺术规则是以心为美、求异存同,"八仙过海,各显神通"。美国现代舞的第三代大师默斯·堪宁汉曾经说过:"如果你不喜欢别人的作品,那就去编一个自己喜欢的就好了!"他的这番话可谓赠给专业圈内有异见者们的忠告。

第二,量的概念在现代舞中是第一位的。因此,衡量编舞家成就的高低,首先应从量入手,然后才谈得上质。从量变到质变,也是唯物辩证法的基本观点。作为"20世纪三大艺术巨匠之一",美国现代舞大师玛莎·格莱姆的这顶桂冠应该说是无人可以领受的,因为它是由180部舞剧和舞蹈构筑起来的。她当年的同窗多丽丝·韩芙丽也曾指出:"你想编一个出色的舞蹈吗?那么,先编出100个糟糕的再说吧!"

第三,唯美主义的概念在现代舞中没有一席之地。在现代美学中,美更不是独一无二或至高无上的追求。因此,美或者不美,不应是衡量现代舞作品高低的唯一标尺。美的概念在现代美学和现代艺术中,不仅是多元的,而且是多变的。玛莎·格莱姆初出茅庐时,她那带棱带角,纯属对两次世界大战做出本能反应的痉挛动作,却曾被报界辱骂成"要么是癫痫突然发作,要么是分娩迫在眉睫""如果玛莎·格莱姆曾经生过什么的话,那么一定生的是带棱带角的立方体"。她本人甚至被认为是"丑女人跳丑舞"。但几十年之后,当各国舞蹈家都在直接或间接地运用她这种痉挛的动作语言,来表现这个节奏加快直至癫狂的世界时,她的动作原理——"收缩—放松"则被当作最新美学的代表了。

第四,新与旧的概念在现代舞中不是绝对的是非关系,尽管新的不一定总比旧的好,但新的往往比旧的更有趣,更能引起人们的注意。"喜新厌旧"在伦理道德上一直是受到谴责的,被抛弃的弱者似乎总能得到更多人的同情,但在生理反应和审美过程中却是天经地义的,因为大量科学实验早已证明"连续性的、无变化的刺激产生抑制"。这种人人与生俱来的自我保护机制,是谁也改变不了的。

第五,看现代舞作品时,应尽力避免是非曲直的判断,尤其是在看远离传统价值观念的后现代舞时更应如此。舞蹈是远离经济基础和意识形态的审美学,而不是伦理学。因此,编导家在创作中,常常不以传达政治观点为主要使命,尽管现代舞史上不乏政治性的作品,但这种作品大多产生于特殊的,或者说不正常的历史背景,比如战争期间,有些配合政治的急促之作往往缺乏超越时空的长远生命力。

第六,看现代舞作品,尤其是那种以实验为目的的新作品,包括学生的习作时,最好不做价值高低的判断,而应以竭力挖掘其创造的潜力、理解其创造的动机为根本宗旨。美国后现代舞大师崔士·布朗回首往事时,曾对罗伯特·邓恩老师在上编舞课时所采取的"非评价性的评论"满怀感激之情,因为"这个过程……最大限度地减少了对编舞者的价值判断,这对我就意味着允许,允许我只管走自己的路,干自己想干或不得不干的事,尝试某个处于边界线上,难以被接受的想法"。1988年夏,笔者在美国现代舞大师埃里克·霍金斯的舞蹈学校上编舞课时,也曾在这个方面受益匪浅:埃里克·霍金斯的作曲家露西娅·德乌戈谢夫斯基在教编舞课时,总是以极其恳切的态度请求来自世界各地的学生多次表演同一个习作,以便能够准确地帮助大家挖掘其中的发展潜力,而从不用训斥的态度对待学生。这种教学方法有助于学生放下包袱,轻松自如地表现自己内心深处的感受。

第七,一切舞蹈创作归根结底都是在有意无意地探索着"舞蹈是什么"这样一个哲学命题。1984年年末,笔者在自己的硕士学位论文中提出过这样的定义:"舞蹈是表情性、概括性的人体动作艺术。"这个定义被收入1989年出版的《社会科学大词典》。那么,艺术又是什么呢?毫无疑问,古典或称为经典的模仿论、形式论和表现论,依然是艺术定义中的三大重要内容。而近年来,世界上各种较新的观点则可大致概括为以下4种。

(1) 包含着艺术家主观努力的东西是艺术。
(2) 包含着创意,即首创的东西是艺术。
(3) 可重复的,甚至是不可模仿、不可因袭的东西是艺术。
(4) 入艺术环境的东西是艺术。

如此,舞蹈的定义至少可在上述7种条件下得以成立,因此,其涵盖面也相应得到了大大的拓展。于是,我们对各种稀奇古怪的舞蹈探索比较宽容了,对传统舞蹈观抨击的"非舞蹈"开始亲近了,因为我们对于"舞蹈"的概念早已扩大了。民间舞是舞,古典舞一定也是舞。爵士舞是舞,踢踏舞无疑还是舞。交谊舞是舞,国标舞依然是舞。职业舞者跳的是舞,非职业舞者跳的还是舞。剧场里跳的是舞,广场上跳的更是舞。舞厅里跳的是舞,街头上跳的不是舞又是什么?于是乎,舞蹈的生命疆界得到了空前的扩张,舞蹈的百花齐放得到了最佳的环境。而这一切,均为现代舞的发展提供了良好的土壤。

第八，可舞性，即"某个题材是否具有可用舞蹈来表现的特性"这个在古典舞中的重要问题，在现代舞中完全不成立，因为现代舞的概念如此宽泛，大自然在现代舞者的眼里无一不是在跳舞，人的每个动作和每个行为无一不是在跳舞，接受了即兴编舞的系统训练者可谓无所畏惧。所以，如果说真有什么"可舞性"问题存在，那也一定仅存于编导的心里和身上，而绝对不是任何身外之物的过错。

美国现代舞的第三代大师保罗·泰勒说："我们缺少的不是动作，而是发现那些能为自己的目的出色服务的动作的眼睛。"美国后现代舞的代表人物戴维·戈登甚至干脆要求自己的舞者在舞蹈中"不要跳舞"，意思是说，不要故作姿态地、按照传统的表演风格去跳舞，而应松弛自然地、像生活中的行为一样去跳舞。

第九，"胳膊腿儿与脑袋瓜儿之争"一直持续存在于现代舞的创作之中。总的说来，现代舞蹈家，尤其是那些开山鼻祖和自成一派者，都是头脑清醒的思想家和哲学家，而不再是那种只会模仿，而不思创造的艺人或匠人。因此，思想性和哲理性一直是现代舞蹈家的重要特征之一。但到了"后现代舞"阶段，从默斯·堪宁汉开始，编舞家终于回到失落了许多个世纪的舞蹈本体上来，开始做各种纯舞蹈的实验。

从表面来看，所谓的"纯舞蹈"，是不表现任何思想感情的。乍看起来，容易给人造成"没有思想"的印象，但这仅是浅层次上的印象而已。深究起来，我们不难发现，其中蕴藏着更加深刻的思想，而非那种看图说话小儿科式的思想。比如说默斯·堪宁汉的纯舞蹈中，就包含着深刻的《易学》思想，而要看懂这种层次较深的思想，不仅普通大众，就连专业圈里的同行也需要学习。

第十，有必要弄清"现代舞的宗旨是大胆的实验和严肃的探索，而不是廉价的讨好或技术的炫耀"。因此，不要指望在现代舞中，看到赏心悦目的美男成堆、美女如云，连蹦带跳、打情骂俏。尤其是在以玛莎·格莱姆为代表的古典现代舞作品中，观众在身体上往往会受到强烈的刺激与极大的震荡，并在心灵上得到某种情感的提升与思想的启迪，而不会产生任何肉欲横流的冲动，或心荡神移的迷茫。

学习现代舞

一、初学意识

第一，做一个名副其实的现代人。具体地说，就是确立现代人应有的健康心态，即做一个心胸开阔、思维敏捷，勇于接受各种新事物，并且真正乐于迎接甚至寻找各种新挑战的现代人。

第二，在欣赏实践上，要尽力多看现代舞作品。首先使用自己生而有之的六种感觉——视觉、听觉、嗅觉、味觉、触觉、动觉，全身心地去感受作品，然后再去进行理性的思考。

第三，尽量不要带着任何期待去看现代舞，特别是不要使劲地钻牛角尖，不要拼命地在一个本属抽象的"纯舞蹈"中，寻找某种根本不存在的故事情节线索或社会意义联想，更不要指望自己能在这类作品中被"典型环境下典型人物的典型性格"刺激得热泪盈眶，而应该沉下心来，静静地欣赏各种几何图形的三维动态变化，发现新颖别致的动作造型，捕捉巧妙编排和连接过渡，接受人体潜能经过训练和开发后的巨大可能，随时准备迎接一切崭新的刺激和挑战。

第四，应该抛弃与封建社会等级制度结伴而行的古典主义的票价和座位的等级观念，这是因为不同的位置永远能够为你提供不同"量"的刺激和视角，以及不同"质"的画面的感觉。

第五，对有条件的舞蹈同行来说，应该尽力寻找机会去潜心学习、研究、实验和认识现代舞的种种创作观念、编舞方法、训练体系和表演特点,有效地打破神秘感,进而达到即使是对纯形式的现代舞也能判断其高低文野的较高境界,成为不只是"看热闹"的"门内汉"。

第六,"热闹"当然可以看,但不必立刻卷入理性的思考之中,因为说到底,舞蹈还是感觉的流程。而无论什么舞种,即使是注重理性的现代舞,也都是以感性的表象作为第一特征的。这就是说,用理性窒息感觉只能破坏现代舞动人心魄的魅力。在有条件的时候,对一个优秀的舞蹈作品,特别是永远追求新观念、新方法和新探索的现代舞,更应该争取多看几遍。大量的观摩经验证明,一个好的现代舞能够使你百看不厌,常看常新,每遍都有一点儿新的感受和理解。

二、再谈动觉

"动觉这种感觉的末梢器官存活于肌肉、腱和关节之中,并由身体的张力所激活,又称为肌肉感觉。"所谓"动觉",可谓"一种第六感觉,无论它是否名正言顺地存活着,或是否属于那些存活于书本中的感觉之中,它都在最有实用价值地发挥着作用。它主要是一种肌肉感觉,并被称为动觉——'动作感觉'"。这些感觉器官存活于肌肉组织和关节之中,它们对动作的反应极像视觉器官对光的反应。然而,这些可怜的动觉器官一方面在有关平衡、造型和体位方面,告诉了我们大量的有用东西,并与微循环耳道一起协同作用,一方面却只能得到本体感受器官这样一个不伦不类的名字。但这些动觉器官却使我们有可能无须视、听、触、味、嗅五种感觉的参与,便直接感知到自己的动作。我们轻而易举地知道自己是头朝下而立,还是头朝上而立,并且完美地了解自己身体各部位之间的相互关系。我们通过这种媒介或动觉,能够将各种经验与伴随它们的身体动作相联系,尽管并非总是有意识的。我们通过这种动觉,还能将这种统一的结果运用到数不胜数的日常接触之中,并由此建立整个的实践体系。当我们看见一个人体在运动,就是看见了任何人体从潜能上说都能产生的动作,因此,也看见了我们自己身体能产生的动作。实际上,我们通过运动性的同情,在自身此刻的肌肉经验中,感同身受地再造了这种动作,并唤起了这种动作最初似乎由我们所为的联想式内涵。这并非由现代舞独家提出的新要求,尽管现代舞于其中处理了比学院派芭蕾更有活力的材料,自然而然地,更加强烈地呼唤了它,并将它相应地带到了更加引人注目的地位之上。

现代舞不仅更加强烈地呼唤了动觉,而且将其动作基于自然的节奏之上,并强调了那种动作的连续性流动。因此,现代舞的动作更加自然地涉及普通人的动作潜力。动觉在玛格丽特·邓肯发表于1928年的一篇短文中得到了承认,尽管没有得到命名。文中写道:"我第一次看到伊莎多拉·邓肯时,她是在卡内基音乐厅的舞台上,跳格鲁克歌剧《伊菲革涅亚》的音乐。我现在描述当时的经验,只能说是自己与她融成了一体。我好像自己是在那里跳舞似的。那可不是一个理性的过程,也不是一个带着批评眼光的感觉过程,因为她在自己所创造的每个时刻,都是绝对正确的。那是一种感觉,我在看她的过程中,找到了发泄自己表现冲动的途径。音乐在我心中唤起的种种感情目睹着自己被变成了可视的形象。"

动觉包括了有意识和潜意识这两个层面。每个人都具有运动记忆,这种记忆通常是看不见的,但能够被带到有意识的层面上来。这一点在玛格丽特·邓肯的上述言辞中已有所提及:"尽管我从未看见过,或想象过这种舞蹈,但目睹着它,并愉快地认出了它。"这种情况也构成了玛莎·格莱姆的许多作品,尤其是20世纪40年代作品的条件。"她想通过运动记忆,回到祖先的心境之中,以解释我们今天的所作所为。"

玛格丽特·邓肯在1903年的一篇文章中,曾暗示过这种运动记忆:"如果我们要寻找舞蹈的真正来源,如果我们走向大自然,就会发现未来的舞蹈,就是往日的舞蹈这种不朽的舞蹈,它一直是,并且永远是相同的。"谢马斯·欧希尔1928年在一篇文章里承认了运动记忆:"象征性艺术可在时间上回溯到已被遗忘的发端,避开那些昙花一现的东西,像植物的卷须那样,盘绕在本质的周围,从一切伟大的瞬间中汲取营养。它能穿透表层,穿透肉体与神经,达到存在的那闪光的内核。它能触摸到欢乐与痛苦的源头,并将那些无声无息地沉睡于心灵中寂静之处的种族记忆惊醒。让睿智的未来数代人懂得,伊莎多拉·邓肯是我们这个时代最合格的星星与宝剑、玫瑰与十字架、神秘与奇迹,以及不朽的天真伴侣和信使。"

1920年,玛格丽特·邓肯在谈及一些作曲家们时说,"有些人用自己的灵魂,潜意识地听到了另一个世界的旋律,并能用人的耳朵可以理解并感到愉悦的手段表现出来"。她接着又说,"那么想象一下,有这样一位舞蹈家,能在长期的学习、祈祷和灵感之后,获得高度的理解力,这使其身体能够用简单明了且光彩夺目的方式表现出自己的灵魂。他的身体能够和着其内心听到的音乐去翩翩起舞,表现出那更为深奥的,另外一个世界的东西。这才是真正富于创造力的舞蹈家,自然而然,却不去模仿,用动作道出自己的心声,道出比一切自我更伟大的东西"。

(资料来源:摘自《外国舞蹈史及作品鉴赏》,欧建平著,高等教育出版社,2008年版)

本章小结

现代舞是20世纪初在西方兴起的一种舞蹈派别,它不同于芭蕾,是一门"赤足"艺术。它完全没有束缚,它的诞生是对芭蕾的反叛,在审美上与芭蕾也有分歧。它主张摆脱古典芭蕾过于循规蹈矩的程式化动作的束缚,强调合乎自然运动法则的舞蹈动作。芭蕾要求身体以脚支撑着地,用后背的脊椎一截一截往上长,延伸至头顶心还得继续往上。而现代舞的走向是越来越往下,更讲究回归自然状态。但没有背叛不带着某种传承,所以它们的训练有着很多相通之处。通过现代舞的训练,改善和提高关节的灵活性,从而加大动作的幅度,加强身体的稳定性,提高身体的协调能力。长期的现代舞练习,能够让学生灵活运用身体,摆脱上身的僵硬度,学会运用呼吸,使舞蹈动作做得更自然流畅。

思考题
1. 通过现代舞的学习,请简述你对身体"松弛"与"松懈"的认识。
2. 在动作过程中膝盖的呼吸起着什么样的作用?
3. 跳跃练习的训练目的和意义是什么?
4. 为什么每堂课结束后要进行放松还原训练?

第四章教学训练提示

1. 现代舞训练每周两次。
2. 单一动作元素要进行反复练习,针对个人不同的情况,制定练习计划。
3. 观看视频,学习简单的现代舞剧目。

第五章 协调表现艺术训练
——中国民族民间舞蹈组合

学习目标

知识目标
- 了解民族民间舞蹈形成的文化背景以及各民族特有的风格与审美特点。
- 掌握并区分各民族舞蹈的基本体态和动律。
- 理解民族民间舞蹈的内在情感表现、表达特征。

能力目标
- 培养和提高学生身体的肌肉力量、柔韧性和控制能力。
- 培养学生身体各部位的协调活动能力和舒展表现能力。
- 促进身体良好发育和正确体态的形成。

素养目标
- 使学生树立传承民族艺术的使命感和责任感。
- 培养学生感受美和表现美的情趣,以及独特的精神气质。

中国民族民间舞蹈组合从地面到中间部分对学生身体的灵活运用与身心协调配合的个性美表现进行开掘,让身体各个部分能松弛自如地展现,在新颖多彩的民族舞蹈形态学习中,追求塑造鲜明生动而富有感染力的艺术个性形象,不断地强化自我的创新心劲儿与活力,追求塑美的独特个性和风格的深化。

通过了解汉族、藏族、蒙古族、维吾尔族和傣族的舞蹈,能够区分各民族舞蹈的风格特征和内在的情感特点。通过各民族舞蹈的基本体态、动律、步伐、舞姿等内容的单一训练,掌握动作规范性和运动规律。通过各民族舞蹈的表演组合的学习,使学生的情感表现力及审美能力得到全面的提高。

第一节 傣族女子舞蹈组合

视频:傣族女子舞蹈组合

在民族民间舞蹈中,傣族舞蹈"三道弯"的体态是其最重要的特征,变化多姿的造型充分体现出傣族女子柔美、婀娜的体态。通过傣族多变的舞姿造型加强肢体的控制能力,通过基本步法训练下肢的灵活性,掌握跨步弧线的运动特征,为以后的学习打下一个良好的基础。

一、基本动作

（一）基本手形

掌形（见图 5-1、图 5-2）、嘴形（见图 5-3）。

（二）基本体态

三道弯。

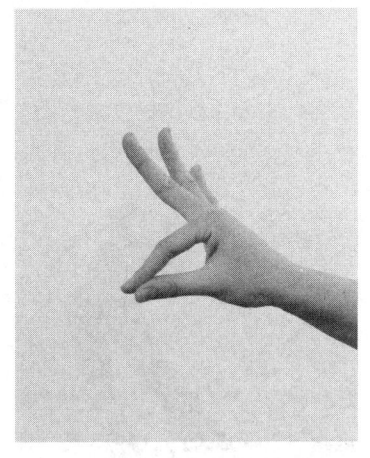

图 5-1

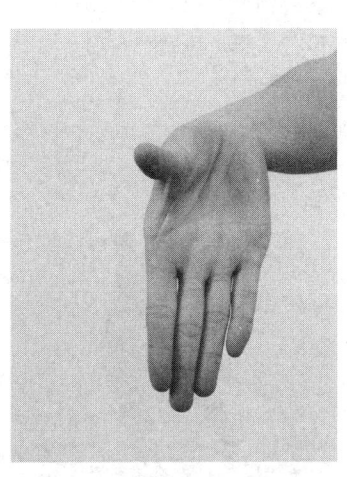

图 5-2

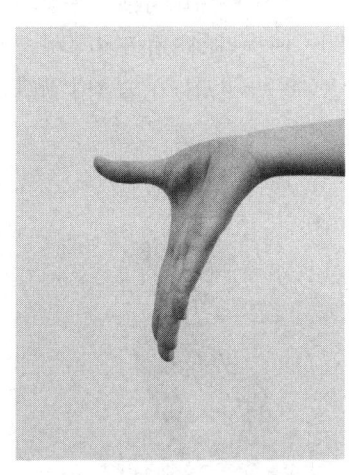

图 5-3

二、组合

准备：面对左边，左脚前踮步加半蹲，身体前倾，保持三道弯的体态，右手掌形在胯旁，左手嘴形屈臂（见图 5-4）。

第一段

第一个八拍

第 1—4 拍：在造型的基础上呼气下沉，落手。

第 5 拍：上右脚前踮步，身体直立，双手掌形，左手快速经体侧穿手到三位，右手在胯旁，展胸腰，眼睛看左手斜上方向。

第 6—8 拍：停在造型上，保持不动。

第二个八拍

第 1 拍：换重心到右脚，同时转身面对正后方，变成左旁踮步，右手打开到七位，左手背手在身体后，双手距离保持与肩同宽，双手掌形，指尖对上面，回头看左侧方向（见图 5-5）。

第 2—4 拍：停在造型上，保持不动。

第 5—6 拍：在造型的基础上，右手转腕，指尖对前，一拍推出，指尖对外。

第 7—8 拍：停在造型上，保持不动。

第三个八拍

图 5-4

第1—4拍：第2拍呼吸，同时双臂打开七位绕腕两次，第3拍、第4拍吐气，同时双手在七位基础上向身体方向收手腕，身体重心在右脚，下左旁腰，左腿在旁，收小腿，眼睛看左手斜下（见图5-6）。

第5—8拍：呼吸立，双手指尖带着，回到第二个八拍第1—4拍的造型上。

第四个八拍

第1—4拍：向前上右脚，左手经头顶绕划到胯旁，在右手保持七位的基础上同时转腕，指尖对下，回头，眼睛看左边斜上方向，下右旁腰（见图5-7）。

第5—8拍：在造型上做原地舞姿转两圈。

图5-5

图5-6

图5-7

第五至第八个八拍

做第一至第四个八拍的反面动作。

第九个八拍

第1—2拍：面朝左侧方，右脚前踏步，右手穿手到三位，左手在胯旁，下胸腰，眼睛看右手斜上方向（见图5-8）。

第3—8拍：呼气，同时背对做侧方碎步后退，右手朝身体正前方慢落至二位。

第十个八拍

第1—4拍：面对正后方下左旁腰，左脚旁踏步，右手至胯旁，左手七位，眼睛看右边斜上。

第5—8拍：以右脚为重心，捻转半圈，面对正前方，舞姿保持不变（见图5-9）。

第十一个八拍

第1—4拍：先迈左脚，向右边行进三步，变成右脚旁踏步，双手同时在七位手的基础上经腋下掏手到三位，手背相对，向右下旁腰，眼睛看左边斜上方。

第5—8拍：保持造型。

第十二个八拍

第1—4拍：回身向正后方行进，双手慢落到自然位。

第5—6拍：右脚快速旁踏，提胯，右手贴着身体斜后穿手到三位，左手从肋间穿手到后腰的位置，指尖朝下，手在中轴线位置，眼睛向左边斜上方看出（见图5-10）。

第7—8拍：呼气，右手从旁慢落，沉重心划回正。

图5-8

图5-9

图5-10

第二段

第一个八拍

基本步行进，先走右脚，两拍一步，对后方，双手在胯旁自然摆动。第四步原地踮步，同时向左回身，回头看正前方向（见图5-11）。

第二个八拍

做第一个八拍的反面动作。

第三个、第四个八拍

重复第一个、第二个八拍的动作。

第五个八拍

右转身，朝右斜前方向行进，两拍一步，胯旁推拉手，做两次（见图5-12、图5-13）。

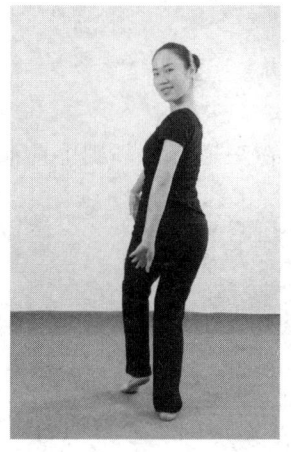
图5-11

图5-12

图5-13

第六个八拍

重复第五个八拍的动作。

第七个、第八个八拍

做第五个、第六个八拍的反面动作。

间奏四拍：对右斜前方向上左脚踏步，右手二位平推，掌心朝上，指尖向下，左手胯旁按手，一拍到位，保持不动（见图5-14）。

第九个八拍

面对一方向基本步行进，先走右脚，双手与肩同宽，后平摆，一拍一步，最后一拍迈左脚，同时转身对正后方向（见图5-15）。

第十个八拍

面对正后方向，重复第九个八拍动作。

间奏四拍：快转身回正前方向，左脚旁踏步，右手三位，指尖向外打开，左手小二位，上托至腮前（见图5-16）。

图5-14

图5-15

图5-16

第三段

第一个八拍

第1—4拍：换重心撤右脚，面对右斜前方向左脚前踏步，上身在三道弯的基础上前倾，右手二位平托手，左手胯旁。

第5—8拍：保持造型，屈伸两拍一次，做两次。

第二个八拍

第1—4拍：提落换重心到左脚旁踏步，下左旁腰，右手向里经上弧线落到胯旁，左手从胯旁穿手到七位平托，眼睛看右边斜上方。

第5—8拍：保持造型，屈伸两拍一次，做两次。

第三个八拍

第1—4拍：向左拧身，面对正后方向，脚下不动，拧身变成左脚在前的踏步，加半蹲，右手贴着身体穿手到头顶，屈小臂，呈90°角，左手贴着身体平推，与肩平齐，眼睛看左边手的方向（见图5-17）。

第5—8拍：保持造型，屈伸两拍一次，做两次。

第四段

第一至第四个八拍

重复第二段的第一至第四个八拍的动作。

第五个、第六个八拍

面对左斜后方向做第二段的第五个、第六个八拍的动作。

间奏四拍：上右脚踏步转身对正前方向，同时双手向旁平开，左手经头顶划手打开到七位，下右旁腰。

第七个八拍

基本步，先走左脚，向左原地转一圈，一拍一步，右手至左胯前按掌，左手胸前平穿手，指尖带着走圈，头尖带着做倾，眼睛看左后，形成回旋的体态（见图5-18）。

图5-17

第八个八拍

第1—6拍：面对正前方向，朝左侧方向行进，基本步加半脚，先迈左脚，右手胯旁随动，左手搭肩，留头看一点，一拍一步（见图5-19、图5-20）。

第7—8拍：面对左侧方向，上右脚前踮步，右手胯旁，左手穿手至三位，指尖朝外，下胸腰，眼睛看左手斜上方向，结束。

图5-18

图5-19

图5-20

教学提示

（1）在学习傣族舞蹈的过程中要时刻注意保持身体的"三道弯"体态。

（2）做基本步法时注意下身弧线的运动路线，起法儿时小腿快踢起，在弱拍完成。

（3）注意手形，掌形要求四指并拢，指尖打开，虎口回压，大拇指立起。

视频:傣族男子舞蹈组合

第二节 傣族男子舞蹈组合

傣族人民喜爱孔雀,所以傣族舞蹈的一切动律体态基本都源于对孔雀的模仿,借以表达美好的理想和愿望。该组合以后踢步、摆胯和三道弯的体态动作为核心,让学生把握傣族舞蹈的风格特征,表现出傣族舞者的婀娜多姿和灵动小巧。

一、基本动作

(一) 后踢步

在正步位的基础上进行膝盖的屈伸,完成此动作时注意膝盖放松,屈伸要以快踢慢落的节奏完成,踢起时快而有力,落地时轻而稳。整个身体要沉稳,上身端正(见图 5-21、图 5-22、图 5-23)。

  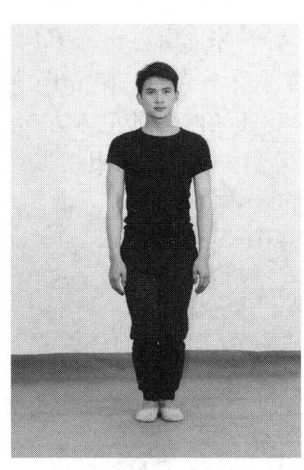

图 5-21　　　　　　图 5-22　　　　　　图 5-23

(二) 摆胯

胯部由左到右或由右向左摆动,划出一个大的向下的弧线。摆胯的幅度要大,腰部放松,胯的摆动要在一个平面上完成。

二、组合

第一个八拍

第 1—2 拍:面向五点钟方向马步半蹲,右手反手立掌,左手向旁打开,指尖向下(见图 5-24)。

第 3—4 拍:屈膝半蹲一次。

第 5—6 拍:双手经立圆顺时针方向向右划手至右手背手,左手向旁立掌,身体向右倾(见图 5-25)。

第 7—8 拍:屈膝半蹲一次。

第二个八拍

第 1—2 拍:右脚向旁迈步,马步半蹲,双手经胸前打开拉平,低头,身体前倾。

图 5-24

图 5-25

第 3—4 拍：出右脚脚跟前点地，双手于胸前右手在上立掌，左手指尖向下，抬头看一点钟方向（见图 5-26）。

第 5—8 拍：重复第 1—4 拍的反面动作。

第三个八拍

第 1—4 拍：重复第一个八拍的前 4 拍动作。

第 5—6 拍：左脚向后弓箭步打开，身体转向七点钟方向，右手掌心向前推出。

第 7—8 拍：收左脚半蹲，双手依次从后向前抢一圈。

第四个八拍

第 1—2 拍：右脚向后，脚尖点地，双手抬至头顶，低头（见图 5-27）。

第 3—4 拍：面向五点钟方向，右脚旁点地，双手向右划立圈回到头顶（见图 5-28）。

图 5-26

图 5-27

图 5-28

第 5—8 拍：向右旁倒腰，同时屈膝。

第五个八拍

第1—8拍:向后走四步,面向五点钟方向后踢步四次,先踢右脚,双手随身体自然摆动。

第六个八拍

第1—8拍做第四个八拍的第1—8拍的反面动作。

第七个八拍

第1—4拍:面向五点钟方向马步半蹲左手背手,右手向上立掌后两拍屈肘,身体向左倾(见图5-29)。

第5—8拍:身体向左拧转至一点钟方向,穿手,左手拉长,右手腰间按掌(见图5-30)。

图 5-29

图 5-30

第八个八拍

第1—2拍:立半脚尖双手斜拖举,虎口向前,面向五点钟方向。

第3—4拍:重心移至左脚屈膝,身体呈三道弯体态。

第5—8拍,面向一点钟方向,后踢步两次,双手随身体自然摆动。

第九个八拍

第1—4拍:面向一点钟方向,后踢步两次,双手随身体自然摆动。

第5—8拍:面向三点钟方向,后踢步两次,双手随身体自然摆动。

第十个八拍

第1—4拍:面向五点钟方向,后踢步两次,双手随身体自然摆动。

第5—8拍:面向七点钟方向,后踢步两次,双手随身体自然摆动。

第十一个八拍

第1—4拍:双手经胸前打开,右手在上,左手在旁,面向二点钟方向跑。

第5—8拍:向右拧身,重心在左脚,右手穿手立掌,左手体旁按掌,身体呈三道弯体态(见图5-31)。

第十二个八拍

第1—4拍:立脚尖托掌。

第5—8拍:双手经胸前打开,右手在上,左手在旁,面向六点钟方向。

第十三个八拍

第1—2拍:右脚向旁迈步,马步半蹲,双手经胸前打开,拉平,低头,身体前倾。

第3—4拍:收左脚脚跟前点地,双手于胸前右手在上立掌,左手指尖向下,抬头看一点钟方向。

第5—8拍:重复第1—4拍的反面动作。

第十四个八拍

第1—2拍:右脚向旁迈步,马步半蹲,双手经胸前打开,拉平,低头,身体前倾。

第3—4拍:收右脚,脚跟前点地,双手于胸前右手在上立掌,左手指尖向下,抬头看一点钟方向(见图5-32)。

第5—6拍:面向五点钟方向,右脚旁点地,双手向右划立圈回到头顶(见图5-33)。

图 5-31

图 5-32

图 5-33

第7—8拍:屈膝半蹲一次。

第十五个八拍

第1—8拍:面向五点钟方向后踢步四次,先踢右脚,双手随身体自然摆动。

第十六个八拍

第1—8拍:向左转身,面向一点钟方向后踢步四次,先踢右脚,双手随身体自然摆动。

第十七个八拍

第1—4拍:双手经胸前打开,右手在上,左手在旁,面向八点钟方向跑。

第5—8拍:向左右拧身,重心在右脚,左手穿手立掌,右手体旁按掌,身体呈三道弯。

第十八个八拍

第1—2拍:吸右腿,立半脚尖,面向三点钟方向,右手在上,左手在旁穿手。

第3—8拍:向后跑,转向一点钟方向。

结束动作

第1—2拍:右脚向旁迈步,马步半蹲,双手经胸前打开,拉平,低头,身体前倾。

第3—4拍:向右拧身,重心在左脚,右手穿手立掌,左手体旁按掌,身体呈三道弯(见图5-34)。

第5—12拍:面向一点钟方向,右脚旁点地,双手向右划立圈划到头顶,向右到旁腰(见图

5-35)。

图 5-34　　　　　　　　　　图 5-35

教学提示

（1）傣族男子舞蹈的基本动律多为腿保持半蹲状态，重拍向下，双膝在弯曲中屈伸、动作，以屈伸带动身体颤动和左右轻摆。脚多为脚后踢，踢起时快而有力，落地时轻而稳。

（2）"一顺边"来源于傣族人民生活劳动的步态与形态，是指手、脚、身体一致，顺着同一个方向。

（3）三道弯主要是指身体"和"手指的造型，包括身体的三道弯和手指的三道弯，每道弯都要呈弯曲状、倾斜状，整体看上去呈S形。要求学生做到身体的三道弯和手部的三道弯相结合。

（4）屈膝后踢，快踢，轻落，重拍在下，配合胯部摆动。

视频：藏族女子舞蹈组合

第三节　藏族女子舞蹈组合

藏族舞蹈是由农牧文化与宗教的融合发展而来的。藏族女性体态动律的特征是含胸、垂臂、前倾、懈胯，多变化的下身动作与上身动作相随，形成悠然自如的舞蹈风格，其中膝部的动律最有特点，有连绵柔韧的屈伸或有弹性的小而快的颤膝，都要求保持一种松弛的运动状态。

一、基本动作

（一）基本体态

正步、含胸、垂臂、稍前倾。

（二）基本动律

屈伸、颤膝。

二、组合

准备（2个八拍）：面对正后方向，左后踏步蹲，右手旁平开，左手三位托袖（见图5-36）。

第一段

第一个八拍

第1—4拍：原地踏步加蹲颤膝动律。

第5—8拍：边踏步颤动律，边原地加转身（向左）。

第二个八拍

第1—4拍：继续第一个八拍的第5—8拍动作，转到正前方向。

第三个八拍

第1—4拍：回身朝左斜后方向跑。

第5—8拍：第1拍双手朝斜上方抛手，双手与肩同宽，慢沉气（见图5-37）。

图5-36

间奏四拍：先撤右脚，一拍一步，左回身朝正前方向转身。

第四个八拍

第1—4拍：第1拍抛手，右手三位斜上，左手七位平开，同时朝右斜前方向旁上步立半脚，眼睛看右斜前下方（见图5-38）。

第5—8拍：在原有的舞姿上慢沉，呼气落手。

第五个八拍

第1—4拍：先迈左脚，三连步，右脚踮步，带手，第1拍双手平开，左手经内弧线到三位手。

第5—8拍：碎步往八点钟方向前进，第8拍上右脚立回身，右手在嘴前，左背手（见图5-39）。

图5-37

图5-38

图5-39

第六个八拍

第1—8拍：向左跑一周回原位，转身到正前方向。

第二段

第一个八拍

第1—4拍：面对正前方向行进，一拍一步，先迈左脚，加右手胯前摆手，左手在嘴前的位置（见图5-40）。

第5—8拍：立半脚，同时左脚旁上步滑步，七位平开手，右手经下弧线，向外开手，倒重心右旁上步做反面，两拍一次（见图5-41）。

第二个八拍

第1—4拍：面对正前方向行进，一拍一步，先迈左脚，加双手胯前摆手，双手保持与肩同宽。

第5—8拍：重复第二段第一个八拍第5—8拍的动作，最后一拍左手开手的同时左转身，面向正后方向，双手收至背后。

第三个八拍

面向正后方向行进，先迈右脚，一拍一步，同时双手胯旁慢起手，掌心朝上，到大三位。

第四个八拍

两拍一次撩步左转身到前方，先撩左脚，同时双手慢落，收至胯旁位（见图5-42）。

图5-40

图5-41

图5-42

第五个八拍

面向正前方向，一拍立，向左倒重心，往右侧方向行进，一拍一步，第7拍、第8拍原地前踮步，同时右手从七位经下弧线向外开手。

第六个八拍

做第二段第五个八拍动作的反面动作，最后一拍左开手，同时转身面向左斜后方向，双手收到背后。

第七个八拍

面向左斜后方向行进，先迈右脚，一拍一步，同时双手胯旁慢起手，掌心朝上，到大三位。

第八个八拍

两拍一次撩步左转身到前方,先撩左脚,同时双手慢落,收至胯旁位。

第三段

第一个八拍

第1—4拍:面向右斜前方向,之字形行进,一拍立,向左倒重心,做三连步,一拍一步。第4拍原地前踏步,同时右手从七位经下弧线向外开手(见图5-43)。

第5—8拍:做第三段第一个八拍第1—4拍的反面动作。

第二个八拍

做第三段第一个八拍的动作。

第三个八拍

第1—2拍:左脚重心,右脚前点步,双手从胯旁经下弧线快速向上,左手平开,右手扬袖到三位(见图5-44)。

第3—4拍:左脚原地跺步两次,一拍一次,重心在右脚,膝部自然弯曲,加颤膝。同时右手落至身体斜后,左手至身体前,靠近二位的位置,双臂自然弯曲。

第5—8拍:重复第三段第三个八拍第1—4拍的动作。

第四个八拍

重复第三段第三个八拍第1—8拍的动作。

第五个、第六个八拍

面对右斜前方向,右脚前虚步,左腿为重心,双手经身体侧前后摆臂,到左前,右手后自然位,同时右脚原地踏步,二拍一次做两次(见图5-45)。

图 5-43

图 5-44

图 5-45

第七个八拍

面对正前方向颤端步,上身前倾,双手与肩同宽,二位基础上摆手,两拍一次,先起左腿。

第八个八拍

先起左脚,颤端步加摆手,两拍一次,每次面向左转身分别朝七点钟方向、五点钟方向、三点钟方向、一点钟方向。

第四段

第一个八拍

第1—2拍：面对正前方，原地颤端步，两拍一次，加拧身甩手，先起左脚，拧身向左，右手旁平甩手，左手斜上大三位甩手（见图5-46、图5-47）。

第3—4拍：做第四段第一个八拍第1—2拍的反面动作。

第5—8拍：重复第四段第一个八拍第1—4拍的动作。

图5-46

图5-47

第二个八拍

第1—4拍：面向前方，第1拍身体直立，同时平开手，朝七点钟方向三连步。

第5—8拍：第1拍右脚前点，快收至后踏步，左手旁平位，右手点步，同时找左手平伸。踏步的同时，快速平摊手上盘至三位，掌心朝上，身体重心在前，上身前倾。

第三个、第四个八拍

做第四段第一个、第二个八拍的反面动作。

第五个八拍

第1—4拍：面对前方，朝左斜前方向，先迈左脚，左三连步。第4拍右脚做撩腿，双手第1拍身体直立，同时双手平开，左手经下弧线抬至三位（见图5-48）。

第5—8拍：做第四段第五个八拍第1—4拍的反面动作。

第六个八拍

第1—4拍：三连步向后行进，先撤左脚，第4拍原地踮步，双手与肩同宽，由右至左胸前平划手至右旁（见图5-49、图5-50）。

第5—8拍：做第四段第六个八拍第1—4拍的反面动作。

第七个八拍

重复第四段第五个八拍的动作。

第八个八拍

第1—4拍：重复第四段第六个八拍第1—4拍的动作。

第5—8拍：面对前方中心在左脚，右脚经左侧、正前两个方向的踮步，快速收至右脚在后的踏步蹲。身体前倾，同时左手旁平位，右手与点脚位置同方向，平摊上盘至三位，在踏步舞姿上停住。

图 5-48　　　　　　　　图 5-49　　　　　　　　图 5-50

教学提示

（1）在做藏族动律颤膝时强调重拍向下，松弛、自如、灵活。
（2）屈伸动作在移动重心时，重心一侧的肋部要顺势松懈，也称"坐懈胯"。
（3）做撩腿时，提腿由膝部带动，撩腿以小腿带动，落脚时脚背要有重量感。
（4）颤踹时重拍在下，起伏平稳，腿部不要过分用力。

第四节　藏族男子舞蹈组合

视频：藏族男子舞
蹈组合

藏族民间舞以独特的动律和审美一直独立存在并源远流长。该组合以藏族民间舞的"屈伸""颤""晃身"等元素为核心，加以舞姿配合，体现藏族舞蹈的精髓和藏族人民的精神气质、审美心理及藏族民间舞蹈的魅力之所在。

一、基本动作

（一）屈伸
重拍向上，膝部连绵不断。
双腿放松，自然直立。

（二）晃盖手
一只手晃，另一只手曲臂立腕，手心抹，经上弧线从旁及里，形成上弧线的流动。单手的晃盖亦常见，多出现于腰旁、腹前。

（三）髋前划手
双手下垂，左右手先后在髋前从内向外至旁划圈。
右手顺时针，左手逆时针在平面上划圈。髋前划手和齐眉晃手属于规律性连接。

（四）碎踏

双脚全脚交替踏步，双膝颤动，踏脚节奏均等。

可进、退、转体。

二、组合

准备：

第1—4拍：身体直立，保持体态。

第5—8拍：屈膝，身体前倾（见图5-51、图5-52）。

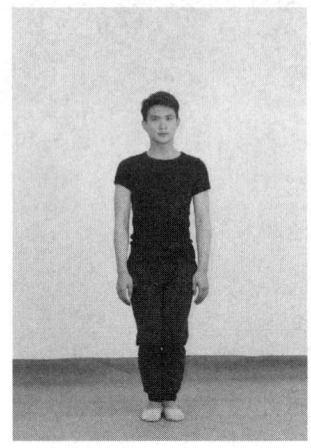 

图5-51　　　　　　　　　　　　图5-52

第一个八拍

第1—2拍：重拍时左脚向旁平步一次，双手随身体自然摆动。

第3—4拍：屈膝，右脚丁字步前点地，同时直膝，双手随身体自然摆动。

第5—8拍：做第1—4拍的反面动作（见图5-53、图5-54）。

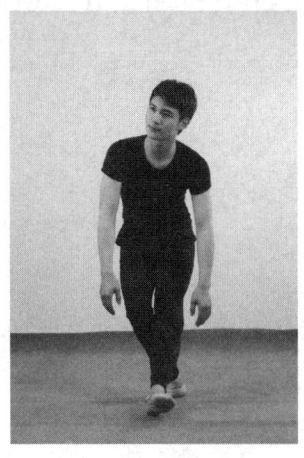 

图5-53　　　　　　　　　　　　图5-54

第二个八拍

重复第一个八拍动作。

第三个八拍

第1—2拍：左脚向后点迈出，左手由手尖带动打开至七位，右手经旁直接抬至七位，左抬头，看正前方。

第3—4拍：右脚向斜后点盖步，转身对左面，左手经下弧线提起至七位，右手经三位盖落至七位，右躺头，看左面。

第5—6拍：左脚继续向斜后迈出，左手提至三位，再经体前右侧沉落至二位，左手经垂手提起至胸前二位，左躺头，看正前方。

第7—8拍：右脚重心，左脚脚跟点地，同时左手经下弧线送至七位提手，右手经最远的路线提至三位（见图5-55）。

第四个八拍

重复第三个八拍的反面动作。

第五个、第六个八拍

重复第三个、第四个八拍的动作，身体动作幅度加大。

第七个八拍

第1—2拍：朝七点钟方向上左脚，左手经下弧线打开七位，右手经七位到三位，抬头，眼看右手，同时上右脚。

第3—4拍：向右拧跟拧胯，双手划立圈。

第5—8拍：做第1—4拍的反面动作。

第八个八拍

第1—2拍：左手打开七位，右手经三位向前盖，向左倒旁腰，低头，左脚前丁字位，右脚立半脚尖（见图5-56）。

图5-55

图5-56

第3—4拍：左手不动，右手向上撩开至三位，身体后仰，抬头看一点钟方向。

第5—6拍：左手经下弧线划最大圈至胸前，右手七位，头看左前方。

第7—8拍:左转向后跑,双手经后侧拉开,下后胸腰。

第九个八拍

第1—4拍:右脚旁迈步,左脚侧点,右手经左旁点打开至右旁,左手背手打开至右前方,向右拧身(见图5-57)。

第5—8拍:重心在右脚,左旁虚踮步,屈膝,上半身拧向右旁,左手背手,右手三位下垂,身体前倾90°,埋头(见图5-58)。

图 5-57

图 5-58

第十个八拍

第1—4拍:抬头看右斜上方,同时双手手心向上,身体慢慢向上抬起。

第5—8拍:右手抬起至三位,左手七位,左脚点靠转两次,转向右后方。

第十一个八拍

第1—4拍:右手抬起至三位,左手七位,左脚点靠转两次,转向正前方。

第5—6拍:立脚尖,双手打开七位。

第7—8拍:右膝跪地蹲,顺时针方向抡右手一圈,左手七位不动。

第十二个八拍

第1—2拍:立脚尖,双手打开七位。

第3—4拍:左膝跪地蹲,逆时针方向抡左手一圈,右手七位不动。

第5—6拍:立脚尖,双手打开七位。

第7—8拍:右膝跪地蹲,抡右手一圈,左手七位不动。

第十三个八拍

第1—4拍:三步一撩,右手单撩手,单撩右腿,朝二点钟方向行进(见图5-59)。

第5—8拍:三步一撩,左手单撩手,单撩左腿,朝八点钟方向行进,向左自转一圈。

第十四个八拍

第1—2拍:一步一点,左脚向前,右手旁抛袖。

第3—4拍:一步一点,右脚向前,左手旁抛袖。

第5—8拍:重复第1—4拍动作。

第十五个八拍

重复第十四个八拍动作,向后移动。

第十六个八拍

第1—8拍:双手交叉打开至五位,跳转接左脚在前的滴答步3次,重复上面8个八拍的动作(反面)(见图5-60)。

第十七个八拍

第1—4拍:双手并拢向上抬起,立脚尖向左转身。

第5—8拍:屈右膝,端抬左脚,右手体前,左手身后,身体前倾(见图5-61)。

图 5-59　　　　　　　　　图 5-60　　　　　　　　　图 5-61

教学提示

（1）含胸、颤腿、屈膝是藏族男子舞蹈的基本姿态。

（2）动作大气,情绪豪迈、热情、奔放、不羁以及多变是藏族男子舞蹈的审美特征。

（3）平步要全脚踏地,抬起幅度不要过高,至脚踝处即可。

（4）撩步要注意在颤动律基础上,先将腿吸起再向前或旁撩出。撩是由弯曲到伸直的过程,所以要膝盖带,经抛物线出去。

（5）靠步分为单靠和长靠,是踏步加点地的组合,单靠脚下一步一点(脚跟点地),长靠通常为三步一点。

（6）刨步,要先向前小踢腿,然后脚带动小腿踏地向后吸起,注意踏地时要用前脚掌,而不是全脚。

（7）滑步是前腿向前或旁上步后腿紧随贴住,注意后腿要紧贴地面,托滑吸至脚踝。

（8）手臂动作:甩水袖时注意大臂发力,将水袖完全甩至空中再缓缓落下,要让水袖在空中滞留一会儿。

视频:蒙古族女子
舞蹈组合

第五节　蒙古族女子舞蹈组合

蒙古族舞蹈热情豪迈,有着明显的游牧生活印记,有集体性和自娱性的特点。学习并掌握蒙古族舞蹈的基本体态,并贯穿于训练始终,强调肩部、臂部、手部动作的训练,提高它们的灵活性和协调配合的能力,能够在松弛自如的状态中运用自如,在情感、形态、运气、发力中时刻体现出"圆"的东方思维观念。

一、基本动作

（一）基本体态
小八字位、提胯、立腰、拔背、敞胸、重心略偏后。

（二）基本手位
一位、叉腰。

（三）基本脚位
小八字位、踏步、点步（见图5-62、图5-63、图5-64）。

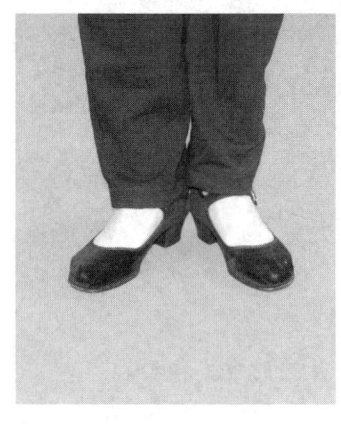
图5-62

图5-63

图5-64

二、组合

准备:两组分别在场下两侧准备。

第一段

第一个八拍

候场,横排在后场准备出场。

第二个八拍

面对正后方,碎步圆场从两侧走出呈两横排,同时双手体后交替小柔臂,4拍一次。

注:左侧出场的先向右柔臂,右侧出场的先向左柔臂,走成两排对齐,左边出场的站第一排(见图5-65)。

第三个、第四个八拍

第一个八拍两排同时右转身面对正前方向,碎步之字形前进,双手体旁交替大柔臂,先向左走,4拍一次,做四次。

第五个、第六个八拍

第一个八拍向右快转身,面对五点钟方向,碎步"之"字形向后行进,双手体旁交替大柔臂,4拍一次,复做四次。

第二段

第一个八拍

上左脚,左转身,面对右斜前方向踏步,双手叉腰。硬肩2拍一次地做4次,先出右肩(见图5-66)。

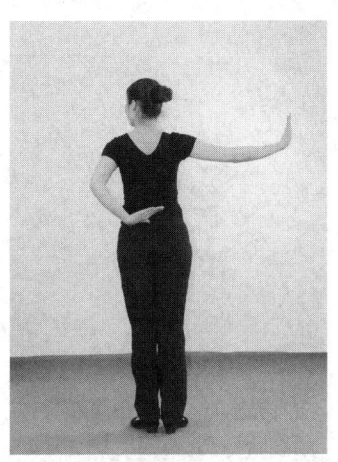
图 5-65

图 5-66

第二个八拍

柔肩2拍一次,同时上身前倾4拍,后靠4拍,脚下踏步不动,膝部随呼吸加小幅度的屈伸。

第三个八拍

上右脚,面对左斜前方向踏步,重复第二段第一个八拍的动作。

注:先出左肩。

第四个八拍

重复第二段第二个八拍的动作。

第五个八拍

上右脚,面对正前方向行进,同时做硬肩,4拍一次。

第六个八拍

继续向前行进,硬肩快的2拍一次。

第七个八拍

撤右脚,向后退,同时做硬肩,4拍一次。

第八个八拍

继续向后退,硬肩快的2拍一次。

第三段

第一个、第二个八拍

朝右侧方向横移,右脚向旁迈步4拍,起右肩。4拍后脚跟上,落后变踏步位,硬肩换出左肩。继续横移,加快节奏,2拍一次(见图5-67、图5-68)。

第三个、第四个八拍

上左脚朝左斜前方向,回身原地走圆圈,慢的4拍一次。走两步,然后加快2拍一次走四步,正好走完一圈回原地面对一点钟方向。

第五个、第六个八拍

做第三段第一个、第二个八拍的反面动作。

第七个、第八个八拍

做第三段第三个、第四个八拍的反面动作。

图5-67

图5-68

第四段

第一个八拍

面对正前方向,上右脚踏步位,双手体前一位硬腕手2拍一次,做4次,眼睛看右手斜下方,双膝微屈,身体前倾(见图5-69)。

第二个八拍

双手经过胯旁打开小七位,硬腕手2拍一次,做4次,眼睛看左手斜下方,双膝微屈,身体前倾。

第三个八拍

第1—4拍:双手经下弧线划圈一周到胸前,双手交叉,同时左脚向旁迈步,换重心右脚旁点地,眼睛看一点钟方向(见图5-70)。

第5—8拍:硬腕手2拍一次,做2次。

第四个八拍

第1—4拍:双手经下弧线划圈一周到七位平开,同时换重心左脚旁点地,左手高,眼睛看左边手斜上(见图5-71)。

第5—8拍:硬腕手2拍一次,做2次。

第五个、第六个八拍

做第四段第一个、第二个八拍的反面动作。

第七个、第八个八拍

做第四段第三个、第四个八拍的反面动作。

图 5-69

图 5-70

图 5-71

第五段

第一个八拍

第1—4拍：换重心左脚旁点步，一位交替硬腕手1拍一次，做4次。先压右手，眼睛看一点钟方向（见图5-72）。

第5—8拍：左脚收后踏步位，双手上提，胸前交替硬腕手1拍一次，做4次。先压右手，加胸腰，重心在两脚之间。

第二个八拍

第1—4拍：左脚打开，回左脚旁点步，重复第五段第一个八拍的动作。

第5—8拍：左脚收后踏步位，双手打开七位平开手，交替硬腕手1拍一次，做4次。先压右手（见图5-73）。

图 5-72

图 5-73

第三个八拍

第1—8拍换重心到左脚立,右脚上步变踏步位,同时右手叉腰,左手打开七位,身体重心前倾,眼睛看左手方向。左手硬腕手2拍一次,做4次,先做压腕(见图5-74)。

第四个八拍

双手保持原位,身体左倾,眼睛看右边斜上方,继续做硬腕手。同时先迈右脚,走一周,回正前方向(见图5-75)。

第五个、第六个八拍

做第五段第一个、第二个八拍的反面动作。

第七个、第八个八拍

做第五段第三个、第四个八拍的反面动作。

图 5-74

图 5-75

教学提示

(1)提胯、立腰、拔背、敞胸、重心略偏后,是蒙古族女子舞蹈的基本体态。

(2)目光远视,气息下沉,稳重、端庄、含蓄、柔中带刚,是蒙古族女子舞蹈的审美特征。

(3)碎步时膝、踝关节松弛灵活,双脚在正部位基础上,步幅小而碎,行走时要平稳。

(4)硬肩要有力,有顿挫感。柔肩柔韧,连绵不断。注意与步伐协调配合。

(5)硬腕时五指自然平伸,由腕部带动手掌有弹性地提、压,切忌手指主动。突出腕部的顿挫感,干脆利落。

(6)柔臂时由肘部发力,背部舒展。从肩、肘、腕、掌、指到指尖,呈连绵不断的波浪式运动。

视频:蒙古族男子舞蹈组合

第六节 蒙古族男子舞蹈组合

蒙古族舞蹈久负盛名。蒙古族人民将自己对生活的热爱之情赋予舞蹈的一举手、一投足之间。节奏明快、动作夸张是蒙古族舞蹈最鲜明的特点。学生应掌握这个特点,以便用来表现蒙古族人民开朗豁达的性格和豪放英武的气质。

一、基本动作

(一) 硬腕

硬腕的发力点在手腕的部位,进行小幅度的上下提压。完成此动作的时候,切忌幅度过大,手腕和手指过于松懈,所以力量要集中。

(二) 柔臂

规格及要领:双手置于胸前,指尖相对,做大臂带肘,肘带小臂,小臂带腕,腕带指尖的上下起伏动作,带上呼吸,一节节延伸展开双手,模仿鸿雁高飞的形象。

二、组合

准备:背对观众,面向正后方,头看左下方,双脚大八字位打开,双手体旁肘部自然架起,手放松(见图5-76)。

第一个八拍

第1—4拍:收右脚,并拢,立半脚尖,双手经旁抬起,交叉于头顶,身体稍向左前倾,低头(见图5-77)。

第5—8拍:右脚旁点地,双手经体前打开,旁提至七位,头看四点钟方向,身体后仰(见图5-78)。

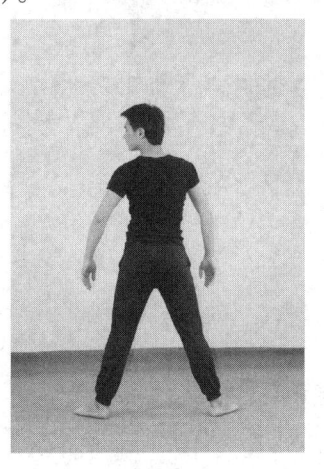
图 5-76

图 5-77

图 5-78

第二个八拍

第二个八拍重复第一个八拍的反面动作。

第三个八拍

第1—2拍:面向正面,右脚向旁迈步,移重心至右脚,挑胸腰仰视,左脚掌至右脚后五位,半脚掌跺踏一次,移重心至左脚,双手于胸前二位交替提压腕(见图5-79)。

第3—4拍:保持体态,左脚跟至右脚后五位,半脚掌跺踏一次,移重心。

第5—8拍:重复第1—4拍的反面动作。

第四个八拍

第1—2拍:面向正前,右脚向旁迈步,移重心至右脚,挑胸腰仰视,左脚掌至右脚后五位,半脚掌跺踏一次,移重心至左脚,双手于胸前二位交替提压腕。保持体态,左脚跟至右脚后五位,半脚掌跺踏一次,移重心(见图5-80)。

第3—4拍:重复第1—2拍的反面动作。

第5—6拍:右脚向前迈大步,右手最大路线经下方向三位手抬起。向右提旁腰,抬头仰胸。

第7—8拍:转身向后重复前两拍的动作。

第五个八拍

第1—4拍:脚下垫步,在踏步的基础上向旁迈步,后脚垫,再向旁迈步,身体向前倾,头看三点钟方向,双肩上下耸动,重拍在上。

第5—8拍:脚下重复第1—4拍动作,身体向后仰,头看七点钟方向。同时耸肩(见图5-81)。

图5-79

图5-80

图5-81

第六个八拍

重复第五个八拍动作。

第七个八拍

第1—2拍:转身面向七点钟方向,右脚向前迈大步,双手打开七位,右手向上提,左手向上扬,身体后仰。

第3—4拍:左脚向前迈,双手打开交替提压腕。

第5—6拍:在第1—4拍的动作基础上加快一倍。

第7—8拍:右脚向后迈大步,左脚正对右脚点地,右手最大路线经下方向三位手抬起,左手提至胸前。向右提旁腰,抬头仰胸(见图5-82)。

第八个八拍

第1—4拍:面向三点钟方向脚下垫步,在踏步的基础上向旁迈步,后脚垫,再向旁迈步,身体向前倾,低头,双肩上下耸动,重拍在上。

第5—8拍:转身面向七点钟方向,脚下重复第1—4拍动作,身体向后仰,头看一点钟方向。同时耸肩。

第九个八拍

第1—2拍:双手叉腰单耸肩(右左),右脚向旁迈步,低头。

第3—4拍:右脚左脚后方踏步,双手叉腰单耸肩(左右),抬头。

第5—8拍:双手体旁提襟手,双肩前后硬肩。向右转后跑四步。

第十个八拍

第1—2拍:笑肩,双肩同耸,重拍在下,右手穿手向旁拉开,重心向右。

第3—4拍:重复第1—2拍的反面动作。

第5—8拍:叉腰笑肩左右移重心两次。

第十一个八拍

第1—2拍:收右脚,并拢,立半脚尖,双手经旁抬起,交叉于头顶,身体稍向左前倾,低头。

第3—4拍:马步半蹲半脚尖立起,双手经体前打开,旁提至七位,头看八点钟方向,身体后仰(见图5-83)。

图5-82

图5-83

第5—8拍:向后跑跳。

第十二个八拍

第1—4拍:面向五点钟方向脚下垫步,在踏步的基础上向旁迈步,后脚垫,再向旁迈步。身体向前倾,低头,双肩上下耸动,重拍在上。

第5—8拍:脚下重复第1—4拍动作,身体向后仰,头看三点钟方向。同时耸肩。

第十三个八拍

重复第十二个八拍动作。

第十四个八拍

第1—4拍:脚下垫步,先动右脚,双手围手(右手在前)再打开。

第5—8拍:重复第1—4拍的反面动作。

第十五个八拍

重复第十四个八拍动作。

第十六个八拍

第1—2拍：右脚向左快速迈步跟左脚,提右手至体旁低头(见图5-84)。

第3—4拍：提右手至头顶,拉右旁腰,仰头看上方(见图5-85)。

第5—6拍：出右脚脚尖点地,提左肘,右手旁提,低头(见图5-86)。

第7—8拍：拉左旁腰,左手抬至三位,右手压腕下沉(见图5-87)。

图5-84

图5-85

图5-86

图5-87

第十七个八拍

第1—4拍：右脚向后踏步,右手胸前提腕,身体向后仰并向右转身。

第5—8拍：右脚向前迈步,左右手依次向前经三点钟方向划向七点钟方向,身体前倾。

第十八个八拍、第十九个八拍

做第十六个、第十七个八拍的反面动作。

第二十个八拍

第1—2拍:右脚向后迈大步,左脚正对右脚点地,右手最大路线经下方向三位手抬起,左手提至胸前。向右提旁腰,抬头仰胸(见图5-88)。

第3—4拍:向后大步跑。

第5—6拍:变身燕式跳转面向一点钟方向低头,双手斜上45°(见图5-89)。

第7—8拍:右膝跪地蹲,手体旁点地,低头。

结束。

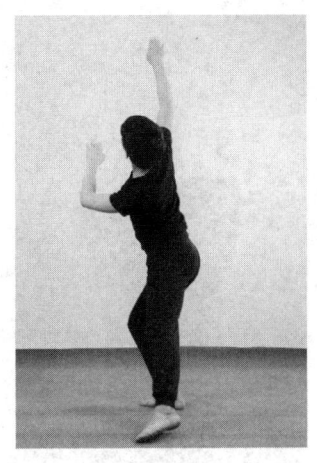
图5-88

图5-89

教学提示

(1) 蒙古族男子舞蹈的基本体态,最主要的是提胯、立腰、拔背、挺胸,以此展开的肩部、手部、臂部、步伐的训练。

(2) 双膝的屈伸要沉而柔韧,双脚落地扎实,脚下稳重,强调下沉的力量,具有浑厚、含蓄、舒展、豪迈的审美特点。

(3) 硬腕:腕的动作有硬腕与柔腕。硬腕动作干脆有力,有棱角地上下提压腕。硬腕有单手,也有双手,还可双手交替提压腕、横腕。柔腕:手腕柔韧地上下提压腕。

(4) 柔臂:以肩背肌肉推动锁骨、肩胛骨、肋骨做前后圆形柔动,同时向肘、腕、手指做大波浪形传导。肩背柔起,肘、腕、手指连续相继柔起。

(5) 柔肩:左肩向前拱,左肘向后摆,同时右肩向后摆,右肘向前拱,左右交替,前后扭动,同时肩略耸。

(6) 硬肩:动作要硬,干脆,节奏分明,有棱角。与柔肩形成对比。

第七节 东北秧歌女子舞蹈组合

视频:东北秧歌女子舞蹈组合

东北秧歌是我国东北地区具有代表性的民间舞蹈,舞蹈强调"稳中浪、浪中哏、哏中俏"的风格特点。基本动律中重视"点"与"点"之间"线"的过程,以强化"韵"的到位,注重心态特征,强调"以情带动",步法的动静、收放、强弱对比鲜明、轻重缓急巧妙的动态特征,体现出东北人的热情、质朴、刚柔相济的心理特征。手巾花烘托出东北秧歌火爆热烈的艺术特质,这一道具的使用更是增强了东北秧歌舞蹈的表现力。

一、基本动作

（一）基本体态
身体直立,重心略微前倾到前脚掌(见图5-90)。

（二）基本脚位
正步位(见图5-91)。

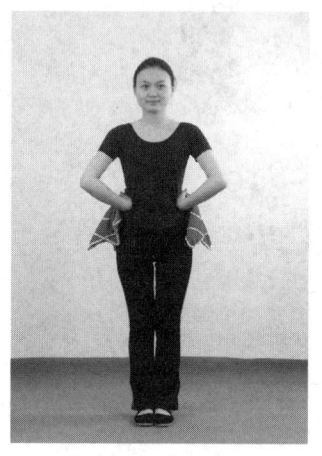
图5-90

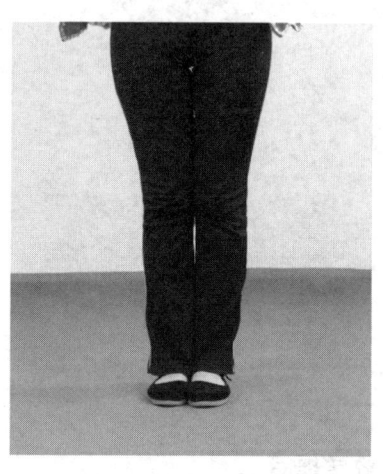
图5-91

（三）手巾花的拿法
虎口捏巾(见图5-92、图5-93)。

图5-92

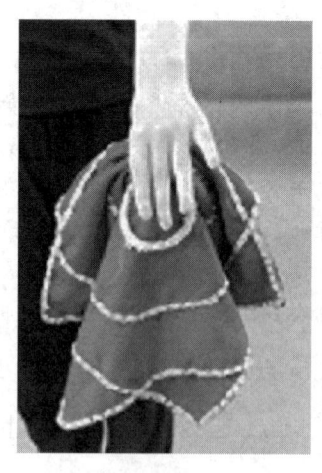
图5-93

二、组合

准备:面对正前方,正步位站立,重心前倾。双手拿手绢,自然下垂。

第一段

准备:

第5—8拍:双手胯前平开,里绕花,同时双手叉腰。

第一个八拍

原地上下动律,先向右做,2拍一次,做4次。

第二个八拍

原地前后动律,先出右边,2拍一次,做4次(见图5-94)。

第三个八拍

原地划圈动律,先做右边,2拍一次,做4次。

第四个八拍

原地划圈动律加前踢步,上身先做右边,踢左脚,2拍一次,做4次。

第五个八拍

第1—2拍:右手胯前绕花一次(见图5-95)。

第3—4拍:右手与肩平齐,斜前绕花一次。

第5—8拍:右手胸前绕花一次(见图5-96)。

图 5-94　　　　　图 5-95　　　　　图 5-96

第六个八拍

做第一段第五个八拍的反面动作。

第七个八拍

胸前交替绕花,右手先,2拍一次,做4次。

第八个八拍

继续胸前交替绕花,同时加前踢步。

第二段

第一个八拍

第1—4拍：一拍快到位时，上左脚，踏步位面对右斜前方向，双手同时打开小七位停住。

第5—8拍：上下动律，2拍一次，做2次，先向右做。

第二个八拍

第1—4拍：一拍快到位时，上左脚到正部位，面对一点钟方向双护头停住（见图5-97）。

第5—8拍：前后动律，先出右，2拍一次，做2次。

第三个、第四个八拍

做第二段第一个、第二个八拍的反面动作。

第五个八拍

面对正前方向走场，双手胸前交替花朝三点钟方向行进，先迈右脚，2拍一次。

第六个八拍

在走场基础上向右走圈，一圈回原地。

第七个、第八个八拍

朝反方向行进，做第二段第五个、第六个八拍的反面动作。

第三段

第一个八拍

碎步左转一圈，划圈动律4次（见图5-98）。

图5-97

图5-98

第二个八拍

第1—4拍：上左脚成正步，双手胸前平开至双护头。

第5—8拍：上下动律两次，先向右。

一鼓：闪身一鼓，落指相（见图5-99、图5-100、图5-101）。

图 5-99

图 5-100

图 5-101

教学提示

（1）基本动律压脚跟注意切分节奏，脚跟抬得低，压下快，压在正拍上。
（2）上下动律的发力点在腰，是经腰划下弧线的上下扭动，扭在附拍上。
（3）前后动律发力点在腰，是经腰划下弧线的前后扭动。
（4）划圈动律的发力点在腰，划 8 字弧线扭动。
（5）手巾花的里绕花要以指带腕，慢起法儿，快压绕，压腕翘指，掌心向前。
（6）交替花自身侧抬起，以指带腕，腕带臂，切忌肘主动。
（7）前踢步出脚急，落脚稳，慢移重心，双膝微衬。脚离地时，保持脚的自然形态。

第八节　维吾尔族女子舞蹈组合

视频：维吾尔族
女子舞蹈组合

新疆维吾尔自治区素有"歌舞之乡"的美誉。维吾尔族男女老少皆能歌善舞。舞蹈的节奏特点是鲜明，音乐轻快、奔放、利落。舞蹈要求立腰拔背，女性摇身点颤的动律强调了节奏及呼吸的把握，手臂动作变化多样，造型性强，在舞姿变化中强调手臂及腕部的灵活运用，脚下步法变化丰富，强调节奏准确。总之，维吾尔族舞蹈对身体表现力的要求非常细致，从而形成了维吾尔族舞蹈"挺而不僵、颤而不窜、脚下不离散、上身洒得开"等风格特点。

一、基本动作

（一）基本体态
基本体态如图 5-102 所示。
（二）手形
手形如图 5-103 所示。

图 5-102

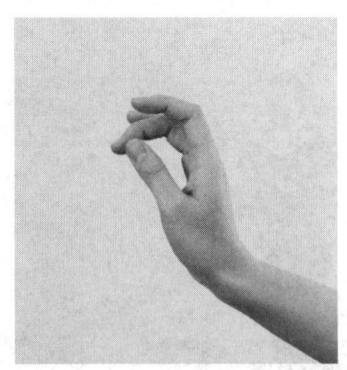
图 5-103

（三）基本手位

基本手位有插花式、横推手、遮羞式、托帽式（见图5-104、图5-105、图5-106、图5-107）。

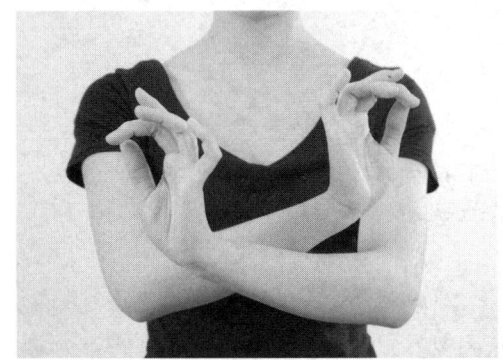
图 5-104

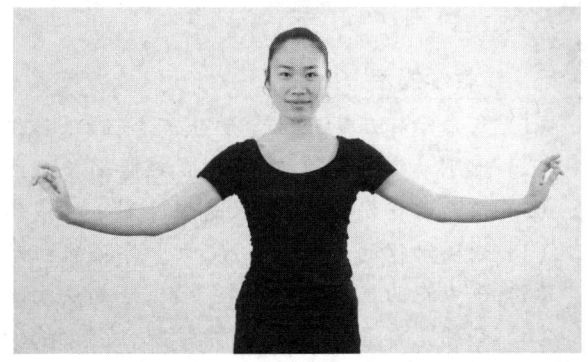
图 5-105

图 5-106

图 5-107

二、组合

准备：面对正前方向旁点步基础上落全蹲，重心在右脚，眼睛看二点钟方向，左手立腕于胸前，右手抬至头顶上方拉长（见图5-108）。

前奏

第一个八拍

右手绕腕同时慢慢地直线落手,至胯旁自然垂直,眼睛看前方。

第二个八拍

慢起身到右脚在前的旁点位,同时做移颈,一拍一次,小幅度地,眼睛看右斜前方向。

第三个八拍

自由步面对正前方行进,两步慢的(2拍),四步快的(1拍),双手在胯旁随动。

第四个八拍

小八字位,胸前平开手,先做右手再左手,2拍一次,行礼右手扶肩,起身(见图5-109)。

图 5-108

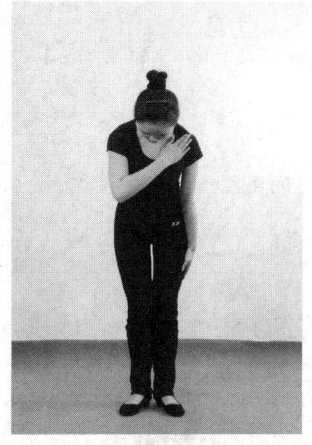
图 5-109

第一段

第一个八拍

第1—4拍:上右脚变左脚后点步,双手经过绕腕到叉腰手,眼睛看前方。

第5—8拍:保持舞姿不动。

第二个八拍

在舞姿基础上做摇身点颤,2拍一次。

第三个八拍

第1—4拍:左脚后撤变右脚前点步,双手绕腕平开到横推手。

第5—8拍:保持舞姿不动。

第四个八拍

在舞姿基础上做摇身点颤,2拍一次。

第五个八拍

第1—4拍:上右脚变左脚后点步,双手经过绕腕到遮羞式,眼睛看左边斜下方。

第5—8拍:保持舞姿不动。

第六个八拍

在舞姿基础上做摇身点颤,2拍一次。

第七个八拍

第1—4拍：上左脚变右脚后点步，双手经过绕腕到托帽式（右手托帽），眼睛看左手斜上方。
第5—8拍：保持舞姿不动。
第八个八拍
在舞姿基础上做摇身点颤，2拍一次。
第二段
第一个八拍
撤移步，4拍一次先撤右脚，叉腰手。
第二个八拍
继续做撤移步，双手插花式变横推手（见图5-110）。
第三个八拍
在撤移步的基础上做点肩平穿，4拍一次，最后一拍穿手同时向右转身面对五点钟方向（见图5-111）。
第四个八拍
面对正后方向的点肩平穿两次，最后一拍穿手同时右转身回一点钟方向。

图5-110

图5-111

第五个八拍
第1—4拍：一拍朝右斜前方向快上步，先迈右脚，左脚跟上变左脚后点步，左手上托手，留头看一点钟方向，保持舞姿不动。
第5—8拍：在舞姿基础上做原地摇身点颤。
第六个八拍
摇身点颤同时左手从上托手经过捋辫式慢落至体旁自然下垂。最后一拍迈左脚，经过半蹲换重心变右脚旁点地直立，双手从右平摊手绕腕，到左手上托，右手围腰，眼睛看前方，快速完成。
第三段
第一个八拍
三步一停后退，2拍一次先撤右脚，双手保持与肩同宽，从胸前经右侧胯旁划手，绕腕到斜后立腕，上身慢到位，身体随手部动作右拧身加胸腰。

第二个八拍

做第二段第一个八拍的反面动作。

第三个、第四个八拍

进退步,先迈右脚,双手叉腰手加右拧身,2拍一次朝前方行进。

第五个八拍

右起转体三步一抬回望式,向后方移动,做4次,双手左右绕腕(见图5-112)。

第六个八拍

转身右起三步一抬转体,向前方行进,做4次,双手绕腕至上托式横手位,左右交替进行。

图5-112

第七个八拍

重复第三段第五个八拍的动作。

第八个八拍

重复第三段第六个八拍的动作。

第四段

第一个八拍

第1—4拍:身体对左斜前方向,右脚在前横垫步,向左横移,下右旁腰,双手斜下弹指慢抬手臂,看右斜前方向,1拍一次(见图5-113)。

第5—6拍:双手上托式扣手翻掌两次(见图5-114)。

第7—8拍:在前一舞姿基础上翻身,半圈。

第二个八拍

做第四段第一个八拍的反面动作。

第三个八拍

起左脚在前的横垫步,面对正后方,向右横移,在双手上托式的基础上做弹指(见图5-115)。

图5-113

图5-114

图5-115

第四个八拍

左起同时右转身面对前方,横垫步向右移动,双手摊手朝右侧做摊手绕腕,2拍一次,身体前倾看右手方向。

第五个八拍

左手平开,跑大圈,一圈回到中间面对前方。

第六个八拍

第1—6拍:原地舞姿转。

第7—8拍:一拍上右脚立,左脚旁点,双手经下弧线绕腕至头顶。下左腰,右手至胸前,左手拉开找左腿位置(见图5—116)。

图5—116

 **教学提示**

(1)摊绕腕动作的手摊出要慢,绕腕要快,运动路线要圆。

(2)摇身点颤要求颤而不窜,胯部上提,膝部既要有控制又要富有弹性,切忌坚硬。

(3)注意维吾尔族舞蹈女性动作特有的留辫、甩辫的感觉,以及鼓点节奏与内心节奏的配合。

(4)横垫步的重心在两脚之间。行走中舞姿平稳,胯部上提,切忌上颠与摆胯。

(5)进退步上步的瞬间重心迅速推上去,在撤步的过程中重心保持垂直,切忌前仰后合。

(6)三步一抬的第二步踩在附点节拍上,第三步小腿快速后抬,同时主力腿有控制地颤动。

视频:维吾尔族男子舞蹈组合

第九节 维吾尔族男子舞蹈组合

以维吾尔族舞蹈为代表的新疆舞擅长于头部和手腕的运用,通过移颈、头部的挑和摇、丰富多变的手腕动作,再加上昂首、挺胸、立腰等姿态,以及眼神的传情达意,能表现出不同的内心情感和人物性格。

一、基本动作

(一)跆步

跆步是维吾尔族当中主要的流动步伐,完成此动作时要保持基本体态,身体保持平稳,一只脚的脚跟落于另一只脚的脚掌外侧。落地时,以脚跟为轴向外划弧线,同时另外一只脚向外迈出,脚掌点地。

(二)猫洗脸

双手平端至胸前,一只手的食指和中指的第一关节插入另一只手的食指、中指和无名指的指尖,一只手的手腕发力提腕带动两只手的关节一节一节经过侧脸至头顶后,压腕一节一节带动手指关节从头顶划至另一侧脸回到胸前,手的动作要像波浪一样柔软,紧贴脸部,手指不能分开,模仿小猫洗脸的动态。

(三)三步一踢

第一步为跆步,第二步在跆步出第二只脚时,半脚掌往旁迈出一大步,另一只脚全脚掌跟上落回前脚脚尖前方完成第三步。踢脚时绷脚尖,快速撩腿接反面,此时膝盖要放松,不可过于松懈。整套动作完成时保持基本体态,步伐要沉稳,切忌飘浮。

二、组合

准备姿态:双脚小八字步,双手自然垂于体旁,两腿内侧自然靠拢,提臀,收腰拔背,下巴上扬,气息下沉,斜视上方。

第一个八拍

第1—8拍:基本体态准备。

第二个八拍

第1—4拍:双手平摊。

第5—8拍:绕腕,叉腰置于身体右侧(见图5-117)。

第三个八拍

第1—2拍:身体转向七点钟方向,右脚勾脚向前点地(见图5-118)。

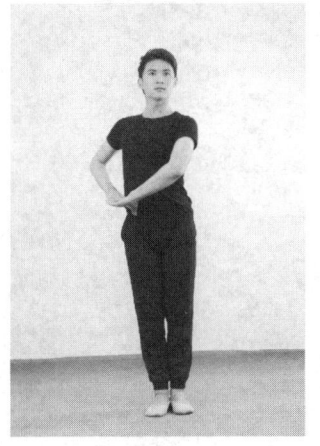
图 5-117

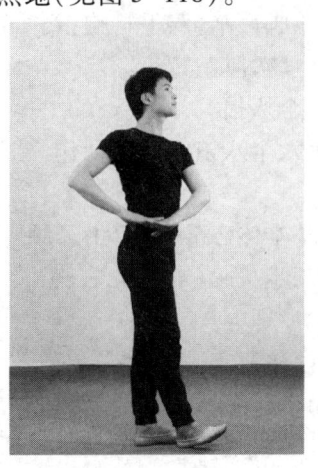
图 5-118

第3—4拍:收回小八字步。

第5—6拍:身体转向一点钟方向,右脚勾脚向前点地。

第7—8拍:收回小八字步。

第四个八拍

第1—6拍:动作同上,身体面向三点钟方向,出左脚。

第7—8拍:右后踏步,左手背后,右手空拳,拇指向下置于左肩(见图5-119)。

第五个八拍

第1—4拍:一步一点(左),双手经摊手到托帽手(见图5-120)。

第5—8拍:同上,一步一点(右)。

第六个八拍

第1—4拍:同上,一步一点(左)。

图 5-119

图 5-120

第 5—6 拍：左脚后踏，双手打响指。

第 7—8 拍：下蹲，向左转。

第七个、第八个八拍

做第五个、第六个八拍的对称动作。

第九个八拍

第 1—4 拍：基本体态准备，双手叉腰。

第 5—8 拍：三步一踢（前），先右脚。

第十个八拍

第 1—8 拍：两次三步一踢（前）。

第十一个、第十二个八拍

做 4 次三步一踢（后），先退右脚。

第十三个八拍

第 1—4 拍：左脚向旁迈步，右脚点地，双手摊平后右手收到左肩，左手背后（见图 5-121）。

第 5—8 拍：跺左脚收小八字位，双手叉于左腰。

第十四个八拍

第 1—8 拍：4 次三步一踢（前），先动右脚。

第十五个、第十六个八拍

第 1—8 拍：4 次三步一踢（前），先动右脚。

第十七个八拍

4 次三步一踢（后），先动右脚，同时单手交替向后划手。

第十八个八拍

第 1—2 拍：右脚踏步，右手放于左肩。

第 3—4 拍：右脚踏步，双手经胸前摊开（见图 5-122）。

第 5—8 拍：做第 1—4 拍的反面动作，左脚踏步。

第十九个八拍

图 5-121

图 5-122

重复前一个八拍的动作。

第二十个八拍

第1—2拍：面对正后方，右脚踮步，双手打开。

第3—4拍：身体向右转，上半身对一点钟方向，右手放于左肩。

第5—8拍：做第1—4拍的反面动作，左脚踮步，向左转。

第二十一个八拍

第1—8拍：重复前一个八拍的动作。

第二十二个八拍

第1—4拍：向右小跳一步，双脚并拢。

第5—6拍：右脚向前勾点地，右手背后，左手置于右肩（见图5-123）。

第7—8拍：收回。

第二十三个、第二十四个八拍

重复第二十一个八拍的动作。

第二十五个八拍

第1—4拍：右脚单膝跪地，右手经打开放在左肩前，左手体旁打开，打响指（见图5-124）。

图 5-123

图 5-124

第5—8拍：右手最远处打开，经八点钟方向至三点钟方向，眼随手动。

第二十六个八拍

第1—4拍：左脚后踏步，右手叉腰，左手单托，面向左前方。

第5—8拍：向左转身，回到正前方。

第二十七个八拍

第1—4拍：一步一点（左旁），先退右脚，右手单摊至托帽手。

第5—8拍：一步一点（右旁），先退左脚，左手单摊至托帽手。

第二十八个八拍

重复第二十七个八拍的动作。

第二十九个八拍

第1—4拍：原地三步一抬加转身，先动右脚向左转至右后方，撩右手平打开（见图5-125）。

第5—8拍：原地三步一抬加转身，先动左脚向左转至正前方，右手保持平打开。

第三十个八拍

第1—4拍：右脚向旁迈步，左脚点地，双手摊平后左手收到右肩，右手叉腰。

第5—6拍：收右手叉腰，双脚并拢，立脚尖，向左平转一圈。

第7—8拍：右踏步，双手下摊七位里绕腕，立脚尖，变托帽手，结束（见图5-126）。

图5-125

图5-126

教学提示

（1）维吾尔族男子舞蹈的基本体态是立腰拔背，挺而不僵，下颌微微上扬。

（2）头、肩、腰、臂、肘、膝、脚的动作，传神的眼神，加上动脖、弹指头、翻腕子等一系列的小装饰，形成了维吾尔族舞蹈的审美特点。

（3）点颤式的屈伸动律：在主力腿膝部连续做轻微上下颤动的同时，动力腿脚掌有符点节奏地做点地动作。

（4）一步两颤，一小一大。颤动时平稳有力，平稳中带有起伏，使步法形成平稳沉浮的动感特点。

相关链接

民族舞蹈的特征之"三道弯"

"三道弯"特指在舞蹈动作中的头和胸、腰和臀、胯和腿以逆反向度呈 S 状的形态。从广义上讲,"三道弯"是世界东方各民族舞蹈的典型姿态之一。

从地域的角度来谈,位于东亚的中国文化圈内东西南北各文化板块的民间舞种汇成了多种舞姿的三道弯。"北方的秧歌,南方的灯"中已包括了数种民间舞:山东的胶州秧歌、陕北秧歌、东北秧歌、安徽花鼓灯、云南花灯都广为人知。又如西部的弦子、敦煌乐舞,东北部的满族舞蹈、朝鲜舞蹈,比比皆是,呈现出纷繁的"三道弯"舞姿造型。位于南亚的印度文化圈的印度舞,位于西亚的阿拉伯文化圈的东方舞,属于东南亚的马来文化圈的巴厘舞,都有着不同姿态造型的"三道弯"。

在中国的各民族中,汉族最具有代表性的民间舞蹈是秧歌。由此,"扭"在汉族舞中处处皆是。一个"扭"字,把汉族民间舞势态形象地勾勒出来。各种各样的"扭",各个地方的"扭",都有不同。胶州秧歌是调动全身各部位"扭、拧、韧、碾"循环往复,连绵不断,富有内在激情的动作,活动起来"扭断腰"的动作特点,形成了流动中特有的"三道弯"。东北秧歌强调扭得"活",扭得"浪",扭出味道来。河北秧歌则有"扭"多于"跳"的特点。海阳秧歌注重的是"扭中摆"。陕北秧歌"扭"是关键。南方安徽花鼓灯舞蹈动作中"三道弯"是它的亮相特点,无论是"风摆柳""三点头"还是"单背巾""凤凰单展翅",都是呈挺拔向上的曲线造型。云南花灯"崴得团"是基本动律,这种崴中出现"三道弯"的姿态是腰胯扭得大而灵活。这么多种"扭"的姿态,把汉族人民的舞蹈文化美感表露得淋漓尽致。

藏族舞蹈舞姿秀美,多呈"三道弯"体态。弦子舞的突出特点是流畅、圆润、舒展、极富抒情。膝部连续不断既松弛又有控制的微颤是其内在的动作核心。上身与胯部轻微连续的逆向横移,加以头部配合形成的内在微妙的晃动,引发舞姿连接动作的"三道弯",使女性动作越发娴美。这就是著名的"巴塘弦子"。

朝鲜族的舞蹈形态主要是"手足同时运动"。其中"轮回舞"的动作有"扭与拧""前后翻""左右旋转"等,这种手臂与身体形成的"三道弯"进而发展为太极形和螺旋形。

满族的舞蹈风格体现在最具有概括性的四句话:"腰身扭曲三道弯,托耳奔马拉弓箭,摸鬓托肋单举手,举额齐眉有曲线。"这就是说,满族舞蹈的胯部起着承上启下的轴心作用,它通过头、胸、脖和腿部,使身体呈 S 形。

以上这些中国民间舞蹈的基本形态可以直接上溯到远古。例如,汉代舞蹈的文献资料就是宝贵的遗产。汉代的乐舞画像砖,内容丰富,题材广泛,尤其在刻画人物的形态上普遍采用艺术夸张手法,把舞伎腰部描绘得细如束丝、软若柔枝。不但显示了舞者身形的秀美,还把汉代舞蹈"翘袖撅臀""纤腰长袖"的特定"三道弯"势态惟妙惟肖地刻画出来了。汉代女乐歌舞需要精湛的技巧,比如西汉名舞人赵飞燕腰肢纤细,身轻如燕,能在掌上任意变换造型,创造各种迷人的

"三道弯"舞姿,那栩栩如生的图像留给我们太多的舞蹈动态启示。

在中国舞蹈发展过程中,唐代舞蹈是一颗璀璨的明珠,有着广泛影响的敦煌舞和汉乐舞画像砖异曲同工,它的舞姿造型本身存在着天然的S形曲线,形成了直角"三道弯"和圆曲"三道弯"等诸多造型。舞者的身形都是丰乳、细腰、冲身、出胯、歪头的"三道弯"体态。以上是中国文化圈内的一些舞蹈脉络及特征。下面介绍一些"环中"国家的民间舞蹈。

埃及是东方舞的发源地,具有特殊的舞蹈动律。它的胯部扭动技巧既表现出女性的妩媚又表现了女性的健美,由此冲破了地域界限,在亚、非、欧三大洲舞坛被普遍仿效。

阿拉伯文化圈的土耳其舞蹈,以高原民族风格为主,又融合了西方舞的特点,形成了自己民族的韵味,如《奇弗泰·泰而利》舞蹈是以扭动胯部外加肩胸为特征的。由于扭动胯部还要牵扯到腹部,所以又称"肚皮舞"。女性舞蹈注重上脚步和腰部的动作,"抖胯"是它的突出特点。

印度尼西亚的巴厘舞是被誉为"东方希腊"的巴厘岛的传统舞。巴厘舞刻意追求曲线美,讲究"三道弯"。它有代表身体造型的术语,说明技艺、律动的术语,表达音乐变奏的术语和八种表情术语。巴厘舞腰肢、脚步、眼神的"波拉"律动都是一种曲线造型或沿8字波动的语汇。如代表身体造型的术语叫作"阿根姆",它是舞蹈中的基本姿态,相当于芭蕾中的"阿拉贝斯"。巴厘古典舞蹈家能准确、熟练地掌握各种不同特色的"阿根姆"造型。巴厘舞最基本的动律特点就是身体的各个部分,即躯干、胳膊、腿、头、眼、手等需要沿着弧线呈S形路线动作,造成各种各样的"三道弯"。

印度舞蹈是对世界舞蹈产生较大影响的舞种。受佛教的影响,印度舞蹈中许多造型姿态中的手势都表达一定的宗教含义,各式各样的"三道弯"姿态均来自手势,舞蹈的主要语汇是手势。如"卡拉那"术语系指手、脚、身体并用的舞蹈姿态,各种手势的运用在舞蹈中转换成多种舞姿的"三道弯"造型。

受到印度舞影响的泰国、柬埔寨、缅甸、老挝各国的舞姿与印度大同小异。尤其是泰国与柬埔寨两国,由于历史上曾互为宗属,文化上有过多次反复性交流,所以它们的传统舞中有许多雷同之处。缅甸的暹罗舞也受到印度文化的直接影响,舞蹈主要用丰富的手语动作表现生动的舞姿造型,它注重腰腿的柔软,"三道弯"的线条圆润、流畅。

康提舞是斯里兰卡最有传统和代表性的舞蹈。由于它们的表演内容大都取材于有关动物的神话故事,所以它的动作富有气势。由于模仿各种动物的生活形态,所以手的造型非常巧妙,各种姿态随着手臂的舞蹈变化,在人体自然美的基础上加工为多种姿态。康提舞的特点是两腿半蹲,开胯,手的造型基本上是虎口张开的掌式,手不断地翻动,手臂基本保持在胸前平举的位置上,同时大量使用旁腰及胸腰的动律,头随身体的韵律而晃动。眼睛也随手而转动,下身沉得有力,每一动都是由下至上产生的韵律,从而造成了有别于他国的"三道弯"特色。

从运动力学的角度来说,是左右的"三道弯"还是前后的"三道弯",是静止的"三道弯"还是流动的"三道弯",是整个身体的"三道弯"还是身体局部的"三道弯",由于各个国家、各个民族舞姿中"三道弯"部位的高低、劲力的运用、动律与风格上均有较大差异,因此同样一个"弯"字,成因各有不同,下面试分析一下。

中国汉族舞蹈中胶州秧歌是流动中的"三道弯";埃及的东方舞则是在直线形态运动中造成的"三道弯"。巴厘舞是沿着弧形S路线动作;胶州秧歌"三道弯"则是以腰为轴,以肩和脚的反向拧动所形成。埃及的东方舞在垂直形态上扭动，突出女性的曲线美；巴厘舞则是向前倾、向后仰、向两侧弯曲，扭动臀部、腰部和肩部。从肌肉上看，东方舞主要发挥"第二要素"作用，在强劲的抖胯中，呈现腹部肌肉的"大回环"动律。"第二要素"特别是肚皮、臀部和大腿有节奏地强力伸张和扭摆同时配合脚步的平衡动作，从而显示出东方舞的形体美，使人产生美感和快感。与埃及女人相比，中国女性身体瘦削，肌肉能力不能达到健美的程度，不够丰满，尤其是下腹和臀部肌肉都不发达。因此，双方难以相互掌握。中国民间舞中各种"扭"的受力点各不相同，大致区别为北从腰背发力，南从胯部发力；重心上的区别为扭者（北方）重心高，崴者（南方）重心低；动作区别为扭者（北方）手臂动作大，崴者（南方）下肢运动大。中国汉族民间舞最大的特色是"扭"，而它的"扭"与西方的迪斯科的"扭"大有区别，汉族舞的"扭"以腰为轴，腰是动作的发散点，通常一拍扭动一次，清晰地呈现出人的身体在扭动中的曲线美，即"三道弯"。这种动作是腰在扭动时自然发散的动律，蕴含着深沉内在的柔性精神。迪斯科则是以连续的颤动，频率高、闪电似的扭动全身为特点。与汉族舞比较，根本区别在于它没有波浪形动势之中的间歇性"定型"。

下面谈谈文化心理差异带给各种"三道弯"的影响。

首先，"圆"的呈现，中国式的思维可以说是圆式思维，思想发散出去还要收拢回来，落到原来的起点上。在道家思想、佛学意识以及许多文化形式中都能看到这种圆式思维，而且圆是汉族柔性精神的具体表象，这种思维一直影响今天的民间舞。这种"惯性"的形成，可能和最初的巫教行为及轮回有关，许多动作的运动路线不是朝着相同的方向而是变换方向，有时出现脉冲曲线，说它是直线又不是，说它是曲线又不是完整的曲线，这种曲线隐隐约约地做完整的圆的运动，这就是一种喻义，又有现世与来世相换的意思，因此又发展为太极式的螺旋形。

中国古典舞中"三道弯"的基本元素为拧、倾，8字圆中也渗透着这样的意味。古典舞的气韵身法的根全在这种文化里，那是一种象征，指向天地宇宙的圆整、自然造化的圆融、人情世态的圆满。那是一种自足的圆，自足于天人合一，自足于自然之道的周流永恒，自足于人性矛盾在圆通中的漫弥。

东方舞外放，它们体现的是女性外在的美，视女性的性特征为生命之源。比如肚皮舞这种舞蹈的本意就是吸引异性，由于丰满的胸部、柔软的腹部是女性美的特征，当然要大胆体现这种美，其思维方式也是直接的，认为对人类的生存发展有利的就是美的，反之就是不美，这与中国的传统有着较大的差异。所以我们中国属于含蓄的"三道弯"，而东方舞则是外露的"三道弯"。从民族服饰的角度来说，早在汉代时，舞蹈的特色就需要恰当的服饰来配合，许多画中舞人的长裙腰部紧裹，下摆逐渐宽大，长裙下部为两段，长裙愈显其长，而上身多是宽袖外衣，（窄袖内衣）中间突出婀娜的细腰，这种服饰上的对比人为地突出了女性身姿的曲线美，为舞蹈的"三道弯"提供了天然的烘托。

我国傣族地区的舞蹈优美、朴实，舞姿富于雕塑性，幽静的气质凝聚着东方艺术的线条美。傣族妇女的短衣筒裙紧紧裹贴于身，显出窈窕婀娜的体态，紧身的服装限制着步伐，由胯部提携动作，亭亭玉立、小步行路及高位挑担的生活身影转化到艺术上就是舞蹈中的"三道弯"姿态。傣族舞蹈受服装的限制，脚步为保持半蹲状态，在身体及手臂每个关节都有弯曲，形成傣族舞蹈特有的"三道弯"舞姿造型。

朝鲜族妇女因束胸，必然出现深呼气、长吐气，而为了避免裙摆绊脚，又出现了幅度大的跨越，或用轻巧小步，或用一步赶两步，这种舞步趋向三拍子的节奏与妇女的脉脉含情、欲说又止、欲进又停的心理节奏相吻合，与其"三道弯"的舞蹈韵律相一致。

把服装的美融入色与线的动作中是日本舞的独到之处，从胴体的自由开放感开始的歌舞伎舞蹈，其肉体美为服装所掩盖，长长的舞袖把人的情感移入其中，表现人的哀与乐，下摆形成波状形的飘动，扩大了脚动的幅度，下摆与足形成先后关系，形成三重曲线，让人看到微妙的情趣。在此，服装掩盖、束缚了腿部动作，限制了胴体伸展其特殊的体态，产生了服装的"线条美"，它形成了内向性的程式化的"三道弯"。

肚皮舞同样与服饰相关，它的美本身就外露，于是女性裸腹露脐，系胯巾或流苏饰带，或戴流苏胸罩，或着网眼纱裙，或着灯笼裤。这些着装也流泻出原始舞蹈的轨迹，男人们喜欢这种优美的女人体态，因为这样的体态是美的表征，所以肚皮舞每跳一次都在10分钟以上，舞女们披散着长发，穿着性感的服装，大幅度的抖胯都是特有的舞蹈风格，这种舞姿是肚皮舞固有的特质。

从审美的角度来说，我们看到东方与西方的文化差异对各自舞蹈审美的形成有重大的影响，但是相同的美绝不来自矫揉造作，而是出于自然。同时也包含民族本身的审美意识。例如，我们汉族妇女的缠足，就是一种扭曲了的美，这对汉族舞蹈有着极大的影响，古代文人以"三寸金莲""步步莲花""帘底纤细"来形容女性的缠足，缠足女性的动态很自然就要在舞蹈这一形体艺术中充分加以表现。从南到北的汉族民间舞蹈多数艺人都称"扭"是小脚女人的步态，"三寸金莲"要承受起硕大的身体，在体态上必定呈现出扭腰出胯，动作必定是迈着碎小的步子走路。形似忸怩作态，"跑圆场"是这种步态的典型呈现。它的美不正在于扭腰撅臀、出胯挪小步的动律中吗？所以这种美正是对"不自然"的一种自然的顺应。它融合了悲伤与喜悦，形成了特殊历史阶段的审美观。

概括地讲，东方舞蹈是对大地的眷恋，西方舞蹈是对苍穹的憧憬；东方舞蹈的律动为内包性，西方舞蹈的律动为放射性。东方舞蹈是在地面上寻找另一个世界的乐土，包含"礼"和"道"的世俗宗教性；西方舞蹈则企图超越人类的现实生活，去追求另一个天上人间。

和东方的"三道弯"相比，现代舞的美在于动作的粗粝、强悍、直接，强调冲动的原始，强调对人们精神的穿透。而东方舞蹈的美在于动作的含蓄、柔中带刚、慢而不温。现代舞一反芭蕾的优雅，躯干与四肢多呈直来直去的大幅度冲击动态，它挖掘了广泛的意念投射效果，它创造非人体化的奇特境界，它打破了传统的审美观念，讲求无拘无束、自由创造，以标新立异为美。

和东方的"三道弯"相比，芭蕾的美以"开、绷、直、立"为四个原则，是线条、放射性艺术，与这种审美原则相辅相成的是西方人通常的思维方式，也常常是直线式的。东方人尤其是中国人的传统思维方式和舞蹈方式常常是曲线式的。按照现代主义的观点，曲线本是大自然的运动方式和运动轨迹，因此是至善至美的。虽然芭蕾不像中国舞的动势，趋向圆的横斜与内敛，但是它尽力外开，显出坦荡的洒脱，放出人的充分自信。无穷延伸是芭蕾的灵魂，大大发展充满延伸感的几何造型，把延伸升华到纯净的理想境界。

综上所述，各种各样的美都有不同的定义和审美观念，就"三道弯"而言，东方人把自己的头部、身躯与四肢组合统一为S形的势态，它最自然、最基本的造型就是"三道弯"。

奇妙的"三道弯",神秘的"三道弯",魅力无穷、异彩纷呈的"三道弯"。它来自山峦的逶迤,来自水波的涟漪,来自云中雾里的龙蛇,来自摇曳婆娑的花影,来自东方文化五千年的审美心理定式,来自亚细亚大地五千年的生态动力定型,它来自弯弯的月亮,它来自回旋的清风……当然,它更来自我们婀娜多姿、健美的胴体本身。

(资料来源:根据网络资料整理)

谈舞蹈教师肢体语言的美育功能

舞蹈既然是有生命的、运动中的人体艺术,那么舞蹈教师就要对舞者的肢体进行严格而科学的训练,以便达到舞蹈内涵所要达到的、所要表现的最佳状态。如从简单的站姿、坐姿、走姿到软开度的训练,以及身体各部分控制能力和协调能力的训练,以至于跳、转、翻等各种技能技巧的训练,这些都是更好地表现舞蹈最高境界所必需的。同时,还要通过教师的训导、示范等,使舞者日常的行为举止养成良好的习惯,从而显现出其人格及职业的魅力。

舞蹈教育是一种通过肢体语言进行的教育。身教重于言教,是专业教育和人格教育的统一,也就是教学与育人的统一。这是一个对肢体进行严格训练和科学训练的过程,也是对一些良好的行为习惯、动作养成的过程,舞蹈教师是整个训练的执行者、诱导者和贯彻者。舞蹈教育是用肢体语言通过示范动作传递肢体艺术进行教学,其他学科的教师则是把所要教授的内容通过语言文字的形式传递给学生。因此,舞蹈教师的肢体语言有着更特别的意义,有着特殊的美育功能。舞蹈教师用肢体语言把舞蹈的内涵、教育的内涵和教师本身的内涵,通过舞蹈中的肢体美、教学中的教态美和生活中的自然美表现出来。它不仅带给人们精神上的愉悦和美的享受,而且具有欣赏价值和对学生的美育作用,更重要的是可以激发学生学习舞蹈的兴趣和欲望,更是一种动力。它所传递的信息形式多样,内容丰富,多姿多彩。

舞蹈教师的美育功能来自舞蹈艺术本身的美,这种美是经过提炼组织和艺术加工的人体动作,这种美是经过严格训练后的精雕细琢,修饰性很强,具有艺术造诣所赋予的灵气,它符合舞蹈审美诸元素的需要。不同风格的舞蹈动作以及各种优美的舞姿和高难度的技巧等,是经过艰苦磨炼后才能达到的专业性很强的富有艺术性的肢体美。

教师在教学过程中,把这些富有专业内涵的舞蹈动作,通过美的肢体语言示范给学生,如在教授中国古典舞身韵所要表现的"形、神、劲、律"中的"律"时,其中一个简单的"亮相",既可运用正律,也可运用反律。正律动作通过顺力顺势则顺水推舟,一气呵成,犹如行云流水。而反律,一个动作和动势的走向分明是往左却突然急转直下地往右,或者由前突然变化向后等。这种反律通过教师的肢体表达,有着异峰突起、出其不意的效果,使动作有了扑朔迷离、瞬息万变的感觉。更美的是教师在动作过程中,从手指尖到脚趾头、从头发梢到神经末梢、从眼神到呼吸都给人一种只可意会不可言传的美感。

舞蹈只有通过美的肢体和美的神韵,配以美的音乐,才能表达美的内涵,达到美的享受。这种肢体语言美,给人一种美的意境。而学生在享受美的熏陶的同时,就会情不自禁地跃跃欲试,渴望效仿和追求。

舞蹈教师的美育功能是教态语言的美,这种美是人的本质力量的直接表现或理想的形象显现,与人的精神品质息息相关。这种美的教态语言是知识品位、文化修养、职业道德、聪明智慧、教学方法及态度等方面综合素质的一种体现。

教师优雅的艺术气质，始终是学生竭力效仿和尊崇的榜样，尤其是教师的艺术涵养更能激发学生对艺术美的追求。教育的最高水平应该是无声胜有声，身教重于言教。舞蹈教师有着用肢体语言和教态语言传递美的内涵的得天独厚的机会与能力。这是一种舞蹈内涵和教师职业内涵以及教师本人素养的融合。教师的一言一行，都会深深印在学生的脑海里。作为教师，不仅要教学生掌握舞蹈的技术、技能，更要教他们做人的标准。一个学生追求的生活目标是高深还是庸俗，是奋发还是功利，是诚实还是虚伪，舞蹈教师对学生的影响比任何其他教师更直接、更有力、更深远。大到教师的教学风格、人格魅力，小到教师的一言一行、一举一动、一个手势、一个呼吸、一个眼神、一个微笑、一个表情，教师在课堂上的举手投足和每一个细小的动作都有他的用意所在。

教师的表率作用是无穷的，是对学生具有强烈震撼力和感染力的。一个自身修养高的教师，常常是学生崇拜的偶像、模仿的榜样，在教学过程中，教师讲述的观点及阐述的内容，极易为学生所接纳，其言行极易起到潜移默化的作用，做到"亲其师，信其道"。教师身体力行、身先士卒、为人师表，既是一种很好的教学方法，也是教师对学生爱的体现。特别是舞蹈教师，以愉快的教态语言和学生进行沟通，将会取得很好的效果。舞蹈教师的美育功能是教师本身的一种自然美。

如果说第一种美是来自舞蹈本身的肢体美，是经过专业训练才能达到的话，而第二种教态美则是教师综合素质在课堂上有意识地表现及活动，那么第三种美就是外在美和内在美的结合，是前两种美在教师心灵深处的烙印，或者说是前两种美在脑海中的积淀，是一种渗透到骨子里的东西，是任何人都无法拿走的东西，也就是人的内在气质的一种表现。这里既有职业特点，又有专业特点，是个人的学识水平和文化修养等的整体显现，是一种不经意的表现，是一种下意识的最自然美的流露。有人常说，一位好演员不一定是一位好教师，但一位好的专业教师一定是一位好的演员，这也充分说明对舞蹈教师的要求标准很高，在专业上既要会跳，又要会教，必须做到知其然还要知其所以然，并且要学习教育学、心理学以及教法，更要学会育人。舞蹈教师所从事的是教育的职业，传授的是舞蹈的专业，因此，在舞蹈教师的肢体语言里，既有舞蹈演员的艺术气质，又有教师的学者风范，既有舞蹈演员的个性张扬和坚韧的毅力，又有教师那种含蓄和丰厚的内涵。

舞蹈教师的肢体语言或者说体态语言是一种外在形象，也反映着他的气质和内心。车尔尼雪夫斯基曾说："形象在美的领域中占着统治地位。"教师把各种形式的美的形象呈现在自己的学生面前，深深留在他们的脑海里，达到净化灵魂、提升境界、丰富知识、陶冶情操的美育目的，因此以形象—肢体语言美感教育人会有显著的功效，会帮助学生树立审美观，提高审美能力，培养他们对社会美、自然美、艺术美的感受、理解、想象和创造能力，完善审美心理结构，促进身心健康发展，从而造就一代人格完美、素质全面的新型人才。

(资料来源：根据网络资料整理)

跳舞的风度、气质与神韵

风度是人的文化修养、气质、姿态和动作的综合表现，是人的外在美和内在美的统一。高雅的风度来自挺拔的体态，挺拔的体态标志着一个人的健康、教养、礼貌、自尊和内心的充实。具体表现为身体要放松，而颈和头部却要向上引，挺拔起来，这样才能显露出来男女舞伴的优雅风度。

气质是指人的个性特点、外部特征和内在隐含。气质来源于丰富的阅历、长年的实践,也来源于实力的自信和良好的心理素质。气质好坏的印象会在舞蹈中占很大比重。男性的气质美体现为要有阳刚之气,女性的气质美体现为要有柔美感。良好的心态,宽广的胸怀,高尚的品德,健康的体魄有助于培养和提高你的风度和气质。

神韵是指神情和风韵,是舞蹈的灵魂,需要丰富和细腻的感情抒发。舞蹈的神韵就是要准确地把握舞蹈的风格。神韵是心的体验,是灵的表露,绝不是靠模仿可以得到的。一招一式地进行模仿,肯定是矫揉造作,毫不生动。把握舞蹈的神韵,一般有两条线索可循:一条是以音乐旋律为主线安排故事情节,另外一条是在整套动作中先安排好一个故事,然后再选择适合的音乐。在舞蹈中表现出高贵、典雅、勇敢、坚毅的神韵。动作准确是基本要求,技术动作需要有协调感、控制力和对地板的反抗力。做好这些还远远不够,还要有丰富的想象力和创造力,要有激情和热情。只有不断地追求舞蹈意境,探寻舞蹈神韵,才能色彩绚丽,光辉照人。舞跳得好不好,一看美感,二看神韵,三看气质。要理解乐曲的情绪,追求舞蹈形象与神韵形象的完美结合,只有在音乐中为其注入神韵,淋漓尽致地展示舞蹈的风格和意境,才能达到"神形兼备"的境界。舞蹈时要尽量跳得柔和自然,与音乐融合为一体。当功力增加时再适当加大动作幅度。在保持舞蹈风格的基础上,动作幅度越大,舞蹈越潇洒。那些真正的成功者更注重隐秘于动作中的那种微妙的,只能意会,却说不出来的东西,其实这才是更难体察、更难把握的最高技巧。只有全身心地投入,舞蹈才具有震撼力。

当然,跳好现代舞还要具备其他方面的要素,如形体与身体的训练,心理素质的培养,加强审美能力,音乐、艺术修养的提高,舞伴间的配合默契,服装设计,舞蹈编排,其他舞种与艺术的借鉴,基础理论的充实,对民族习俗和地域文化传统的理解以及广泛学习与现代舞相关的知识。这些都需要花大力气加以研究,只要你不断地科学系统地努力学习,你就一定会取得成功。

(资料来源:根据网络资料整理)

本章小结

民族民间舞蹈是各民族生活中主要的文化表现形式,也是一切舞蹈意识得以发展的源泉。它是用人类自身的形体动作和思想感情来表现社会生活,不仅表达了当地的民族风尚,也表现了各族人民的心理情感和审美情趣。它凝聚着各族人民辛勤的汗水、聪明的智慧和朴实的情感,是我国民族文化的重要组成部分,是美育中传承民族文化的重要内容。

思考题

1. 通过民族民间舞蹈的学习,请简述傣族、汉族、藏族、蒙古族、维吾尔族的舞蹈特征。
2. 学习民族民间舞之前要做哪些准备工作?
3. 运用课余时间了解不同民族的文化背景和民族历史。

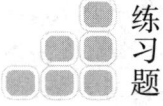

1. 每周训练民族民间舞两次。
2. 分小组，尝试根据所学的内容，重新组合编排舞蹈表演小品。
3. 制定个人训练计划。

第五章教学训练提示

第六章 健美运动

学习目标

知识目标
- 了解人体浅层主要肌肉群的位置与功能。
- 理解健美运动的主要名词概念及锻炼常识。
- 掌握健美运动常用的训练方法。

能力目标
- 培养学生制定个人健美训练计划的能力。

素养目标
- 培养学生的自律性和耐力。
- 培养学生的承压能力。

健美运动是一项通过徒手和各种器械,运用专门的动作方式和方法进行锻炼,以锻炼肌肉、增长体力、改善形体和陶冶情操为目的的运动项目。它是举重运动的一个分支,也是一个独立的竞赛项目。

第一节 人体肌肉常识

在开始进行健美运动训练之前,我们首先要掌握有关人体肌肉的一般常识。了解人体各部位肌群的目的,是清楚各部位肌群的类型、作用及功能等方面的区别,从而做到正确完成各种动作,促进各部位肌肉的发展,使肌肉隆起、线条清晰。

肌肉在人的身体中分布很广,全身约有 600 块肌肉,几乎占体重的 40%~50%。一般的肌肉是按肌肉的类型、形状、位置、功能等分类起名的。肌肉有 3 种类型:一种是受人的意识支配的肌肉,叫作随意肌;另一种是不受人的意识支配的肌肉,叫作不随意肌(如运送食物入胃的肌肉);还有一种叫作心肌,为心脏所特有。按肌肉的位置,分为胸肌、腹肌、腰肌等。按功能,分为屈肌、伸肌等。按形状,分为长肌、短肌、阔肌等。按肌头数,分为二头肌、三头肌和四头肌。按纤维排列方向,分为羽状肌等,羽状肌又分为半羽状肌以及多羽状肌。

下面简要介绍人体浅层主要肌群的位置与功能。

一、上体肌群——正面

（一）胸肌

胸肌主要由胸大肌和胸小肌两部分组成，位于胸前皮下，为扇形扁肌。它可使上臂向内、向前、向上和向下运动，使下臂向内旋转，还能提肋，是吸气的辅助肌。采用俯卧撑、仰卧推举、仰卧飞鸟和双杠臂屈伸等动作练习，可发展胸肌的力量和体积。

（二）前锯肌

前锯肌类似锯齿，常称为锯齿肌。它位于胸廓外侧浅层，可使肩胛下旋，扩展胸部，两臂过头上举，也可上提肋骨，帮助吸气。采用推举、俯卧撑等动作练习，可发展前锯肌的力量和体积。

（三）胸锁乳突肌

胸锁乳突肌位于颈前外方，是颈部浅层最显著的肌肉。它可使头前屈或后仰，使头向左、向右侧屈。当头固定时，胸锁乳突肌收缩可上提锁骨和胸廓，帮助吸气，是辅助吸气肌。采用颈部屈伸、头左右侧摆和头左右转动等动作练习，可发展胸锁乳突肌的力量和体积。

（四）腹直肌

腹直肌位于腹前壁正中线的两侧。它可使脊柱向前弯曲，收腹。采用仰卧起坐、仰卧举腿、仰卧两头起等动作练习，可发展腹直肌的力量和体积。

（五）腹外斜肌

腹外斜肌位于腹前外侧浅层，为扁阔肌。它使脊柱前屈、向同侧屈和向对侧回旋。采用手持哑铃体侧屈及体转等动作练习，可发展腹外斜肌的力量和体积。

（六）腹内斜肌

腹内斜肌位于腹外斜肌深层，与腹外斜肌形状相同，走向相反。它使脊柱前屈、向同侧屈和向同侧转动。采用手持哑铃体侧屈及体转等动作练习，可发展腹内斜肌的力量和体积。

（七）肱二头肌

肱二头肌位于上臂前面浅层。它使肘弯曲，上臂前举。采用手持哑铃反握弯举和反握引体向上等动作练习，可发展肱二头肌的力量和体积。

（八）前臂肌群

前臂肌群包括肱桡肌、桡侧腕屈肌、尺侧腕屈肌，位于前臂内侧皮下。肱桡肌使前臂屈，其余的肌肉有使手腕、手指屈以及外展、内收手的功能。采用手持哑铃弯举、引体向上、正握哑铃腕屈伸等动作练习，可发展前臂肌群的力量和体积。

二、上体肌群——反面

（一）斜方肌

斜方肌位于颈部和背部的皮下，一侧呈三角形，左右两侧相合构成斜方形，故称斜方肌。它可使肩部上提，使头部向后或向两侧屈。采用提拉哑铃耸肩、手持哑铃直臂侧上举、手持哑铃直立扩胸等动作练习，可发展斜方肌肌群的力量和体积。

（二）三角肌

三角肌位于肩部皮下并覆盖肩部，它是一个呈三角形的肌肉，肩部的膨隆外形即由该肌组成。它使上臂前举、侧举、内旋和外展。采用手持哑铃站姿直臂侧平举、前平举和躬身侧平举等动作练习,可发展三角肌肌群的力量和体积。

(三) 背阔肌

背阔肌位于腰背和胸部后下外侧皮下,是全身最大的阔肌,上部被斜方肌遮盖。它有伸前臂和外旋上臂的功能。采用俯卧撑、持哑铃臂屈伸等动作练习,可发展背阔肌肌群的力量和体积。

(四) 肱三头肌

肱三头肌位于上臂后面皮下。它有伸前臂和外旋上臂的功能。采用俯卧撑、持哑铃臂屈伸等动作练习,可发展肱三头肌肌群的力量和体积。

(五) 前臂肌群

前臂肌群包括桡侧腕长伸肌、尺侧腕伸肌等肌肉,位于前臂背侧皮下。它们能使手屈、伸、外展和内收。采用反握哑铃腕屈伸动作练习,可发展前臂肌群的力量和体积。

三、下肢肌肉——大腿

(一) 股四头肌

股四头肌位于大腿前表皮下,有四个头,即股直肌、股中肌、股外肌和股内肌。它是人体内体积和力量最大的肌肉。它有伸膝和屈髋的功能。采用持哑铃深蹲和伸小腿等动作练习,可发展股四头肌肌群的力量和体积。

(二) 臀大肌

臀大肌位于骨盆后外侧面,维持人体直立姿势,是比较发达的肌肉,在体表能触摸到。它使大腿后伸、外展、旋外、内收并维持人体的直立姿势。采用俯卧举腿、持哑铃深蹲、躬身举等动作练习,可发展臀大肌肌群的力量和体积。

(三) 缝匠肌

缝匠肌位于大腿前内侧,是大腿前细长的肌肉,贯穿大腿至小腿。它有使大腿屈、旋外,小腿屈、旋内的功能。采用仰卧"剪腿"、踢毽子等动作练习,可发展缝匠肌肌群的力量和体积。

(四) 股二头肌

股二头肌位于大腿后面外侧皮下,有长短两个头。它有使小腿屈和旋外、大腿内旋或外旋的功能。采用持哑铃屈小腿和深蹲等动作练习,可发展股二头肌肌群的力量和体积。

四、下肢肌肉——小腿

(一) 小腿三头肌

小腿三头肌位于小腿后面浅层,很容易摸到,特别发达,使小腿后部隆起。它有三个头,位于浅面的两个头是腓肠肌,第三个头位于腓肠肌深层,是比目鱼肌。它有伸膝、屈小腿、屈足的功能。采用持哑铃提踵、足尖行走、蹲跳等动作练习,可发展小腿三头肌肌群的力量和体积。

(二) 胫骨前肌

胫骨前肌位于胫骨外侧,使足伸(背屈)、内收、外展并维持足弓。采用持哑铃勾脚举等动作练习,可发展胫骨前肌肌群的力量和体积。

第二节　常用名词概念

健身者要独立制定健身锻炼计划或健身运动处方,就必须了解和掌握下面的常用名词概念。

一、运动量

运动量也称运动负荷,是指人体在身体练习中所能完成的生理总负荷量。它包括重量、组数、次数、强度、密度、时间、速度和完成动作的质量等要素。这些要素相互联系和制约,改变任何一种要素,都会直接影响运动量的大小。

二、生理负荷量

生理负荷量是指人体对运动作用(锻炼量和练习量)反应的量,即引起生理机能反应的量、范围或身体反映出来的征象。它主要用生理、生化指标来计量或表示。由于年龄、性别、体质、健康状况及锻炼水平的差异,即使承担同样的运动量,不同人体所引起的生理功能反应也是不同的,所以它是评定运动量大小的客观依据。

三、重量

重量是指在健身运动时练习某一动作每组锻炼的重量和每次锻炼的总重量,包括所用器械的重量和人体本身的重量,也称练习负荷,单位为千克。练习的重量以个人力量的大小为标准,一般可分为极限重量、大重量、中等重量和小重量。极限重量是指个人最大力量的100%以上,也就是说按照规定的动作姿势用全力只能完成一次所用的重量。大重量是指个人最大力量的80%~100%。中等重量是指个人最大力量的60%~80%。小重量是指个人最大力量的50%以下。在重量概念中还经常出现RM(Repetition Maximum的缩写)这样的标记,意思是在疲劳前能按规定的重复次数举起的最大重量,如8RM即为能举起8次的最大重量。

四、密度

密度是指单位时间内重复练习的量。它体现着锻炼中时间与数量的关系,分为单个动作密度和一次锻炼课的总密度。如果每组练习之间和每个动作练习之间的间歇短,就称为密度大。反之,则为密度小。我们通常用动作完成的组数除以锻炼时间所得的商数(组数/分钟数)来表示单位时间的重复组数;用动作完成的次数除以锻炼时间所得的商数(次数/分钟数)来表示单位时间的重复次数。

五、组数

一个动作按规定的方法连续重复进行若干次的总和,称为一组。间歇之后,再按原方法连续重复进行若干次为另一组。一个动作所做的若干组的总和称为组数。它有单个动作组数和一次锻炼课中所有动作总和的组数之分。一般可分为低组数(完成1~3组)、中组数(完成4~6组)、高组数(完成6组以上)和复合组数(由2~3个动作组成,先做某个动作若干次,不加间歇或只加极短间歇即做另1~2个动作若干次所合成的一组)。

六、次数

次数是指一个规定动作在一组练习中所重复运动的次数总和。按规定的动作姿势,徒手或持器械后,每练习一下就为一次。通常一个动作连续重复1~5次为少次数。一个动作连续重复6~12次为中次数。一个动作连续重复13~20次为多次数。一个动作连续重复20次以上为超多次数。一个动作能做多少次就做多少次称为不限次数。

七、时间

时间是指在一次锻炼课中包括的锻炼总时间、单个或成套动作完成的时间、一个动作与下一个动作之间的间歇时间、组与组之间的间歇时间以及锻炼中完全休息的时间等。锻炼的间歇时间一般可分为极短间歇(休息10秒钟以内)、短间歇(休息10~30秒钟)、中间歇(休息30~60秒钟)、长间歇(休息60~180秒钟)和停练(休息180秒钟以上不作为间歇)。

八、绝对力量

绝对力量也称单纯性力量,是指在相对较慢的速度状态下,人体或人体某部分所能克服最大阻力的能力。也就是我们通常所称的"力量"。

九、锻炼适应

锻炼适应是指由于健身锻炼而产生的有机体与施加负荷的外环境不断地取得平衡的过程。在健身锻炼中引起适应过程的外环境变化包括施加锻炼负荷、改变锻炼内容、变换锻炼环境与条件等。例如,健身锻炼者在系统锻炼的开始阶段,或在承受一个新的不习惯的锻炼负荷后,机体反应往往相当强烈,疲劳过程也比较深,会出现思睡、肌肉酸痛、体重减轻、安静时脉搏加快、血压偏高等不适应现象。经过一段时间的锻炼后,上述不适应现象消失了,机体各种活动取得协调,运动器官和内脏器官的机能及其恢复能力都得到提高。机体安静时出现各种机能节省化现象;健身锻炼时表现出相对较高的运动能力;完成锻炼计划后反应程度较小,恢复过程短。这些都是机体对锻炼负荷已经产生适应的表现。

十、锻炼过度

锻炼过度是指人体机能状态的一种病理反应。由于身体锻炼持续不断,经常承受最大的生理负荷,超过人的生理极限,引起人体过度疲劳,工作能力下降。早期表现为身体机能障碍,常有疲倦、头晕、反应迟钝等感觉,也可能出现胸闷、恶心、呕吐等症状。若症状加重可有形态学病变,应做专门医疗,调节健身锻炼计划。

十一、休息方式

休息方式是指健身锻炼后或锻炼间歇的休息方式。它有积极性休息和消极性休息两种方式。积极性休息是指通过负荷强度小的轻松自然的身体练习来加速有机体机能水平的恢复。消极性休息也就是指安静或静止的休息。通常的做法是把两种休息结合起来,以积极性休息为主,先进行积极性休息,然后再进行消极性休息,往往会取得良好的效果。

第三节 健美练习常用的动作

器材与设备是开展健美运动的重要物质手段,常用器材有杠铃、哑铃、卷绳棒、跳绳、垫子、单杠、双杠、组合器械等,其中杠铃与哑铃是健美锻炼最基本、最有效的器械。下面就以杠铃与哑铃为主要锻炼器械介绍身体各部位肌肉健美的简单、常用的动作与方法。

一、肩部肌肉健美练习

肩部肌肉群主要是三角肌,还包括肩胛提肌、冈上肌、冈下肌、大圆肌、小圆肌和斜方肌的一部分。发达的肩部肌肉的重点在于三角肌的锻炼。在锻炼三角肌的过程中,其他肌肉也会随之得到锻炼和增长。

(一) 握杠铃提肩

1. 准备姿势

双手正握杠铃于腿前,手臂及腿均伸直。

2. 练习方法

身体不动,利用肩部肌肉发力,反复做向上提肩(耸肩)动作(见图6-1)。

(二) 持杠铃前上举

1. 准备姿势

双手正握杠铃于腿前,手臂及腿均伸直。

2. 练习方法

双手同时向上提起杠铃至头顶高度。上举时,肘关节要外展,杠铃始终保持在距脸部 30 cm 处。提至头顶后,慢速放下。整个过程要保持稳定的节奏(见图6-2)。

(三) 上举—侧平举

1. 准备姿势

两脚自然开立,两手持哑铃置于肩部。

图6-1

图6-2

图6-3

2. 练习方法

双手同时上举哑铃（见图6-3），过头后双肩外展，掌心向外翻，下降成侧平举（见图6-4）。然后还原成开始姿势，重新开始。上举时臂不要伸直即开始外展肩部。侧平举时双臂要伸直。

（四）俯卧飞鸟

1. 准备姿势

俯卧于长凳上，双手持哑铃于长凳下，手臂稍屈，两脚交叉伸直。

2. 练习方法

双手同时向外侧举成飞鸟姿势，反复进行（见图6-5）。

图6-4

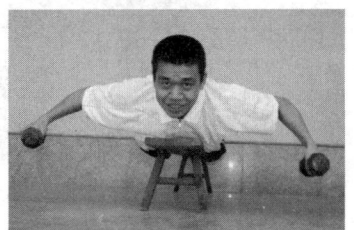

图6-5

（五）交替前举

1. 准备姿势

双手持哑铃分别置于大腿侧面，肘关节稍弯曲，手腕自然弯曲，掌心向后。

2. 练习方法

首先向前举起一侧哑铃（见图6-6），还原的同时举起另一侧哑铃，交替进行（见图6-7）。前举时，哑铃的高度不要超过头，双臂举的速度要相同。

图6-6

图6-7

（六）侧前平举

1. 准备姿势

两腿自然站立，双手持哑铃于大腿前面，掌心相对，肘关节稍弯曲。

2. 练习方法

先向两侧同时举起哑铃（见图6-8），然后向前平举（见图6-9），还原成开始姿势时重新开始。在练习过程中，肘关节要始终保持稍弯曲，掌心向下，在整个动作过程中速度要缓慢。

图 6-8

图 6-9

二、胸部肌肉健美练习

胸部肌肉群主要包括胸大肌、胸小肌、前锯肌和肋间外肌。在健美训练中把胸部肌肉分为上下两部分，练习动作、练习方法不同，对肌肉的发展部位也就不同。

（一）仰卧卧推

1. 准备姿势

仰卧在卧推架上，双手分开比肩宽，握住杠铃。挺胸收小腹，腰背用力收紧，使腰背部离开凳面，仅以肩部和臀部触及凳面，双脚平放于地。

2. 练习方法

双手用力将杠铃推起并离开支架，停稳，深吸一口气，屈臂使杠铃下落至胸部（见图6-10），然后推起，推直后吐气（见图6-11）。在整个动作过程中，要把意念集中在胸大肌用力上。

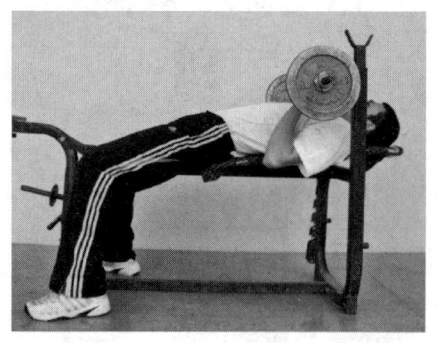
图 6-10

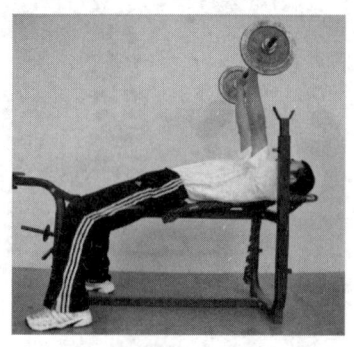
图 6-11

（二）斜上卧推

1. 准备姿势

仰卧于斜板上，头高脚低，宽握杠铃置于胸部上方（见图6-12）。

2. 练习方法

深吸一口气，双手将杠铃垂直上推，推至手臂伸直并呼气（见图6-13），静止1~2秒钟，平缓地下落杠铃至原位。再以稳定的节奏重复进行。注意斜板不能太陡，否则练习的不是胸肌而是肩部。

图6-12　　　　　　　　　　　图6-13

（三）仰卧飞鸟

1. 准备姿势

仰卧于长凳上，双手各持哑铃，手臂向上伸直，双脚抬起（平放也可）。

2. 练习方法

双手同时向两侧分开缓缓下落，两肘稍屈，落至不能再低时止，静止1~2秒钟，同时让胸大肌充分展开（见图6-14）。然后从两侧向上合拢成开始姿势。在整个练习过程中，手心向上，两肘屈曲，每次侧落都要到最低点。

（四）仰卧双臂上拉

1. 准备姿势

仰卧于长凳上，双手正握杠铃或哑铃，两臂头上方伸直，与地面平行，两脚平放凳上。

2. 练习方法

两臂保持伸直，将哑铃或杠铃向上、向前拉起（见图6-15），经垂直部位继续向前下落至腹腿部位（见图6-16），然后拉起向后回至原位。回到原位时，尽量向远处伸展，充分拉开胸大肌，静止几秒钟，又重新开始。向后（朝头的方向）拉举时吸气，向腹腿部拉举时呼气。整个练习过程动作速度要均匀、平缓。

（五）仰卧哑铃大绕环

1. 准备姿势

仰卧于长凳上，双手持哑铃向上伸直双臂，掌心相对，两腿平放（见图6-17）。

2. 练习方法

先按"仰卧飞鸟"动作，向两侧展开双臂（见图6-18），当向下落到最低时，变为向前朝着脚的方向移动至大腿外侧（见图6-19），再继续举成开始姿势。然后再重复做。在动作过程中双臂行进的速度要缓慢。

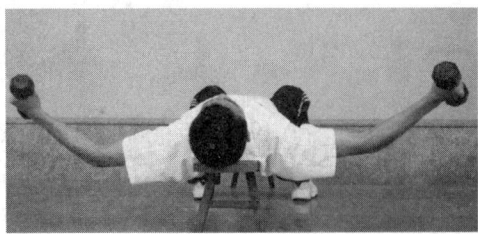

图 6-14

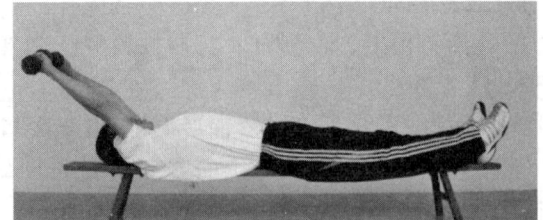

图 6-15

图 6-16

图 6-17

图 6-18

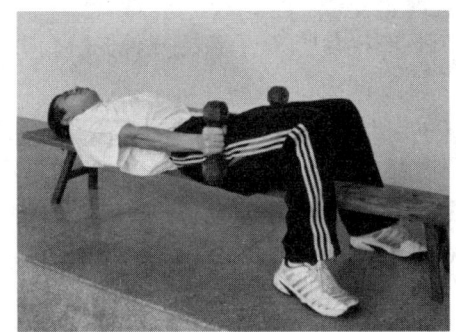

图 6-19

三、背部肌肉健美练习

背部肌肉群以上背部的斜方肌、中背部的背阔肌和下背部的骶棘肌为主。健美的 V 字形体形就是以发达的背阔肌肉体现的。

（一）俯身提铃

1. 准备姿势

两脚分开站立,俯身双手正握杠铃,腿稍屈。

2. 练习方法

双手正握杠铃,用背阔肌收缩的力量将杠铃提拉起,触及腹部后静止 1～2 秒钟(见图 6-20),让杠铃缓慢下落至开始姿势,重新提拉。提拉时意念集中在背阔肌用力,上体不要摆动,腰要收紧。如果握距宽,那么提杠铃至腹部主要是锻炼背阔肌下部。反之,握距窄,提杠铃至胸部则主要是锻炼背阔肌上部。

(二) 单手俯拉哑铃

1. 准备姿势

单手俯撑于凳上或高台上,身体前倾,另一只手握哑铃于身前,掌心向内。

2. 练习方法

保持身体正直位置不动,利用收缩背阔肌的力量使握铃手臂上拉,尽量拉得高一些(见图6-21),稍停,再放下成开始姿势。做数次换手练习。

图 6-20

图 6-21

(三) 单手哑铃划船

1. 准备姿势

单手撑于长凳上或高台上,上体前倾,背部与地面接近平行姿势。另一只手持哑铃伸直手臂与地面垂直,抬头向正前方看,保持背部挺直。

2. 练习方法

持铃手将哑铃拉起,做到尽可能将肘部后拉,直到哑铃与躯干大致平行为止(见图6-22)。之后慢慢将哑铃尽可能向上"划动"(见图6-23),再慢慢将哑铃放回,恢复至预备姿势。完成一侧练习后,用同样的方法进行另一侧的练习。

图 6-22

图 6-23

(四) 直腿硬拉

1. 准备姿势

两脚分开或并拢站立于宽约 20 厘米的垫木上,两腿伸直,向前屈体,两手正握杠铃。握距稍宽于肩,不要低头。

2. 练习方法

利用背部肌肉收缩的力量,将上体向上、向后挺起(见图 6-24),上体尽量后倾。停稳后静止几秒钟,把杠铃徐徐放回至原位。在练习过程中,双腿始终要伸直,动作要平稳,所用重量不宜过大。

图 6-24

四、臂部肌肉健美练习

臂部肌肉群包括上臂肌肉群和前臂肌肉群,上臂肌肉主要是肱二头肌和肱三头肌。前臂肌肉群共有 19 块肌肉,又分为前群浅层与深层肌、后群浅层与深层肌 4 个部分。锻炼臂部肌肉主要是练上臂肌群。在练上臂肌群的同时,小臂肌群也得到发展。在练肱三头肌时,不要用非常大的重量进行练习,否则会引起"网球肘"(肘关节剧烈疼痛)。

(一) 窄卧推举

1. 准备姿势

仰卧在水平长凳上,两手分开 30 cm 握住杠铃,双腿屈膝。

2. 练习方法

两臂伸直,举杠铃于胸上方,然后慢慢把杠铃放下至胸部,同时两肘外展(见图 6-25),深吸一口气,把杠铃推起至双臂伸直(见图 6-26),重复进行。推起时,意念集中在肱三头肌上,用肱三头肌发力,不要借助胸大肌的力量。

图 6-25

图 6-26

(二) 仰卧哑铃屈伸

1. 准备姿势

仰卧在水平长凳上,双手持哑铃向上伸直双臂,掌心相对(见图 6-27)。

2. 练习方法

曲肘,上臂保持不动,前臂慢慢向肩膀落下,肘部紧夹向上(见图 6-28)。练习时注意肘部的内敛与方向,向上而非向外张开。

(三) 站立杠铃弯举

1. 准备姿势

双脚开立约与肩同宽,双手体前反握杠铃,双手间距约为肩宽。挺胸直肩,像立正姿势(见图6-29)。

2. 练习方法

慢慢向上屈肘弯举杠铃,上臂贴近体侧,肘关节垂直向下(见图6-30),然后慢慢有节制地将杠铃放下,回复到预备姿势。练习时,双手握杠铃不要过窄或过宽,这两种情况都将给手腕和肘部造成压力。在举起杠铃后,肘关节应垂直于地面,不要戳在肋骨处寻求支撑,也不要外翻。

图6-27

图6-28

图6-29

图6-30

(四) 肘固定弯举

1. 准备姿势

上体向前靠在一块与地面平行的平板或桌面上,双手反握杠铃,也可双手握哑铃练习,肘稍屈(见图6-31)。

2. 练习方法

收缩肱二头肌,使杠铃弯举至脸前(见图 6-32)。在举起和放下时,手臂始终保持屈曲状态。

图 6-31

图 6-32

五、腰腹肌肉健美练习

腰腹肌肉群包括腹部正中的八块腹直肌,腹部左右的外斜肌,腰两侧的腰大肌、腰小肌和髂腰肌。腰腹肌发达,不仅能促进人体的体形健美,而且有助于保护腹腔的内脏器官。

(一) 负重转体

1. 准备姿势

两脚开立稍宽于肩,肩负杠铃,身体直立。

2. 练习方法

利用腰腹力量使身体侧转 90°,停稳(见图 6-33),静止 1~2 秒钟,再转回原位,然后向另一侧转。反复进行,在转动过程中速度要均匀、平缓,腿部不要跟着转动。

(二) 转体俯身弯起

1. 准备姿势

两脚开立稍宽于肩,肩负杠铃,身体直立。

2. 练习方法

上体侧转 90°,停稳(见图 6-34),然后向侧屈上体至不能屈下时为止(见图 6-35)。上体抬起,稍停,最后转体回原位。按同法再向另一侧转体。整个动作要匀速进行。

(三) 侧倒屈伸

1. 准备姿势

两脚开立稍宽于肩,肩负杠铃,身体直立,双手扶住杠铃片。

2. 练习方法

利用收腰力量使身体向一侧侧倒(见图 6-36),静止 2 秒钟。还原成开始姿势,再向另一侧侧倒。在动作过程中,速度要缓慢。双脚要伸直,上体不要前倾。反复进行。

图 6-33　　　　　　图 6-34　　　　　　图 6-35　　　　　　图 6-36

（四）仰卧起坐转体

1. 准备姿势

仰卧于垫上（或斜长凳上，头下脚上，双脚用皮带固定），双腿伸直，可让人压腿固定，双手抱头，身体伸直。

2. 练习方法

利用收腹的力量使上体坐起，在坐起的过程中，上体逐渐向一侧转体。坐起后静止2秒钟（见图6-37），然后慢慢后仰倒下成开始姿势，再向另一侧起坐。反复进行。

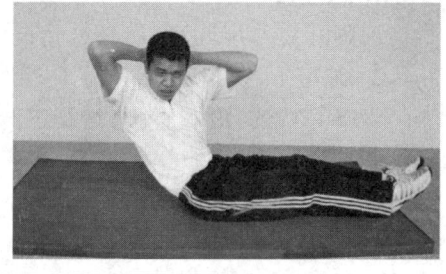

图 6-37

（五）直腿上举

1. 准备姿势

仰卧于垫子上，身体伸展，腿伸直，双手抱头。

2. 练习方法

收腹，将双腿直腿缓慢抬起一直到与胸接近时静止2秒钟（见图6-38）。然后慢慢放回成开始姿势，再做。在练习过程中，双腿始终并拢伸直。

（六）元宝收腹

1. 准备姿势

仰卧于垫子上，双手抱头，双脚并拢或交叉勾住。

2. 练习方法

利用收腹的力量，使头脚同时收起，当膝关节与脸部接近时静止2秒钟（见图6-39）。然后头、脚分别慢慢后仰和放下，放至头几乎接触地面，小腿与地面平行时，再开始收起。反复进行。

图 6-38　　　　　　　　　　图 6-39

六、腿部肌肉健美练习

腿部肌肉群包括大腿肌肉群和小腿肌肉群。大腿肌肉群主要是前面的股四头肌和后面的股二头肌、臀大肌。小腿肌肉群主要是前面的胫骨前肌、胫骨后肌和后面的小腿三头肌。

(一) 负重深蹲

1. 准备姿势

两脚开立与肩同宽,肩负杠铃,双手宽握杠铃,身体直立。

2. 练习方法

挺胸直腰,慢慢下蹲,蹲至最低点时站成开始姿势(见图6-40)。如此匀速进行。下蹲时,背部要始终挺直,肩部保持在脚跟的垂直线前面。

(二) 负重平行蹲

1. 准备姿势

两脚开立与肩同宽,肩负杠铃。

2. 练习方法

深吸一口气,挺胸直腰,缓缓下蹲(见图6-41),蹲至大腿与地面平行时,静止3~5秒钟。然后站起还原,再做。

(三) 弓步蹲

1. 准备姿势

两脚开立与肩同宽,肩负杠铃。

2. 练习方法

一只脚向前跨一大步,脚尖稍向内偏,全脚掌着地。后脚脚跟提起,前脚掌撑地。重心落于身体中间,成弓步静止2秒钟(见图6-42),双脚蹬直向后转,又成弓步下蹲。如此反复进行。在练习过程中,弓步要大,尽力下蹲,上体始终垂直。

(四) 后弯举小腿

1. 准备姿势

站于一个高台上,一只脚上系一个哑铃悬于台外,另一只脚伸直支撑体重,一手扶墙。

2. 练习方法

系哑铃的腿收缩股二头肌使小腿向后弯曲,屈至最高点(见图6-43),静止2秒钟。然后慢慢向下收回小腿成原姿势,反复进行。在动作过程中,大腿要固定,不能摆动。

(五) 坐姿伸小腿

1. 准备姿势

坐于板凳或高台上,上体正直,双手撑于两侧,双脚系上哑铃下垂。

2. 练习方法

收缩股四头肌使小腿向前伸出,腿全部伸直时静止2秒钟(见图6-44)。然后慢慢使小腿下落成开始姿势,重新开始。

(六) 负重提踵

1. 准备姿势

两脚开立与肩同宽,肩负杠铃,身体挺直。

2. 练习方法

利用收缩小腿后群肌肉使脚跟提起（见图 6-45），越高越好，静止 2 秒钟。慢慢回落成开始姿势，再做。

（七）坐式提踵

1. 准备姿势

坐于凳上，手握杠铃置于大腿前部。上体正直。

2. 练习方法

收缩小腿后群肌肉使脚跟提起（见图 6-46），尽力提高些，静止 2 秒钟。慢慢回落至脚跟低于垫木，再开始提踵。

图 6-40

图 6-41

图 6-42

图 6-43

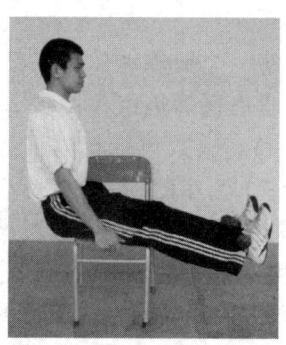
图 6-44

图 6-45

图 6-46

第四节　健美运动的训练方法

健美运动是凭借力量训练手段开发和塑造人体肌肉形象的过程。在具体练习时，用多重的重量、练习多少组数、时间如何安排、肌肉练习顺序等常识是健美爱好者必须掌握的训练技巧。

下面简单介绍健美运动的训练方法。

一、肌肉练习顺序安排

在训练中,将全身各部位分为大肌肉群和小肌肉群。胸、背、大腿和肩为大肌肉群,肱二头肌、肱三头肌、前臂、小腿为小肌肉群,腹部为特殊肌肉群。

训练时,首先要遵循"大肌肉群优先"的原则。它是指腿部、胸部、肩部和背部这些大肌肉群练习需要使用较重的负荷才能取得效果,所以,当受训者精力充沛、能够克服较重的负荷时,就要先练这些肌肉。若等到训练课快结束时再练这些肌肉,那就力不从心了,效果也会大打折扣,甚至会出现伤害事故。

其次,在肌肉群训练安排上要遵循"全面发展"的原则。它是指健美运动要全面协调地发展全身各部位的肌肉,所以,练习时一定要注意全面锻炼身体的每一个部位、每一块肌肉,不可只练自己感兴趣的肌肉,否则,不但达不到体形健美的目的,反而可能练出畸形的体形。每个部位的肌肉群在一周内应得到两次以上的锻炼,每周除保持全身各部位的肌肉群都有锻炼机会外,每一个局部肌肉群还必须有一天以上的休息时间。

最后,在训练中还应遵循"肌肉轮流交替训练"的原则。肌肉轮流交替训练是指不同肌肉群的动作练习可交替进行,同一块肌肉不要连续进行练习。交替训练的肌群在每一次练习后能得到一定的恢复,因此在下次练习时能相对承受更大的负荷。由于肌肉力量和体积的发展与训练强度密切相关,所以交替训练更有利于消耗脂肪、增长肌肉体积和力量。这里值得一提的是,初练者不宜进行两个相同性质的动作练习,其目的是让参与运动的肌肉群能得到足够的休息,以避免连续"作战"而引起过度疲劳或伤害事故。

二、运动负荷安排

(一) 运动强度

运动强度包括了练习的组数、练习的次数以及重量等方面。每一个锻炼动作需练习若干组,这样被刺激的肌肉才能进入状态,肌肉的体积才能增大。一般大肌肉群锻炼组数可多一些,小肌肉群锻炼组数可少一些,原则上小肌肉群的组数是大肌肉群的2/3。次数包括每周训练次数以及每一个动作练习的次数两种。通常每周训练3次为宜,每次1~1.5小时,每次锻炼应包括肌肉各个部分肌肉群。如每天坚持锻炼者,可将肌肉群分为两个部分,隔天练习,保证肌肉能有效地恢复。练习次数根据练习目的各异而有所不同。以增长力量和体力为主要目的时通常采用少次数(1~5次)和大重量(最大力量的80%~100%)来练习。以增长肌肉块为主要目的时通常采用中次数(6~12次)和中等重量(最大力量的60%~80%)来练习,其中初级、中级阶段一般为8~12次,高级阶段为6~8次。以锻炼小肌肉群和增长肌肉的线条弹性为主要目的时通常采用多次数(13~20次)和中小重量(最大力量的50%~60%)来练习。以减缩局部皮下脂肪和增强肌肉弹性为主要目的时通常采用超多次数(20次以上)和小重量(小于最大力量的50%)来练习。随着训练水平的提高,大多数练习者为了加深对肌肉的刺激,往往采用4~6次/组的大重量训练方法,但值得指出的是加大重量后应该时刻告诫自己要更加注意动作的规范与避免受伤,否则就得不偿失了。

健美锻炼者采用不同的负荷重量、不同的重复次数和练习组数等,会对肌肉锻炼产生不同的作用。也就是说,要实施不同目的的锻炼,就得使用不同的锻炼方法。例如,要发展绝对力量就应该用大重量、多组数(6~10组)、小次数(1~5次)、混合速度以及较大密度进行锻炼。要发展速度力量就应该用中重量、中组数(4~6组)、较多次数(5~15次)、快速度以及中等密度进行锻炼。要发展力量耐力就应用小重量、少组数(2~4组)、多次数(15~30次以上)、快速或慢速以及较小密度进行锻炼。

(二) 组间间歇

组间间歇是影响运动负荷强弱的因素之一。在两组之间,要有一个最合适的休息时间,时间过短,肌肉不能从疲劳中恢复过来;时间过长,不但上一组训练的痕迹消失,达不到应有的效果,还会影响训练情绪,引起伤害事故。因此,组间间歇必须合理,才能使肌肉保持最佳兴奋状态。通常以增长力量、提高肌肉素质为目的,采用的大重量、小次数、快速度完成动作的组间间歇时间为60~120秒钟。以提高力量、锻炼肌肉、增长肌肉块为目的,采用的中重量、中等次数、中速完成动作的组间间歇时间为45~60秒钟。以提高肌肉耐力、去脂减肥、增进肌肉弹性、提高心肺功能为目的,采用的小重量、多次数、快速度完成动作的组间间歇时间为20~30秒钟。为了保证训练的连续性和尽快地从疲劳中恢复过来,组间间歇时不能采用躺卧、静止等静止不动的休息方式,而应采取积极性休息手段。可先深呼吸,增加吸氧量,再对练习的肌肉群做快速抖动、有节奏按捏以及做一些使肌肉充分拉长的伸展动作,以尽快消除肌肉紧张状态,达到恢复的目的。

(三) 动作速度

动作速度也是影响运动负荷的因素。在力量训练中有两种发力方式:一种是变速发力;另一种是等速发力。变速发力是指肌肉收缩时快、伸展时慢的发力方式。等速发力是指肌肉收缩与伸展的速度几乎相等的发力方式。通常在准备活动、热身活动以及以减缩局部皮下脂肪、增加肌肉弹性为目的时采用等速发力。在练肌肉的爆发力、以增大肌肉体积为目的时采用变速发力。在练小肌肉群时通常都采用变速发力进行。

三、运动后的恢复与营养

(一) 最佳的恢复休息手段

经过较大强度、较大运动量的力量训练后,恢复的好坏至关重要,只有充分的恢复才能消除疲劳,获得超量恢复才能使肌肉不断地增长。没有合理的恢复休息手段的保证,就不可能有训练效果。恢复过程时间的长短取决于训练水平、运动负荷以及身体机能状态等因素。一般来说,一次训练之后,要有48小时的休息,要使肌肉完全恢复,则至少需要72小时。

恢复主要有消极性恢复和积极性恢复两种形式。消极性恢复是指一般的静止休息、睡眠等。睡眠时,中枢神经系统尤其是大脑皮质的抑制过程占优势,有利于能量物质的合成过程、排除代谢产物、消除疲劳以及肌肉的恢复和增长,因此,力量训练后必须有足够的睡眠。积极性恢复是指用转换活动内容的方法进行恢复,如运动后的整理活动、物理和机械的放松与按摩、适当补充维生素、心理放松等。训练后的整理活动有助于人体由激烈的活动状态转入安静状态,使静脉血尽快流回心脏,加快整个机体恢复,防止出现急性脑缺血、血压降低等不良现象。整理活动包括深呼吸和较缓和的活动,如慢跑、四肢放松摆动等。训练后进行相互按摩和自我按摩,可使肌肉中的乳酸尽快排出或转化,促使肌肉放松,消除疲劳。按摩一般在运动结束后20~30分钟或晚上睡觉时进行。有条件的也可采用电动按摩或水力按摩。

训练结束 20~30 分钟后,最好洗个温水澡。温水澡对心脏和神经系统有镇静作用,能保持皮肤清洁,促进血液循环,排除体内废物,消除肌肉紧张,减轻酸痛感,加快机体恢复。

(二) 合理的营养

合理的营养摄取和严格的饮食制度是增长肌肉体积、保持健美体形不可忽视的条件。人体需要的主要营养素是蛋白质、碳水化合物、脂肪、维生素和矿物质。关键是如何补充这些营养素。对于练习者来说,一般蛋白质的需要量约占 1/3,碳水化合物约占 2/3,脂肪的需要量很少。要使肌肉体积增长,关键是掌握好蛋白质的日需要量。蛋白质在体内需要 2~4 小时才能被消化吸收,所以,蛋白质必须不断地补充,而不能一次摄取过多。一般来说,每千克体重至少摄入 2 克蛋白质。力量训练还需大量的碳水化合物,以提供热能。大负荷的训练会不断地消耗体内的糖原储备。碳水化合物可保证训练时能量的供应和体内糖原的储备。如果糖原储备过低,就会迫使身体用蛋白质作为能源,长此以往,肌肉不但不会增长,反而会缩减。

除正常饮食外,还得根据需要适当补充一些营养品。主要有三大类,即为增长和修补肌肉所需的高蛋白粉和氨基酸,为提供热能和增强耐力的碳水化合物粉或饮料,为补充食物供应不足的维生素和矿物质。

训练中水的摄入也很重要。水不仅可以加快体内废物的排出,而且对维持正常生理功能十分重要。研究表明,如果体内缺水超过 3%,运动能力就大大降低,健康就会受到损害。因此,在训练前、训练后和训练中都要饮水,不要到口渴才喝。通常以少量多次、温开水为宜,可在每组休息时喝一小口,约 25 毫升,也可每 5 分钟左右补一次水,每次饮水量不超过 100 毫升。如果训练课内容较多,时间拉得较长,能量消耗较大,则可适当补充含糖量在 3% 以下的原果汁饮料。热天锻炼出汗量大,无机盐大量流失,补水应以温淡盐水为主。

第五节　制定个人训练计划

制定个人训练计划是为了保证锻炼更具有科学性、更符合实际,克服锻炼的盲目性和随意性,做到有步骤、有系统地锻炼。同时也为了检查锻炼的方法和效果,总结经验教训。此外,按计划锻炼也是对自己的一种约束,可以督促自己坚持锻炼,不断地提高锻炼的质量和水平,达到预期的目的。

一、依据

制定个人训练计划应以个人的体质状况、体力强弱、年龄、性别、工作情况、劳动强度、生活条件以及锻炼目的为依据,充分做好制定个人训练计划前的各项准备活动。

在准备锻炼之前,个人要有一个大致的规划和设想,明确锻炼的目标和基本要求。例如,有人为了增长肌肉,有人为了矫正身体某部位微小的畸形,有人为了增长体力,有人想达到某种体格标准,有人纯属为了减肥,有人想参加健美比赛等。目的不同,计划也就各异。

除明确锻炼目的外,个人还应十分清楚自己的基本情况,主要包括身体健康状态、身体素质水平、体形类别、身高和骨骼的粗细、体重与胖瘦、个性特点与毅力、工作性质与空余时间、生活水平等。全面分析以上自己参加锻炼的可行性,使制定的计划更符合个人的实际情况。

制定个人训练计划必须考虑锻炼的场地和器械条件,是在家中自备场地和器械,还是到健身房、健身馆进行锻炼,都要做到心中有数。这样,根据锻炼条件,我们才能设计出切实可行的健美锻炼计划。

二、锻炼计划的种类及内容

锻炼计划有多种,通常以时间的长短来划分,包括多年锻炼计划、年度锻炼计划、阶段锻炼计划、周锻炼计划和课时锻炼计划5种。在这5种锻炼计划中,阶段锻炼计划、周锻炼计划和课时锻炼计划对健美锻炼者来说最为重要,对锻炼的效果起着直接的、决定性的作用。它们是否能顺利完成,对多年锻炼计划、年度锻炼计划的锻炼指标和任务将产生重大影响。因此,我们必须认真合理地设计好阶段锻炼计划和周锻炼计划,更重要的是设计好课时锻炼计划。下面主要介绍制定周锻炼计划和课时锻炼计划时应包括的内容。

周锻炼计划的主要内容包括每周锻炼的次数、时间、运动量的安排,每次锻炼的方法、身体部位、器械和动作的选择,周锻炼小结。

课时锻炼计划的主要内容包括每个课时锻炼的任务及要求,每个课时要锻炼哪几个部位的肌肉,每个部位做哪几个动作,每个动作练多少组,负重多少,每组练多少次,组间间歇时间多少秒,每个课时的各部位肌肉练习的总组数,每个课时的综合组数。

制定个人训练计划时,不可盲目仿照国内外一些优秀健美运动员和明星的训练手段。有时宁可训练不足,也不要训练过度。当自己感到身体不适或变得更强壮时,我们应及时调整个人训练计划,以满足身体的需求。一个完善的锻炼计划应使锻炼者能从中获得最大的收益且都能做到以下四个方面:

第一,确切了解锻炼怎样开始,从哪着手,每一步该做什么。

第二,轻松、适度、顺利地进行锻炼,不会引起受伤和惊慌,也不介意练了多长时间。

第三,稳定地朝着既定的目标前进。

第四,在锻炼过程中对测定的锻炼效果感到满意。

相关链接

韦德健美训练法则

韦德健美训练法则是世界上最普遍、最成功的健美法则。它是加拿大的本·韦德和其兄乔·韦德共同研究并归纳出的训练方法。

一、初练者的训练法则

(一)渐进性超负荷法则

取得效果的关键是使你的肌肉去担负比它已习惯的更重的工作,使肌肉承担不断增大的负荷,就是循序渐进地提高练习的重量与密度。
（二）多组练习法则
对每个动作要进行多组训练,以使每一块肌肉都能彻底地得到锻炼。
（三）动作多变法则
为了避免肌肉的适应性,经常改变动作组合,给肌肉以新的刺激。
（四）孤立锻炼法则
对要发展的肌肉部位要尽可能地不借助其他部位用力,单独承受负荷来集中刺激肌肉。

二、中级阶段训练法则

（一）优先训练法则
对于身体最弱或重点要加强的部位,安排在训练课的最前面,以充沛的精力、体力保证训练质量。
（二）金字塔法则
先用你一次能举起的最大重量的 60% 做 15 次,随后增加重量,减少次数,直到可以用 80% 的最大重量做 5~6 次为止。
（三）分部练习法则
把身体分为上下两部分或三部分,对每部分各采用更多的锻炼动作和组数,分别在不同的锻炼日来练,以增加锻炼的全面强度。
（四）大量充血法则
使用几个不同的动作来刺激同一块肌肉,以增大血流量。
（五）超级组法则
把作用相反的两块肌肉群组合在一起来练,当练其中之一时,有利于消除另一部分的疲劳。
（六）复合组法则
把两个锻炼同一肌肉部位的动作组合在一起进行训练。
（七）综合练习法则
为了使肌肉体积增大,需要对红肌白肌分别进行刺激,即增加耐力和负荷的承受力。
（八）周期法则
全年锻炼的某一个时期,都采用相应的训练方法,如此可利于休整,避免过度疲劳,保持稳步前进。
（九）紧张训练法则
当锻炼者在做一个动作姿势时,不管是否使用重量,最后要静止不动,并保持最大张力紧张 36 秒钟,这对增强神经对肌肉的控制很有好处。

三、高级阶段训练法则

（一）"欺骗"法则
在做每一个动作时,按正确的姿势练到再也无力去做一次为止,然后采用不太规整的动作,或借助其他部位的力量完成最后一两次动作。
（二）三组合法则
对同一肌肉部位接连做 3 个不同的动作,其间不休息。
（三）巨型组合法则

把锻炼同一肌肉部位的 5~6 个动作组合在一起做,中间不休息。

(四) 先期疲劳法则

对不容易刺激的部位,采用先完成"孤立"动作,再做"基本"动作的法则。

(五) 休息—停歇法则

用增加每组间的休息时间来保证次次都在举最大的重量,这是增大体力兼增大肌肉的有效方法。

(六) 顶峰收缩法则

在动作做到肌肉收缩最紧张位置时,保持一下这种收缩状态,这能使肌肉线条更明显。

(七) 持续紧张法则

避免动作的"惯性",缓慢完成动作,使肌肉持续紧张,肌肉线条会更加明显。

(八) 反地心吸力法则

在动作回复落下时,用力扛住所有重量的下降力,这种方法能使肌肉快速增长。

(九) 强迫次数法则

当做到精疲力竭时,在他人的帮助下完成最后 1~2 次。

(十) 双分部法则

一天进行两次分部练习,练习不同的肌肉群。

(十一) 三分部法则

一天的早上、下午、晚上各练 1 次,每次只练 1~2 个肌肉部位。

(十二) "烧点"法则

当做完一组的最后一次时,再续做几次短而不完全的动作,这有助于肌肉围度和血管的增长。

(十三) 质量法则

在用规定的组数和次数进行锻炼时,逐步减少组与组之间的休息时间,这适于比赛前锻炼。

(十四) 渐降组法则

在一次动作中,当完成不了练习时,减一点儿重量再继续做下去,然后再减重量再做。

(十五) 直觉法则

通过自己的感觉选择最适合自己的训练法则,这是每个健美运动员都应掌握的最重要的一条。

(十六) 兼顾法则

把孤立动作和基本动作放在一个锻炼课程内训练的法则。

(十七) 部分动作法则

用超负荷的重量来做动作全程的一半,使所锻炼的肌肉充分地得到大强度的刺激。

(十八) 快速法则

针对缓慢动作适应性的刺激法则。

(十九) 交替穿插法则

在组与组的间隙之间,插入锻炼其他部位的动作,是充分利用时间的一种方法。

本章小结

本章介绍了人体健美练习常练肌肉群的位置与功能,健美训练中常见的名词概念,利用最常见的哑铃和杠铃这两种器械进行健美练习时的基本动作做法、动作要领、运动量安排以及个人训练计划的制定。希望通过该部分内容的学习对想拥有发达肌肉和健美体形的青年健身运动爱好者有一定的指导作用和参考价值。

思考题
1. 健美训练运动量包含的内容有哪些?
2. 简述肩部健美训练的常用方法。
3. 健美训练后如何让身体尽快恢复?
4. 制定一份个人健美课训练计划。

第六章教学训练提示

第七章 健身健美操

学习目标

知识目标
- 了解健身健美操的分类、基本动作等基本知识。
- 理解健身健美操的基本编排原则。

能力目标
- 掌握健身健美操的基本步伐与基本姿态等基本动作技术。
- 掌握健身健美操的组合动作。
- 发展学生的灵活性、协调性、柔韧性与模仿能力。
- 培养学生编排简单的健身健美操的能力。

素养目标
- 培养学生积极向上的健美意识。
- 培养学生具有崇尚美和塑造美的精神气质。

健身健美操是集健身、娱乐、防病于一体的群众性、普及性健身运动。它是在音乐的伴奏下，以身体练习为基本手段，以有氧运动为基础，达到增进健康、塑造形体和娱乐的目的。从成套编排和动作设计来看，健身健美操的动作简单、活泼、流畅，讲究针对性和实效性，组合与成套动作中多以对称的形式出现，节奏感强，音乐速度适中，每10秒钟为20~24拍。健身健美操的锻炼不受场地和器械的限制，随意性比较大。

第一节 健身健美操的分类

健身健美操在发展过程中不断地丰富着自己的内容、形式，形成了繁多的种类。健身健美操可以根据不同的分类标准进行划分。

一、按练习形式划分

按练习形式划分，健身健美操可分为徒手健美操、轻器械健美操和特殊场地健美操三大类。徒手健美操包括传统的有氧健美操、形体健美操、爵士健美操、搏击有氧健美操、拉丁有氧健美操、瑜伽、迪斯科健美操和街舞有氧健美操等。轻器械健美操包括踏板操、哑铃操、杠铃操、皮筋操、拉力器操、健身球操和健身棒操等。特殊场地健美操包括水中健美操、功率自行车、联合器械操和垫上健身操等(见表7-1)。

徒手健美操包括传统意义上的有氧健身操和满足不同人群兴趣和需求的不同风格的健美操。随着社会发展和生活水平提高，人们健身的需求越来越多样化，因此近年来出现了多种

表7-1 健身健美操按练习形式分类

徒手健美操	轻器械健美操	特殊场地健美操
传统的有氧健美操	踏板操	水中健美操
形体健美操	哑铃操	功率自行车
爵士健美操	杠铃操	联合器械操
搏击有氧健美操	皮筋操	垫上健身操
拉丁有氧健美操	拉力器操	
瑜伽	健身球操	
迪斯科健美操	健身棒操	
街舞有氧健美操		

新的徒手健美操练习形式，如拳击健美操和搏击有氧健美操。其主要练习目的是增强肌肉的力量、弹性与身体的柔韧性，尤其是练习搏击有氧健美操对腰腹有特殊的效果。拉丁有氧健美操和街舞有氧健美操的练习形式多以群体练习为主，动作变化丰富，规律性不强，不仅能提高协调能力，而且能调节心理，因此深受年轻人的喜爱。瑜伽有着独特的塑身理论，讲究自然、平衡与协调，注重身体健康与力量，通过集中意念、调整呼吸并做出各种身体姿势来改善人体的各个部位的机能，其主要练习目的是调节身体的平衡和控制能力，达到"联合整体"的目的，是一种安全、有效的塑身练习。

轻器械健美操是借助于轻器械，通过健身操形式的练习达到健身的目的。轻器械健美操利用固定或移动的轻器械进行练习，增强健身效果，同时也丰富了健美操的练习形式。目前利用轻器械的力量练习是世界范围内最受欢迎和发展最快的健身项目。力量练习的主要目的是使练习者保持肌肉外形、增强肌肉力量和防止肌肉退化，从而延缓衰老，使人更强健。例如，踏板操加大了腿部的运动负荷，但减轻了对下肢关节的冲击力，同时也使动作多样化。哑铃操、皮筋操、健身球操等可锻炼到全身的每一个肌肉群，有效地提高肌肉力量，尤其是上肢的力量，弥补了徒手健美操的不足。

特殊场地健美操以其特殊的功效在国外发展很快，但在中国开展还不是很多，如水中健美操、功率自行车(SPINNING课程)、联合器械操。水中健美操是目前国外非常流行的一种独特的健美操练习形式，它可以减轻运动中地面对膝踝关节的冲击力，有效地减少关节的负荷，并利用水的阻力提高练习效果，以及用水传导热能快的原理，达到锻炼身体和减肥的目的，因此深受中老年人、康复患者和需减肥者的喜爱。利用功率自行车进行有氧锻炼，可有效地提高锻炼者的心肺功能，练习者可以根据自身的身体状况调节负荷，以达到预期的练习目的。联合器械操是指利用跑步机、划船机等有不同功能的固定器械组合在一起，根据自己的需要进行健身练习，达到锻炼身体的目的。

二、按年龄、性别等标准划分

(一) 按年龄划分

按年龄划分，健身健美操可以分为老年健美操、中年健美操、青年健美操、少儿健美操和幼儿

健美操。不同的年龄阶段有着不同的生理和心理特点,编排时对这些应予以充分的考虑。例如,60~80岁是老年期,这个时期人处于衰老阶段,身体各组织器官出现退行性变化和机能衰退现象,大脑皮质神经过程的灵活性减弱,神经调节能力较差,对外界刺激反应迟钝,其记忆力、注意力等都有所减退。因此,创编动作时可没有上肢动作或选择简单的上肢动作,可以没有动作方向的变化或只加入几个90°方向的变化,音乐速度最快不能超过145拍/分钟。

(二) 按性别划分

按性别划分,健身健美操可以分为男子健美操和女子健美操,这两种健美操的风格明显不同。在创编男子健美操时,动作的设计与选择要具有阳刚之气,动作幅度要大而有力,要充分展示男子的强壮体魄,它强调的是力度和幅度。在创编女子健美操时,动作的设计与选择要具有柔性美,但又要刚柔并济,要体现女子的柔美身姿,它强调的是艺术性和柔美性。

(三) 按人数划分

按人数划分,健身健美操可以分为单人健美操、双人健美操、三人健美操、六人健美操和集体健美操。

(四) 按人体解剖部位划分

按人体解剖部位划分,健身健美操可以分为颈部健美操、肩部健美操、手部健美操、胸部健美操、腰腹部健美操、髋部健美操、腿部健美操等。这类健美操是针对相应的身体部位设计的套路,是为了达到减缓不适、塑造肌肉线条等作用。

(五) 按动作风格划分

按动作风格划分,健身健美操可以分为拳击健美操、搏击健美操、拉丁健美操等。它们是在传统健美操的基础上添加其他运动项目的元素而形成的独具风格的健美操种类。例如,拉丁健美操是火热动感的南美风情舞蹈与富有活力的有氧健美操有机结合的产物。一套拉丁健美操往往贯穿着恰恰、伦巴、桑巴、斗牛、牛仔舞等拉丁舞的元素,并结合现代健美操的基本步伐,使其动作花哨、时尚,因此吸引了越来越多的注意力。

(六) 按目的划分

按目的划分,健身健美操可以分为形体健美操、减肥健美操、保健健美操、康复健美操、产后健美操等。这类健美操旨在突出专门的锻炼效果。

第二节　徒手健身健美操的基本动作

视频:徒手健身健美操的基本动作

健身健美操的基本动作主要由下肢步伐、上肢动作和躯干动作构成。基本动作的学习能够使练习者掌握健美操的基本技术。另外,健美操的组合以及成套动作都是在基本动作的基础上,根据不同的创编任务和目的,创编出不同强度、不同风格的动作。

一、下肢步伐

(一) 无冲击步伐

无冲击动作:两只脚都接触地面的动作或不支撑体重的动作。常用的无冲击步伐有以下几方面。

1. 弹动

膝关节有弹性地屈伸。

2. 半蹲

两腿分开或并拢,屈膝(见图 7-1 至图 7-3)。

3. 弓步

一条腿向前(侧)迈步屈膝,另一条腿伸直(见图 7-4、图 7-5)。

4. 提踵

脚跟向上提起,然后还原(见图 7-6)。

图 7-1　　　　　　　　图 7-2　　　　　　　　图 7-3

图 7-4　　　　　　　　图 7-5　　　　　　　　图 7-6

5. 箭步蹲

一条腿向前一步,两条腿同时屈膝,大腿垂直于地面,脚跟向上。重心在两脚之间(见图 7-7)。

（二） 低冲击步伐

低冲击动作:总有一只脚接触地面的动作。常用的低冲击步伐有以下几方面。

1. 踏步

（1）动作方法:单拍完成动作。两条腿在原地交替抬起和落地(见图 7-8)。

图 7-7

图 7-8

（2）动作要领：前脚先落地，过渡至全脚，从踝关节、膝关节、髋关节依次缓冲，保持腰腹肌肉收紧。

（3）动作变化：踏步分腿与并腿、踏步转体。

2．走步

（1）动作方法：单拍完成动作。迈步移动。向前走时，脚后跟先落地，过渡到全脚掌。向后走相反。

（2）动作要领：在落地时，膝、踝关节有弹性地缓冲。

（3）动作变化：向前（后）走步、45°方向走步、转体走步。

3．一字步

（1）动作方法：4 拍完成动作。两脚依次向前一步，并拢，再依次退一步，还原。以右脚为例，第 1 拍右脚向前一步，第 2 拍左脚并右脚，第 3 拍右脚后退一步回原位，第 4 拍左脚后退并右脚。

（2）动作要领：前后均要有并腿过程，两膝始终有弹性地缓冲。

（3）动作变化：向前（后）一字步、转体一字步。

4．V 字步

（1）动作方法：4 拍完成动作。以右脚为例，第 1 拍右脚向右前迈一步，屈膝缓冲（见图 7-9）。第 2 拍左脚向左前迈一步成屈膝半蹲，两脚运动轨迹呈 V 字形（见图 7-10）。第 3 拍右脚退回原位（见图 7-11）。第 4 拍左脚退回原位并右脚（见图 7-12）。

图 7-9

图 7-10

图 7-11

图 7-12

(2) 动作要领:迈出的脚以脚跟着地,过渡至全脚,两脚之间的距离比肩宽,身体重心在两腿之间。

(3) 动作变化:向前(后)的V字步、转体的V字步、跳的V字步。

5. 漫巴步

(1) 动作方法:4拍完成动作。漫巴步简称漫步。以右脚为例,第1拍右脚向前迈一步,重心前移,左脚稍抬起(见图7-13)。第2拍左脚落下,重心后移,右脚稍提起(见图7-14)。第3拍右脚随之后撤落地,重心移至右脚,左脚稍提起(见图7-15)。第4拍左脚落地(见图7-16)。

(2) 动作要领:动作过程重心随动作前后灵活移动,移动不要过大,动作要有弹性。

(3) 动作变化:转体的漫步、跳起的漫步。

图 7-13　　　　　图 7-14　　　　　图 7-15　　　　　图 7-16

6. 并步

(1) 动作方法:2拍完成动作。以右脚为例,第1拍右脚向右侧迈一步(见图7-17)。第2拍左脚前脚掌并于右脚,同时稍屈膝。然后接反方向(见图7-18)。

(2) 动作要领:两膝自然屈伸,并有一定的弹性,身体重心随之移动。

(3) 动作变化:左右的并步、前后的并步、转体的并步。

7. 交叉步

(1) 动作方法:4拍完成动作。以右脚为例,第1拍右脚向侧迈出。第2拍左脚在右脚后交叉,稍屈膝(见图7-19)。第3拍右脚再向侧迈一步。第4拍左脚点地并右脚。然后可接反方向。

(2) 动作要领:落地同时屈膝缓冲,身体重心随着脚迈出而移动,移动幅度尽可能大。

(3) 动作变化:转体的交叉步、加小跳的交叉步。

8. 点地

(1) 动作方法:单拍完成动作。一条腿伸出,脚尖或脚跟点地,另一条腿稍屈膝站立。

(2) 动作要领:两条腿有弹性地屈伸,点地时,身体重心始终在主力腿上。

(3) 动作变化:脚尖(跟)点地、向前(侧、后)点地(见图7-20至图7-24)、迈步点地。

第二节 徒手健身健美操的基本动作

   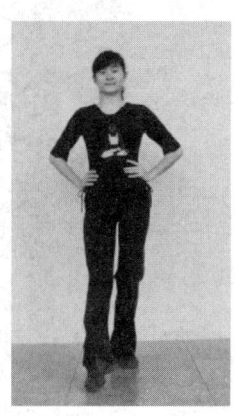

图 7-17　　　　　　图 7-18　　　　　　图 7-19　　　　　　图 7-20

   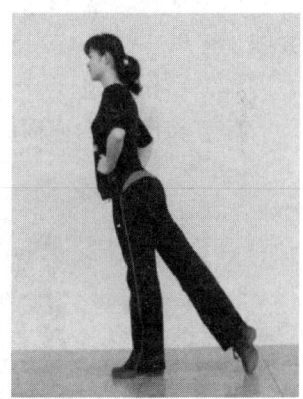

图 7-21　　　　　　图 7-22　　　　　　图 7-23　　　　　　图 7-24

9. 后屈腿

（1）动作方法：2 拍完成动作。第 1 拍两条腿稍屈膝。第 2 拍一条腿站立，另一条腿后屈（见图 7-25）。

（2）动作要领：主力腿保持有弹性地屈伸，后屈腿的脚跟向着臀部。

（3）动作变化：原地后屈腿、迈步后屈腿、移动后屈腿、转体和跳的后屈腿。

10. 吸腿

（1）动作方法：单拍完成动作。一条腿屈膝上抬，另一条腿微屈膝缓冲。

（2）动作要领：大腿上提，小腿自然下垂，后背挺直，保持主力腿屈膝缓冲。

（3）动作变化：向前吸腿（见图 7-26）、向侧吸腿（见图 7-27）、迈步吸腿、转体与跳的吸腿。

图 7-25　　　　　　　　图 7-26　　　　　　　　图 7-27

11. 摆腿

（1）动作方法：2拍完成动作。第1拍一条腿站立，另一条腿自然抬起。第2拍还原成并腿。

（2）动作要领：保持主力腿屈膝缓冲，抬起腿不需很高，但要有控制。

（3）动作变化：向前摆腿（见图7-28）、向侧摆腿（见图7-29）、向后摆腿（见图7-30）、摆腿跳。

图 7-28　　　　　　　　图 7-29　　　　　　　　图 7-30

12. 踢腿

（1）动作方法：2拍完成动作。第1拍一条腿站立，另一条腿加速上摆。第2拍还原并腿。

（2）动作要领：主力腿轻微屈膝缓冲，脚后跟不要离地，踢腿的高度因人而异，避免造成大腿后部损伤，上体尽量保持直立。

（3）动作变化：原地踢腿、移动踢腿、跳起的踢腿、向前（侧）踢腿（见图7-31、图7-32）。

（三）高冲击步伐

高冲击动作：两只脚都离开地面，即有腾空姿势的动作。常用的高冲击步伐有以下几方面。

图 7-31　　　　　　　　图 7-32

1. 跑

（1）动作方法：单拍完成动作。两腿依次经过腾空后，一条腿落地缓冲，另一条腿后屈或抬膝，两臂前后自然摆动。

（2）动作要领：落地屈膝缓冲，脚后跟要落地。

（3）动作变化：原地跑、向前（后）跑、弧线跑、转体跑、后踢腿跑、高抬腿跑。

2．并腿跳

（1）动作方法：单拍完成动作。双腿并拢，有弹性地跳起。

（2）动作要领：双脚跳起，双脚落地，落地时屈膝缓冲，脚后跟要落地。

（3）动作变化：原地双腿跳、前后双腿跳、左右双腿跳、转体双腿跳。

3．开合跳

（1）动作方法：2拍完成动作。第1拍由并腿跳成左右分腿落地（见图7-33）。第2拍再由分腿跳起并腿落地（见图7-34）。

（2）动作要领：分腿时，两脚自然外开，膝关节沿脚尖方向屈。落地时，屈膝缓冲，脚后跟要落地。

（3）动作变化：原地开合跳、转体开合跳。

4．并步跳

（1）动作方法：2拍完成动作。以右腿为例，第1拍右脚迈一步同时蹬地起跳（见图7-35）。第2拍左脚并右脚，两脚同时落地（见图7-36）。

图 7-33　　　　　图 7-34　　　　　图 7-35　　　　　图 7-36

(2) 动作要领：单脚起跳，双脚落地，空中保持身体肌肉适度紧张，落地经屈膝缓冲。

(3) 动作变化：向前（侧、后）并步跳。

5. 弓步跳

(1) 动作方法：单拍完成动作。两腿并拢起跳落成一条腿在前另一条腿在后的弓步或半侧面的弓步（见图7-37）。

(2) 动作要领：双脚起跳，双脚落地，落地时成弓步，重心稍偏向屈腿方，缓冲主要靠屈的膝、踝和直腿的踝关节完成，保持身体稳定及肌肉适度紧张。

(3) 动作变化：前后弓步跳、左弓步跳。

6. 单腿跳

(1) 动作方法：单拍完成动作。一只脚跳起，另一只脚离地。离地腿可侧举、后举、后屈、侧屈、前吸、前踢、侧踢等。

(2) 动作要领：单脚起跳，单脚落地，落地经屈膝缓冲，空中保持身体姿态。

(3) 动作变化：原地单腿跳（见图7-38至图7-42）、移动单腿跳、迈步单腿跳（踏步跳、迈步吸腿跳等）、转体单腿跳。

7. 弹踢腿跳

(1) 动作方法：2拍完成动作。以右腿为例，第1拍左脚跳起，同时右腿经屈膝伸直踢出（见图7-43）。第2拍右脚落地同时左腿屈，准备接反方向或下一个动作（见图7-44）。

(2) 动作要领：无双脚落地的过程，弹踢时大腿先发力，再小腿弹伸，弹踢腿不用太高，但要有控制。

(3) 动作变化：原地弹踢腿跳、移动弹踢腿跳、转体弹踢腿跳、向前（侧、后）弹踢腿。

8. 小马跳

(1) 动作方法：2拍完成动作。以右脚为例，第1拍左脚蹬离地面，同时右脚抬起向右侧跨一步（见图7-45），右脚、左脚依次落地（见图7-46）。第2拍右脚踏步，同时左脚前脚掌点地（见图7-47）。

(2) 动作要领：单腿起跳，依次落地，第2拍时不要跳起，垫步一次实现交换腿动作即可。

图7-37

图7-38

图7-39

图7-40

图 7-41　　　　　　　　　图 7-42　　　　　　　　　图 7-43

图 7-44　　　　　图 7-45　　　　　图 7-46　　　　　图 7-47

二、上肢动作

（一）常用的手形

1. 并掌

五指并拢伸直,指关节不能屈曲(见图 7-48)。

2. 开掌

五指用力分开伸直(见图 7-49)。

3. 花掌

花掌又叫作西班牙手形,在开掌的基础上,从小指依次内旋,形成一个扇面(见图 7-50)。

4. 立掌

手掌用力上屈,五指指关节自然弯曲(见图 7-51)。

5. 一指

拇指与中指、无名指、小指相叠,食指伸直(见图 7-52)。

6. 剑指

拇指与无名指、小指相叠,中指与食指并拢伸直(见图 7-53)。

7. 拳

四长指握拳,拇指第一关节扣在食指与中指的第二关节处(见图7-54)。

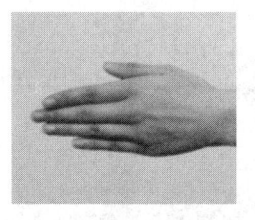 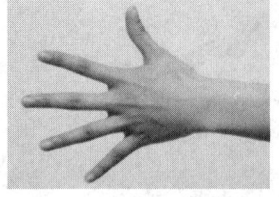 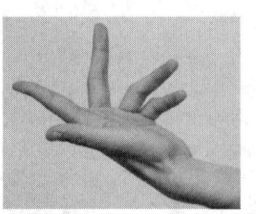 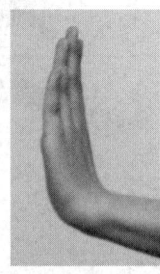

图7-48　　　　　　图7-49　　　　　　图7-50　　　　　　图7-51

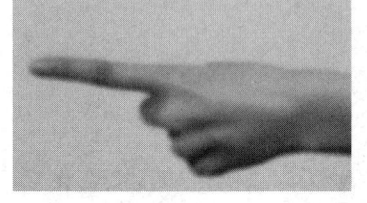 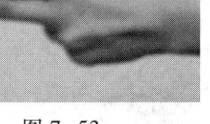 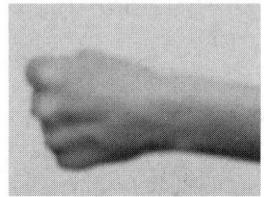

图7-52　　　　　　图7-53　　　　　　图7-54

(二) 常用的上肢动作

1. 举

臂伸直向各方位抬起。

2. 屈

关节角度减小,如肘关节屈、肱二头肌收缩。

3. 伸

关节角度增大,如肘关节伸、肱三头肌收缩。

4. 上提

屈臂或直臂的由下举提至胸前或体侧(见图7-55、图7-56)。

5. 下拉

屈臂或直臂的由上举或侧上举拉至胸前或体侧(见图7-57、图7-58)。

6. 摆动

以肩关节为轴,屈臂或直臂在180°以内同时或依次运动(见图7-59)。

7. 冲拳

屈臂握拳由腰间同时或依次冲向某部位(见图7-60)。

8. 推

手掌由肩侧同时或依次推至某位置(见图7-61)。

9. 绕和绕环

以肩关节为轴,手臂180°至360°之间的运动为绕,大于360°以上的运动为绕环。

10. 交叉

两臂重叠呈X形(见图7-62、图7-63)。

图 7-55　　　　　图 7-56　　　　　图 7-57

图 7-58　　　　　图 7-59　　　　　图 7-60

图 7-61　　　　　图 7-62　　　　　图 7-63

三、躯干动作

（一）胸部

1. 含展胸

常与臂的内收与外展结合进行。臂外展时挺胸,臂内收时含胸(见图 7-64、图 7-65)。

2. 左右移胸

两臂侧平举,胸向左右水平移动(见图7-66)。

图7-64　　　　　图7-65　　　　　图7-66

(二) 肩部

1. 提肩

肩胛骨做向上的运动。

2. 沉肩

肩胛骨做向下的运动。

3. 绕肩

以肩关节为轴做小于360°的运动。

4. 肩绕环

以肩关节为轴做360°以上的圆形动作。

(三) 腰腹部位

1. 腰屈

髋部不动,上体前屈或后屈。

2. 屈髋

上肢不动,髋向前或侧屈。

3. 转腰

下肢不动,上体沿垂直轴的转动。

图7-67

(四) 地面动作

1. 坐姿

以臀部着地的姿势。有屈腿坐(见图7-67)、并腿坐(见图7-68)、分腿坐(见图7-69)、半劈腿坐(见图7-70)、盘腿坐(见图7-71)等。

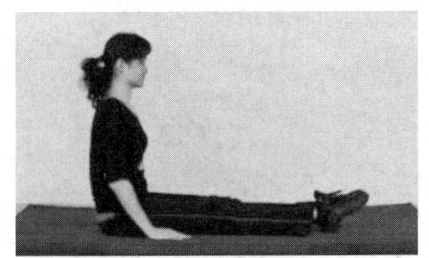
图 7-68

图 7-69

图 7-70

图 7-71

2．跪姿

屈膝并以膝着地的姿势。有跪立（见图 7-72）、单腿跪立（见图 7-73）、跪坐（见图 7-74）等。

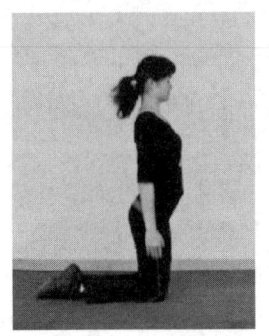
图 7-72

图 7-73

图 7-74

3．卧姿

身体躺在地上的姿势。有仰卧、侧卧、俯卧等。

4．撑

手着地并承担身体重量的姿势。有俯撑（见图 7-75）、跪撑（见图 7-76、图 7-77）、蹲撑（见图 7-78）、仰撑（见图 7-79）等。

图 7-75

图 7-76

图 7-77

图 7-78

图 7-79

第三节　健身健美操的编排原则

一、健身健美操的指导思想

健身健美操的宗旨是提高人的健康水平。我们在进行创编时除了把握住具体的操作外，还应明确健身健美操的健身性、安全性、娱乐性与艺术性的总体指导思想。

（一）健身性

我们的一切动作与设计都应围绕健身性这一指导思想进行。编排动作应根据人体特征使人的头颈、躯干、四肢得以充分锻炼。我们应当有意识地、科学地使用各关节的各种运动形式，促进肌力增长，关节灵活性提高以及通过改变运动位置、方向、节奏、路线影响不同的肌群。可以通过动作路线、节奏、位置、方向与单一动作、复合性动作的变化来培养人的协调性。同一个动作重复越多对同一肌肉及关节影响越大，但并不是越多越好。因此，恰如其分地运用这些因素才能达到促进健康的目的。

（二）安全性

安全性是保证健康的前提条件，同时也是这一项目真正为大多数人服务与发展的有力保障条件之一。因此，创编健身健美操必须坚持以有益于健康为基础，避免那些容易造成伤害的方法与手段。我们应做到以下几方面。

第一，确保有氧，避免无氧现象出现。

第二,遵循人体自然运动规律,杜绝违反人体自然活动的动作出现。

第三,减少运动对关节的冲击力,保护关节。

第四,避免肌肉的过度牵拉,防止对肌肉造成损伤。

第五,确保成套整体风格的积极向上的精神,以带给人们朝气蓬勃、轻松愉快、积极向上的精神状态。

(三) 娱乐性与艺术性

人们在音乐的伴奏下进行健身健美操的练习,不仅锻炼躯体,身心也可以得到愉悦。优美动听的音乐可以陶冶人的情操,舒展大方的动作使人有美的享受。人们在音乐的衬托之下,释放了压抑的情绪,从而获得良好的情绪与状态。因此,我们在设计动作之前,要反复地聆听音乐,去感受它、分析它,感受音乐到底给人们带来了什么,分析音乐的风格、节奏、乐句与乐段等,再配以适当的动作进行练习。

二、健身健美操的编排原则

(一) 规律性原则

动作的编排是有规律的,表现为以32拍为单位,即4个八拍动作为一组,并且每一个八拍的动作应是完整的,这与音乐的结构完全相同。

编排动作首先确定基本步伐,它是组成动作组合的最小单位,再配以上肢、躯干的动作形成完整的动作。在一组动作中,步伐越多,可能的组合方式也就越多。通常来说,5~6种步伐一组为中等难度,可加入一些变化。2~4种步伐一组的动作适合于初学者。如果在一个组合中编排的步伐太多,就容易使练习者跟不上,失去锻炼的信心,从而影响锻炼的效果。

(二) 锻炼性原则

动作的编排要有利于进一步发展心肺功能。其方法有:通过加大动作幅度和力度,特别是加大移动步幅,可以有效地改善心肺功能;设计上肢动作超过心脏水平位也能达到提高心率的效果;在基本动作中加入不同方向的变化和移动,充分利用空间达到提高心率的目的;把低冲击力步伐改为高冲击力步伐能提高心率。

(三) 流畅合理性原则

根据人体的基本生理解剖结构,动作之间的搭配要合理、科学,动作之间的衔接要自然流畅。动作是否连贯、自然、流畅十分重要,练习者不易掌握不连贯流畅的动作。特别是步伐的流畅,练习时它会影响成套动作的完整性,练习跟不上,就会停下来,势必影响心肺功能的提高。当整套操形成一定的规律时,可以使锻炼者尽快掌握动作,加强锻炼的实效性。

动作流畅是指活动部位的有序流畅以及动作与动作前后连接的规律有序流畅,如按解剖的位置由上至下或由下至上,由外向内或由内向外,从一种步伐合理连接至另一种步伐,由局部至全部,由单一至综合与复杂。为了利于学习者掌握,我们在创编中可以有意识地分解复合性动作并对动作进行分析,使动作有序流畅。健美操动作由下肢步伐配以上肢、躯干的运动而成,在形成一个复合性动作时,我们可以把这一动作分成若干个单一动作之后逐步加以组合,例如先做下肢动作再做上肢动作最后组合成一个完整动作,或者先做动作原形,再在原形的基础上加以变化等。

要使动作连贯合理,我们要了解动作中有哪些类型。

第一是步伐,步伐流畅能保证运动中身体重心的把握。如果能在运动中使身体重心平衡,做到流畅就不难了。步伐的主要形式有以下几种:一是双脚同时运动;二是双脚依次运动;三是同脚多次运动。在步伐与步伐的转换过程中,重心的变化是其中的关键。双脚同时运动时重心在中间,这样的步伐让我们的身体可以移动自如。当单脚运动时,人体重心倒向同侧一边,接下一步伐时动作相同,方向相反。

第二是手臂动作,手臂动作的运动形式与运动范围比较复杂与多样,但归纳起来有对称运动、不对称运动、单手运动、双手运动,运动形式有伸、举、摆、绕、振等。对于初学者来说,对称运动比不对称运动容易接受,我们要有规律、有目的地使用这些形式。

(四) 从实际出发原则

动作的选择要符合练习者的水平。在编排组合或成套动作时,选用哪些动作,或在组合中如何改变方向、加大移动、节奏加快重复做相同的动作,选择转身动作和转的度数及跳跃动作等这些变化时,我们一定要考虑练习者的接受能力、协调性、方向平衡感、身体的肌肉力量等,了解这些身体素质情况才能使学习者很快领会设计意图,较快地掌握动作,达到锻炼的目的。

(五) 合理的运动负荷原则

健身健美操要严格地把运动负荷控制在中小强度,使之确保运动当中的呼吸供氧。为了有效地达到最佳锻炼价值,我们应把负荷控制在健身所需的负荷之内。专家们推荐,当运动者的平均心率达到运动者最高心率的60%~80%时为健身区,此时,心率越高对身体的影响越大,锻炼的效果越明显;高于80%为强化区,这表明运动强度大,且影响身体更剧烈;低于60%为消遣区,只起到一般性活动的作用。

在健身健美操练习中最高心率计算办法为:220-年龄=最高心率。

通常运动负荷受下列因素影响,即动作速度、重复次数、时间、动作幅度、肌肉用力。相同的时间内,动作速度越快,重复次数越多,幅度越大,肌肉用力越大,强度越大;反之则越小。保持动作速度、幅度、肌肉用力,时间越长,重复次数越多,强度越大;反之则越小。

编排的动作组合或成套动作要做到丰富多彩,还得充分利用基本动作的变化因素来设计、丰富动作内容。例如,同一动作可以有方向的变化、节奏的变化、重复次数的变化、动作移动的变化、单双侧动作的变化、动作模式的变化以及动作平面的变化等。

三、健身健美操课程的编排原则

(一) 初级课程的编排原则

(1) 以低冲击动作为主,让练习者掌握正确的基本动作技术要领。

(2) 音乐速度以130~140拍/分钟为宜。

(3) 变化少,每个动作至少重复4次,一般选择8次或16次。

(4) 采用面朝正前方的前后和左右的移动路线。

(5) 尽量不要有方向的变化,可适当加入90°的方向变化。

(二) 中级课程的编排原则

(1) 高、低冲击动作结合,让练习者在掌握动作要领的基础上,感受一些个性化的动作风格,增加课程的趣味性。

(2) 音乐速度以134~148拍/分钟为宜。

(3) 变化较多,每个动作重复2次以上,一般选择4次或8次。

(4) 在前后和左右的路线的移动中可以加入面的变化,还可以加入侧方向、L形、之字形等较复杂的路线变化。

(5) 在方向的变化上多采用90°和180°的方向变化。

(三) 高级课程的编排原则

(1) 高、低冲击动作结合,动作编排更加风格化。

(2) 音乐速度以134～154拍/分钟为宜。

(3) 变化多、快,每个动作一般重复2～4次,甚至只做1次。

(4) 路线变化更复杂,和面的配合更多。

(5) 可以加入转体的动作,但要注意一个转体动作必须是至少4拍完成。

第四节　健身健美操的组合动作

视频:健身健美操的组合动作

一、低冲击健身操

该套路为低冲击的组合,整套动作没有跑跳,适合于初学者练习。全套分为8个组合,每个组合4个八拍(32拍),且不超过4个基本步伐。前4个组合是以右脚开始的动作;后4个组合以左脚开始,动作与前4个组合动作相同。通过这个套路的练习,锻炼者可以了解和掌握健身健美操低冲击基本步伐以及动作之间的变化规律。

(一) 组合一(4个八拍)

该组合由并步和前点地两个基本步伐以及屈臂与直臂上提的上肢动作构成。

准备:小八字步站立,两手自然下垂。

第一个八拍

第1—2拍:右脚向右侧做一次并步,两臂屈臂上提至胸前再放下还原(见图7-80)。

第3—4拍:左脚向左侧做一次并步,两臂屈臂上提至胸前再放下还原。

第5—6拍:动作同第1—2拍。

第7—8拍:动作同第3—4拍。

第二个八拍

第1—4拍:右脚向右侧连续做两次并步,两臂直臂上提至体侧再放下还原(见图7-81)。

第5—8拍:左脚向左侧连续做两次并步,两臂直臂上提至体侧再放下还原。

第三个八拍

第1拍:右脚勾脚前点地(脚跟点地),两臂屈臂上提至胸前(见图7-82)。

第2拍:右脚收回,两臂放下还原。

第3—4拍:换左脚做,动作同第1—2拍。

第5—8拍:脚下步伐同第1—4拍,两臂直臂上提至体侧再放下还原(见图7-83)。

第四个八拍

动作同第三个八拍。

图 7-80　　　　　　图 7-81　　　　　　图 7-82　　　　　　图 7-83

（二）组合二（4个八拍）

该组合由一字步、侧点地和马步3个基本步伐以及屈臂摆动、侧上举、冲拳与击掌的上肢动作构成。

第一个八拍

第1—4拍：右脚向前做一字步，两臂体侧屈臂同时一拍一动前后摆臂。

第5拍：右脚侧点地，两臂侧上举（见图7-84）。

第6拍：右脚收回，两臂放下还原。

第7—8拍：换左脚做，动作同第5—6拍。

第二个八拍

动作同第一个八拍。

第三个八拍

第1拍：右脚右侧点地（脚尖点地），左臂握拳屈肘放于左侧腰间，拳心向上，右臂向左前方冲拳（见图7-85）。

第2拍：右脚收回，右臂收回于右侧腰间，拳心向上（见图7-86）。

第3—4拍：动作同第1—2拍。

第5—6拍：换左脚做，动作同第1—2拍。

第7—8拍：动作同第5—6拍。

第四个八拍

第1—2拍：右脚右侧一步成开脚半蹲，双手扶膝（见图7-87）。

第3—4拍：右脚收回并左脚，升重心直腿站立，双手于胸前击掌。

第5—8拍：换左脚做，动作同第1—4拍。

（三）组合三（4个八拍）

该组合由走步、吸腿、并步转体90°和后点地4个基本步伐以及侧举、侧上举、摆臂与冲拳的上肢动作构成。

第一个八拍

第四节　健身健美操的组合动作

图 7-84

图 7-85

图 7-86

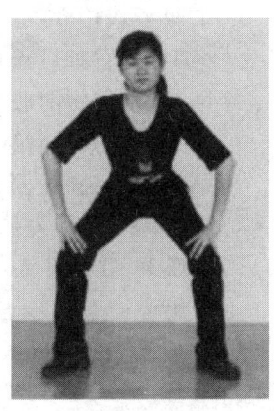
图 7-87

第1—4拍：右脚开始一拍一动依次向前走4步，第1拍左手叉腰，右臂侧上举（见图7-88）。第2拍右臂保持不动，左臂侧上举（见图7-89）。第3—4拍双手叉腰（见图7-90）。

第5拍：右腿前吸腿，两臂经下向右摆至右臂侧平举，左臂屈肘胸前平举，拳心向下（见图7-91）。

第6拍：右腿落地并左脚，两臂经摆的路线回至体侧。

第7—8拍：动作同第5—6拍，方向相反。

图 7-88

图 7-89

图 7-90

图 7-91

第二个八拍

动作同第一个八拍，将向前走4步改变成向后退4步。

第三个八拍

第1—2拍：右脚右侧并步，第1拍两臂侧平举，第2拍两臂头上击掌。

第3—4拍：左脚侧并步，第3拍身体右转90°，同时左脚侧出，两臂侧平举。第4拍右脚并左脚，双手体前下击掌。

第5—6拍：动作同第1—2拍。

第7—8拍：左脚侧并步，第7拍身体左转90°，同时左脚侧出，两臂侧平举。第8拍右脚并左脚，双手体前下击掌（4个并步完成一个L形的地面路线）。

第四个八拍

第1拍:右脚后点地,两臂同时向前冲拳。

第2拍:右脚前收成前吸腿,双臂收于腰间,拳心向上。

第3拍:动作同第1拍。

第4拍:右脚收回并左脚,双臂收于腰间,拳心向上。

第5—8拍:换左脚做,动作同第1—4拍。

(四) 组合四(4个八拍)

该组合由交叉步、后屈腿、V字步和弹动4个基本步伐以及侧摆、交叉、击掌、前推的上肢动作构成。

准备:小八字步站立,两手自然下垂。

第一个八拍

第1—4拍:左脚旁迈一步,脚尖点地,右脚开始向右做一次交叉步,第1拍两臂侧摆成侧平举,掌心向后(见图7-92)。第2拍两臂下摆成交叉,掌心向后(见图7-93)。第3拍两臂侧摆成侧平举,掌心向后。第4拍两臂握拳屈肘收于腰间。

图7-92　　　　　　　　图7-93

第5拍:左脚左侧迈步,两臂向左前方伸臂,拳心向下(见图7-94)。

第6拍:右腿后屈腿,两臂屈肘用力向后拉至体侧后位,拳心向上(见图7-95)。

第7—8拍:动作同第5—6拍,方向相反。

第二个八拍

动作同第一个八拍,方向相反。

第三个八拍

第1—4拍:右脚开始V字步,第1拍双手右前击掌,第2拍双手左前击掌,第3—4拍双手叉腰。

第5拍:双腿直膝,双手立掌胸前伸臂平推(见图7-96)。

第6拍:双腿屈膝,双臂屈肘回收于体侧胸位。

第7—8拍:动作同第5—6拍。

第四个八拍

动作同第三个八拍。

图 7-94　　　　　　　图 7-95　　　　　　　图 7-96

二、高低冲击健身操

该套路为高、低冲击步伐相结合的一套练习动作,适合有一定的健美操锻炼基础及体能的练习者。该套动作相对复杂,在基本步伐的基础上出现了路线、方向、转体以及步伐的变形。锻炼者通过练习可掌握健身健美操动作的相互连接、动作变化的特点、变化的形式等,有利于提高练习者的兴趣,增强锻炼的效果。

(一) 组合一(4个八拍)

该组合由踏步、一字步、侧并步、开合跳、吸腿和踢腿 6 个基本步伐以及摆臂、上举、下拉等上肢动作构成。

第一个八拍

第 1—4 拍:右脚开始一拍一动依次原地踏步,两臂屈臂体侧依次摆动。

第 5—8 拍:右脚开始向前一字步,两臂屈臂体侧依次摆动。

第二个八拍

第 1—2 拍:右脚向右侧做一次并步,第 1 拍两臂直臂上举,五指分开,掌心向前(见图 7-97)。第 2 拍两臂下拉至体侧,双手握拳,拳心向上(见图 7-98)。

第 3—4 拍:换左脚做,动作同第 1—2 拍。

第 5—6 拍:开合跳,第 5 拍两臂侧平举(见图 7-99),第 6 拍两臂直臂头上击掌(见图 7-100)。

图 7-97　　　　　图 7-98　　　　　　图 7-99　　　　　图 7-100

第 7—8 拍：开合跳。第 7 拍两臂侧平举，第 8 拍双手叉腰。

第三个八拍

第 1 拍：前吸右脚跳，双手叉腰（见图 7-101）。

第 2 拍：右脚收回，双手叉腰。

第 3 拍：前踢右腿跳，双手叉腰（见图 7-102）。

第 4 拍：动作同第 2 拍。

第 5—8 拍：换左腿做，动作同第 1—4 拍。

第四个八拍

第 1—4 拍：右脚开始向前一字步，两臂屈臂体侧依次摆臂。

第 5—8 拍：两拍一动开合跳，第 5—6 拍两臂侧平举，第 7—8 拍双手胸前击掌。

图 7-101　　　　　　　图 7-102

（二） 组合二（4 个八拍）

该组合由迈步并腿跳、交叉步跳、迈步移重心、马步蹲、弹踢腿跳转体 90°5 个步伐以及推、拉、绕环、击掌等上肢动作构成。

第一个八拍

第 1—2 拍：并步跳，第 1 拍右脚向右迈步，两臂立掌前伸（见图 7-103）。第 2 拍左脚并右脚同时跳起，两臂屈肘后拉（见图 7-104）。

第 3—4 拍：动作同第 1—2 拍，方向相反。

第 5—6 拍：动作同第 1—2 拍。

第 7—8 拍：动作同第 3—4 拍。

第二个八拍

第 1—4 拍：右脚开始向右交叉步，第 1—3 拍两臂伸直经上向内绕环一周半，第 4 拍左脚并右脚同时跳起，跳起时直臂头上击掌。

第 5—8 拍：左脚向左交叉步，第 1—3 拍两臂向侧打开经下向内绕环一周半，第 4 拍右脚并左脚同时跳起，跳起时直臂体前下击掌。

第三个八拍

第 1 拍：右脚右侧迈步，降重心成半蹲，两手扶膝。

第2拍:两膝伸直,右移重心成左脚点地,两臂伸直于体侧。
第3拍:重心回两腿间,屈膝半蹲,两手扶膝。
第4拍:动作同第2拍,方向相反。
第5—6拍:动作同第3拍。
第7—8拍:收右脚并左脚,伸膝直立,双臂立掌屈肘于肩侧(见图7-105)。
第四个八拍
第1—2拍:左脚跳起,右腿向前弹踢腿,同时向右转体90°,双臂上推(见图7-106)。
第3—4拍:右脚跳起,左腿向前弹踢腿,同时向右转体90°,双臂上推。
第5—6拍:动作同第1—2拍。
第7—8拍:动作同第3—4拍。

图7-103

图7-104

图7-105

图7-106

(三) 组合三(4个八拍)

该组合由小马跳、并脚跳、跑步、吸腿跳和交叉步5个步伐以及侧摆、扩胸、侧上举等上肢动作构成。

第一个八拍

第1—2拍:右脚开始小马跳,右臂握拳伸直向下摆至下位,同时左臂握拳伸直向上摆至上位(见图7-107)。

第3—4拍:左脚开始小马跳,右臂握拳直臂经侧向上摆至上位,同时左臂握拳直臂经侧向下摆至下位。

第5—8拍:一拍一动原地并脚跳,第5拍两臂握拳胸前平屈肘,向内水平摆臂一次(见图7-108)。第6拍两臂握拳胸前平屈肘,外摆扩胸后面向内摆动。第7拍两臂握拳直臂外展扩胸,第8拍两臂放下还原。

第二个八拍

第1—4拍:右脚开始一拍一动朝右前45°方向依次跑步,第1拍左臂侧上举(见图7-109),第2拍右臂侧上举(见图7-110),第3拍两臂直臂头上击掌(见图7-111),第4拍双手叉腰。

第5拍:前吸右腿跳,同时两臂握拳向前屈肘,拳心向面部(见图7-112)。

第6拍:右腿落地并左脚,前臂向内摆成胸前平屈肘(见图7-113)。

第 7 拍：前吸左腿跳，两臂直臂外展扩胸，拳心向下（见图 7-114）。

第 8 拍：左腿落地并右腿，两臂放下还原。

图 7-107

图 7-108

图 7-109

图 7-110

图 7-111

图 7-112

图 7-113

图 7-114

第三个八拍

动作同第二个八拍，跑步的方向改为朝左前 45°方向跑步。

第四个八拍

第 1—4 拍：右脚开始朝右后 45°方向侧交叉步，第 1 拍并掌两臂屈肘外展扩胸，第 2 拍两臂屈肘内收含胸，第 3 拍上肢动作同第 1 拍，第 4 拍双手胸前击掌。

第 5—8 拍：换左脚朝左后 45°方向做，动作同第 1—4 拍。

（四）组合四（4 个八拍）

该组合由侧点地跳、开合跳、后交叉、侧点地、后屈腿和后屈腿转体 180°6 个步伐以及多方位的伸、举、摆臂、后拉、交叉等上肢动作构成。

第一个八拍

第 1—2 拍：侧点地跳，第 1 拍双脚跳起，落地成左腿屈膝，右脚跟在右侧点地，重心在左腿上，两手五指分开，右臂右侧上伸，掌心向前，左臂右前下伸，掌心向右（见图 7-115）。第 2 拍双脚跳起,落地成并脚,两臂屈肘收于腰间(见图7-116)。

第3—4拍:动作同第1—2拍,方向相反。

第5—6拍:开脚跳,两臂伸直经侧向上摆成上举,五指分开,手心向前(见图7-117)。

第7—8拍:并脚跳,两臂放下还原。

图 7-115

图 7-116

图 7-117

第二个八拍

第1拍:右脚右侧迈步,两臂握拳侧摆,拳心向后。

第2拍:左脚右后交叉,两臂向内摆动成体前下交叉。

第3拍:右脚右侧点地,两臂侧摆,拳心向后。

第4拍:右脚收回并左脚,两臂放下还原。

第5—8拍:动作同第1—4拍,方向相反。

第三个八拍

第1—2拍:迈步后屈腿,第1拍右脚向右迈步,两臂握拳前伸。第2拍左腿后屈,两臂屈肘后拉。

第3—4拍:迈步后屈腿转体180°V字步,第3拍左脚向右侧迈步,同时身体右转180°,两臂握拳前伸。第4拍右腿后屈,两臂屈肘后拉。

第5—6拍:动作同第1—2拍。

第7—8拍:动作同第3—4拍。

第四个八拍

第1—2拍:右脚右侧迈步降重心成开腿半蹲,双手扶膝。

第3—4拍:升重心直膝,同时重心右移成左脚侧点地,两臂伸直放于体侧。

第5—6拍:双手右侧击掌两次(见图7-118)。

第7—8拍:左脚并右脚直立,两臂放下还原。

图 7-118

本章小结

随着生活水平的提高，人们越来越重视自身的健康问题，健身健美操在我国越来越受到欢迎，已成为现代文明生活不可缺少的组成部分。本章介绍了健身健美操的分类、基本术语、基本动作、组合动作编排原则及两套不同水平的健身健美操套路动作。其中，基本动作是最小健身健美操运动元素，学好基本动作可以为健身健美操的学习打下良好的基础。练习者应从一个八拍的动作开始，到一个组合，最后再到成套动作循序渐进地学习。初学编排组合动作可参考健身健美操课程的编排原则进行，有一定的基础后可灵活变化、自由安排。

思考题

1. 健身健美操术语的种类有哪些？
2. 健身健美操的基本步伐有哪几大类？写出每类中的 4 个具体动作及动作做法。
3. 健身健美操的基本动作由什么构成？举例说明。
4. 试编排低冲击组合和高低冲击组合各一个。

第七章教学训练提示

第八章 瑜伽

学习目标

知识目标
- 理解瑜伽的基本知识。
- 掌握瑜伽在日常生活中的运用。
- 了解瑜伽对身体的锻炼和对心理压力的缓解。
- 掌握瑜伽的基本练习。

能力目标
- 能了解瑜伽的基本知识。
- 能应用瑜伽的基本练习在生活中得到锻炼。
- 能正确地把瑜伽的动作做到位。
- 能用心地感受瑜伽对身心的放松。

素养目标
- 培养学生积极向上的生活态度。
- 培养学生平和、宽容和自律的心态。

瑜伽是一门历史悠久、内容广泛而深刻的运动方式。瑜伽有很多练功的方法可以用来增进我们身体、心智和精神上的健康。按照现代历史学家的看法,瑜伽是在有文字记载的历史以前,在印度发源的。在今天很多国家里,瑜伽已经非常流行,而且有着深厚牢固的群众基础。运动员们做瑜伽伸展和增强自己的肌肉,练瑜伽冥想功法平定心境,提高注意力,修炼瑜伽的人不局限于运动员、商人、家庭主妇、学生、医生、教师、知识分子、科学家、农民等,几乎各行各业都有人在练瑜伽。练习瑜伽的个体差异也很大,儿童、青少年、老人等都有很多练习者。总之,修习瑜伽的人群很广泛。

第一节 瑜伽的基本知识

随着科技不断快速发展,医疗技术也得到突飞猛进的发展。但由于种种原因,人类面对许多疾病仍然束手无策。现代人总是千方百计地想要摆脱疾病的阴影。瑜伽是古人开出的一张生命食谱,是对抗疾病的治本之道,也可以说是健康生活的一门"技术"。瑜伽的自然疗法乃强调借重人本身的力量,通过瑜伽的呼吸、意识、体位法,达到治疗与预防的双重效果。

一、瑜伽简介

(一) 瑜伽的含义

瑜伽是 Yoga 的音译,Yoga 是从印度梵语 yug 或 yuj 而来,它们是一个发音,其含义为"一致""结合"或"和谐"。瑜伽就是一个通过提升意识,帮助人类充分发挥潜能的体系。瑜伽姿势运用古老而易于掌握的技巧,改善人们生理、心理、情感和精神方面的能力,是一种身体、心灵与精神和谐统一的运动方式。古印度人更相信人可以与天合一,他们以不同的瑜伽修炼方法融入日常生活而奉行不渝:崇高的道德、忘我的动作、稳定的头脑、宗教性的责任、无欲无求的冥想和宇宙的自然创造。

近年在世界各地大热的瑜伽,并非只是一套流行或时髦的健身运动这么简单。瑜伽是一种非常古老的能量知识修炼方法,集哲学、科学和艺术于一身。瑜伽的理念基础建筑在古印度哲学上,数千年来,心理、生理和精神上的戒律已经成为印度文化中的一个重要组成部分。古代的瑜伽信徒发展了瑜伽体系,因为他们深信通过运动身体和调控呼吸,可以完全控制心智和情感,保持永远健康的身体。

(二) 瑜伽的分类

瑜伽的体系、流派众多。本教材选取了相对而言处于主流地位的智瑜伽、业瑜伽、奉爱瑜伽、哈他瑜伽、王瑜伽、曼陀罗瑜伽六大类做一下介绍。还有一些瑜伽体系并不占有主流地位,所以这里不做介绍。

瑜伽认为精神与身体是不可分的,不管是哪种瑜伽,对修习者来说都是通往精神世界的工具,使用的工具不同,方法自然有许多出入。只是现代人总是希望强调自己的工具特别好所以在不知不觉中就开始排斥其他工具,这种思想最后影响了更多的人。编者在这里进行区分,只是希望大家能够更好地明白瑜伽具有的特点,这些特点使瑜伽这项运动显得格外生动,希望大家不要特别注意某一种方法而忽视了瑜伽本身所提倡的更重要的科学理念。

(三) 瑜伽的起源

5 000 多年前,在古老的印度,高僧们为了追求进入心神合一的最高境界,经常僻居原始森林,静坐冥想。在长时间的隐居生活之后,高僧们通过观察生物体悟到了不少大自然的法则,再从生物的生存法则验证到人的身上,逐步地去感应身体内部的微妙变化,于是人类懂得了和自己的身体对话,从而知道探索自己的身体,开始进行健康的维护和调理,以及对疾病创痛的医治。几千年的钻研归纳下来,逐步衍化出一套理论完整、确切实用的养身健身体系,这就是瑜伽。

瑜伽的含义为"结合""平衡""统一"。瑜伽的外在肢体动作是知性的、感性的,而内在哲学理念是理性的,二者有机结合才能达到瑜伽修习的效果。可以说,瑜伽就是让人们去身体力行地运动。

考古学家曾在印度河流域发掘到一件保存完好的陶器,上面描画着瑜伽人物做冥想时的形态,这件陶器距今至少已有 5 000 年的历史了,可见瑜伽的历史可以追溯到更久远的年代。

再简单一点儿来说,瑜伽是生理上的动态运动及心灵上的练习,也应用在每天的生活哲学中。瑜伽的最终目标就是能控制自己,能驾驭肉身感官,能驯服似乎永无休止的内心。感官的集中点就是心意,能够驾驭心意,即代表能够驾驭感官。瑜伽通过把感官、身体与有意识的呼吸相配合来实现对身体的控制。这些技巧不但对肌肉和骨骼的锻炼有益,而且能强化神经系统、内分泌腺体和主要器官的功能,瑜伽通过激发人体潜在的能量来促进身体健康。

人体的神经系统、内分泌腺体和主要器官的状况决定着一个人的健康程度。有规律的瑜伽练习有助于消除心理紧张,也有助于减缓由于疏忽身体健康或提早衰老而造成的体能下降。因此,长期坚持练习瑜伽能保持活力,令思路清晰。

现代生活节奏快,竞争激烈,压力较大。当然,适度的压力有利于激发兴趣、振奋精神,使人精力充沛。但是,如果这种压力超过我们所能承受的限度,身体就会感到紧张不适,自我免疫力下降,体力不支,出现肌肉紧张(可导致脊椎疼痛)、疲惫不堪、呼吸短促甚至神志不清等症状,甚至会引起心理上的挫折感。

瑜伽包含伸展、力量、耐力和强化心肺功能的练习,能促进身体健康,有协调整个机体的功能。练习瑜伽不仅可以学习如何让身体健康运动,而且可以增加身体的活力。此外,练习瑜伽可以培养心灵和谐,使情感处于稳定的状态,引导人们改善自身的生理、感情、心理和精神状态,使身体协调平衡,保持健康。

(四) 瑜伽的发展历史

现代学者将瑜伽分为以下3个发展时期。

1. 前古典时期

由公元前5000年开始,直到《梨俱吠陀》的出现为止,有3 000多年的时间,是瑜伽原始发展、缺少文字记载的时期。瑜伽由一个原始的哲学思想逐渐发展成为修行的法门,其中的静坐、冥想及苦行,是瑜伽修行的中心。

2. 古典时期

自公元前1500年《吠陀经》开始对瑜伽有文字记载以来,到《奥义书》中有明确的解释和阐述瑜伽为止,《薄伽梵歌》的出现完成了瑜伽行法与吠檀多哲学的合一,使瑜伽这一民间的灵修实践变为正统,由强调行法到行为、信仰、知识三者并行不悖。大约在公元前300年时,印度圣哲帕坦伽利(Patanjali)创作了《瑜伽经》。印度瑜伽在其基础上真正成形,瑜伽行法被正式定为八支体系。

3. 后古典时期

自《瑜伽经》以后,为后古典时期。主要包括了《瑜伽奥义书》、密教和吠陀瑜伽。《瑜伽奥义书》有21部,在这些奥义书中,纯粹认知、推理甚至冥想都不是达到解脱的唯一方法,它们都有必要通过苦行的修炼技术所导致的生理转化和精神体会,才能达到梵我合一的境地。这是后古典时期瑜伽的精华。

19世纪的克须那摩却那是现代瑜伽之父。其后的爱恩加和第斯克佳是圣王瑜伽的领导者。另外,印度锡克族的拙火瑜伽和湿婆阿兰达瑜伽也是两个重要的瑜伽派别,前者强调练气,后者注重练心。

二、瑜伽的理论与修持方法

(一) 瑜伽与印度哲学

瑜伽已有数千年的历史,唯一的经典是源自公元前200年的著名瑜伽行者帕坦伽利所著的《瑜伽经》(Yoga Sutras)。严格来说,瑜伽是一种身心锻炼的统称,好比中国讲返璞归真、导引等,瑜伽在印度也是一个身心修炼的通泛名词。有一个时期进行各种身心修炼的人不管任何派别,都被尊称为瑜伽士(Yogi,女性为 Yogini)。

古印度的宗教哲学派别林立,不过有两本著作被大多数印度人尊为经典:一是《奥义书》;二为《薄伽梵歌》。古印度婆罗门教提倡"梵我一如"理论,由于印度教的普及,加上另一位有名的瑜伽祖师(同时也是印度教祖师)商卡拉的影响,这两本书也被后来大多数瑜伽士奉为经典。瑜伽术本是一种身心修持术,与宗教无关,也可以说古印度任何宗教都采用。它的最高目的是实现人的一切可能,从精神(小我)与自然(梵,大我,最高意识)的合一(梵我一如),一直到成佛成仙,或者其他教派所说的最高目的,瑜伽术都是被认可的途径之一。

印度古语有云:世上有两种超越太阳轨道(获得永恒)的方式:第一,在瑜伽中离弃世间;第二,在战场上委弃身体。

这其实与中国的传统价值观有所契合,例如道教的"功德成神"说与儒家的"忠烈祠"信仰等。

(二) 瑜伽的修持方法

瑜伽的修持方法可分为以下7个阶段。

(1) 道德规范。道德是首要的。没有道德,任何功法都练不好,必须以德为指导,德为成功之母,德为功之源。瑜伽道德的基本内容包括非暴力、真实、不偷盗、节欲、无欲。这是瑜伽首先要求修持者遵守的道德规范。

(2) 自身的内外净化。外净化为端正行为习惯,努力美化周围环境。内净化为根绝7种恶习,即欲望、愤怒、贪欲、狂乱、迷恋、恶意、嫉妒。

(3) 体位法。体位法是姿势锻炼,能净化身心、保护身心、治疗身心。体位法的种类不可胜数。体位法锻炼可分别对人体的肌肉、消化器官、腺体、神经系统和其他组织起到良好的作用。它不仅有利于提高身体素质,还可以提高精神素质,使人的肉体与精神达到平衡。

(4) 呼吸法。呼吸法是指有意识地延长吸气、屏气、呼气的时间。吸气是接受宇宙能量的动作,屏气是使宇宙能量活化,呼气是去除一切思考和情感,同时排除体内废气、浊气,使身心得到安定。

(5) 控制精神感觉。精神在任何时候都处于两个相反的矛盾活动中,欲望和感情相纠缠,其次是与自我相联系的活动。控制精神感觉就是抑制欲望,使感情平和下来。集中意识于一点或一件事,从而使精神安定、平静。

(6) 冥想与静定状态。冥想与静定状态只有通过实际体验理解和感受,难以描述。

(7) 坚持者进入"忘我"状态。即意识不到自己的肉体在呼吸、自我精神和智性的存在,已进入了无限广阔的宁静世界。

以上7个阶段综合起来即瑜伽。这7个阶段又可分为以下4个步骤来实现。

(1) 第一个阶段和第二个阶段是思想基础、思想准备。

(2) 第三个阶段和第四个阶段是肉体训练,通过各种姿势训练达到祛病强身的目的。

(3) 第五个阶段和第六个阶段进行初步静坐,修持静功。

(4) 第七个阶段是高层次的修持,进行冥想、静定阶段。

第二节　练习瑜伽的准备

在学习瑜伽之前，大家需要在以下几方面进行准备。

一、关于练习瑜伽的一些误区

误区一：只有身体柔软的人才适合练习瑜伽

这是多数人对瑜伽的误解。练习瑜伽使身体变得柔软，而非身体柔软的人才适合练习瑜伽。此外，瑜伽讲究适度即可，而并不追求动作完成的幅度大小，只要练习者尽力而为便可收到理想的效果。

误区二：瑜伽就是一种减肥运动

练习瑜伽的最终目的是使身（身体）、心（思维、情绪等）、灵（感知事物的本能）三者达到平衡，因此练习者不仅获得了身体的健康，还获得了心理的健康和本能的发展。就健身而言，瑜伽的作用还包括调节内分泌、治疗和辅助治疗疾病、减缓疲劳和压力等。因此，仅仅把瑜伽认为是一种减肥运动的观点是不完全的，减肥只是练习瑜伽的目的之一。

误区三：瑜伽是一种女性化的运动

瑜伽虽然在女性群体中受到了莫大的欢迎，但瑜伽并非女性的专利。因为瑜伽最初的练习者（或称发明者）全是男性，该点可从瑜伽的很多动作上得到证实。此外，当今知名的瑜伽大师几乎全是男性。在欧美某些国家，男性练习瑜伽的普及程度甚至高于女性。

误区四：瑜伽需要团体练习才有氛围

团体练习固然有好的氛围，但瑜伽本质上是一种自我修习的方式，因此，瑜伽的自我练习更容易全身心投入，从而收到事半功倍的效果。

误区五：瑜伽就像柔术或舞蹈

瑜伽与柔术、舞蹈的练习目的完全不同，柔术和舞蹈是以表演为主要目的的，而瑜伽的练习是通过体位、呼吸、冥想、放松等多种技法的配合，达到完全的健康和自我修习的目的。因此，瑜伽与柔术、舞蹈虽然形似，却神差千里。

误区六：坚持练习是一件痛苦的事

瑜伽并不是一种累人的运动，相反，它可以解除疲劳、焕发精神，每天练习瑜伽就像做了一个全身由内脏、腺体到肌肉、骨骼，甚至是大脑的休闲按摩，十分舒适。此外，任何一种健身运动都需要长期坚持，才会收到良好的效果，取得傲人的成绩。

二、瑜伽的优势与特色

（一）瑜伽的优势

瑜伽的益处不胜枚举。长期练习瑜伽姿势、调息法及放松法可预防百病，尤其是糖尿病、高血压、饮食失衡、关节炎、动脉硬化、静脉曲张、哮喘等慢性疾病。有研究显示，长期练习瑜伽的人比普通人更懂得控制自身的体温、心率和血压水平。近年来，医学界已证实瑜伽可以有效地调节神经系统及内分泌系统，进而改善个人的整体健康。目前，瑜伽已被应用在治疗艾滋病的层面。

而它在解决心理及精神方面的问题上也有一定的影响力,一些国家让囚犯修习瑜伽用来改善囚犯的精神健康,帮助他们减轻精神压力、恐惧感、攻击性,便于他们重归社会。我们明白了生理、心理和精神三方面的健康不能分割对待,自然会对整体生命有更透彻的了解。瑜伽的最终目的就是拓宽个人意识,令我们更了解当代生命的意义和价值。

(二) 瑜伽区别于一般运动的特色

瑜伽的修习必须集中意识,使身体在某姿势下静止维持一段时间,而达到身心的统一。这可使身体内分泌平衡,四肢均衡发展;达到全身舒畅,心灵平静,内在充满能量的锻炼效果;睡眠时间不需要太长。

一般运动需要身体机械式地运动,无须用意识。这样的锻炼可使肌肉发达,但不均衡;体力易消耗,肌肉易疲劳;需要长时间睡眠以恢复体力。

三、练习瑜伽的准备工作与注意事项

(一) 准备工作

1. 时间

一般来说,人们都是利用早晨、中午、黄昏或睡前来练习瑜伽。其实,只要保证空腹的状态,一天中的任何时间都可以练习。换句话说,饭后(3小时之内)是不宜练习瑜伽姿势的。在真正的瑜伽行者看来,清晨4~6点才是练习瑜伽的最佳时刻,因为此时周围万籁俱寂,大气最为纯净,肠胃活动基本停止,大脑尚未活跃起来,容易进入瑜伽的深层练习状态。

2. 地点

练习瑜伽最好能在干净、舒适的房间里,有足够的伸展身体的空间,避免靠近任何家具。房间内空气清新、流通,并且能自由地吸入氧气。最好摆上绿色植物或鲜花,也可播放轻柔的音乐来帮助松弛神经。

当然,练习者也可以选择在露天的自然地面练习,比如花园等环境较好的地方,千万不要在大风、寒冷或有污染的空气中练习,也不要在太阳直射下练习(黎明除外,因为那时光线柔和,有益于健康)。

3. 衣着

练习瑜伽应穿着宽松柔软的衣服,以棉麻质地者为佳,必须保证透气和练习时机体不受拘束。必须脱鞋,袜子最好也脱掉(天冷时脚部必须注意保暖),手表、眼镜、腰带以及其他饰物都应取下。

4. 道具

练习瑜伽当然以使用专业的瑜伽垫为好,当地面太硬或不平坦的时候,瑜伽垫能发挥缓冲作用,帮助练习者保持平衡。但是,如果练习者没有专业的瑜伽垫,铺上地毯或对折的毛毯也可。不要在过硬的地板或太软的床上进行练习,同时注意不能让脚下打滑。初学者也可使用一些道具来辅助练习某些姿势,可用的道具如瑜伽砖、瑜伽绳,甚至墙壁、桌椅等。很多瑜伽姿势都可使用相应的道具,帮助练习者进行循序渐进地练习,同时更准确地掌握每一个姿势传达给身体的感觉。

5. 沐浴

沐浴前20分钟内不要练习瑜伽,因为练习瑜伽会使身体感觉变得极其敏锐,此时若给予忽热忽冷的刺激,反而会伤害身体,消耗身体内储存的能量。沐浴后20分钟内也不宜练习瑜伽,因为沐浴后血液循环加快,筋肉变软,如果马上练习瑜伽,不仅容易使身体受伤,而且会导致血压升高,加重心脏负担。心脏病、高血压、甲亢等疾病患者尤其要注意这一点。

另外,长时间的太阳浴后不要练习瑜伽姿势。练习瑜伽之前一小时左右洗个冷水澡,能让自己的练习达到更好的效果。

6. 饮食

如前所述,饭后3小时之内不宜练习瑜伽姿势。但是,练习者可以在练习前1小时左右,进食少量的流质食物或饮料,比如牛奶、酸奶、蜂蜜、果汁等。练习时,可以喝一点儿清水以帮助排出体内毒素(当作鸭行式练习时,甚至应该大量喝水)。练习瑜伽结束1小时后进食最好。最好吃一些天然的食品,避免食用一些油腻、辛辣或导致胃酸过多的食品。进食要适可而止,吃得太饱会让人感到烦闷和懒惰。另外,练习瑜伽后饭量减少,排气、排便增加属于正常现象。

(二) 练习瑜伽的注意事项

所有的运动在开始之前都会有一些说明及注意事项,瑜伽也不例外。本章将详细地说明练习瑜伽的一些注意事项以及为什么会有这些注意事项。

1. 练习瑜伽宜保持空腹状态

饭后3~4个小时,饮用流体后1个小时左右练习为佳,练习中另有规定的不依此例。

我们看这条规定的原因。瑜伽的动作都是弯、伸、扭、推、挤。弯、伸、扭、推、挤是瑜伽的特点。我们做一个小实验:拿一个大大的塑料袋子,里面盛满东西,扭压这个袋子的时候,会怎么样?袋子会破。如果我们的胃里盛满了食物再被扭挤,那只能对消化系统造成不应有的负担。这是从我们整个身体健康的角度考虑的。既然是从身体健康的角度考虑的,所以不必很教条。比如说,一顿饭只吃了一个苹果,那么只需要它消化得差不多,等肚子空下来就可以练了。大家可能也有这样的经历,在刚喝了水之后去做运动,胃就像一个水袋子似的"咣当咣当"响个不停。这就是瑜伽练习中提到的饮用流体1小时后再进行练习的规则的原因所在,所以我们也不要饮水后立刻练习。如果实在口渴,可以小口啜饮,并且以60毫升以内为宜。然后我们再看,"练习中另有规定的不依此例"是什么意思呢?这是因为我们的洁净功。比如瑜伽中的一些练习需要喝很多的水,它是借助水配合特定的动作来冲刷你的肠道的,所以说练习中另有规定的不依此例。此外,还有热瑜伽的练习,整个练习过程大量排汗,水分流失过多,在练习过程中可小口啜饮补水。

2. 练习瑜伽宜依据个人情况适度选择动作难易度

做各种瑜伽练习一定要在极限的边缘温和地伸展身体,千万不要用力推拉牵扯。超出自己极限边缘的动作就是错误的练习。

什么叫在极限的边缘呢?比如练习瑜伽的向前伸展动作,伸展到快无法忍受了,这时处于伸展的极限,但练习者可以感受到伸展的舒适与快乐,这就是极限的边缘。温和地伸展,有控制地练习,千万不要过度地推拉牵扯。瑜伽被认为是几千年以来绝少运动伤害的运动,原因就在于此。

3. 练习瑜伽宜量力而行

如果在练习的过程中出现体力不支或身体颤抖,请即刻收功还原,不要勉强坚持。

大家可能出现过这样的状况,比如说做一个船的体位,大家有过肌肉发抖的状况吗?肌肉发抖是因为肌肉疲劳。肌肉极度疲劳时继续高强度地练习瑜伽,身体就会受伤。所以说,体力不支时,不要强迫自己去练习,也不要因为做不到某个瑜伽姿势而沮丧。只要经常练习,假以时日,身体的耐受力会越来越强,瑜伽练习者的姿势就会做得越来越到位,自身体质也会越来越好。

四、练习瑜伽的饮食习惯

瑜伽哲学认为,食物同时具有生理和心理的作用,有些食物有益,有些食物有害。

(一) 刺激性食品

瑜伽将刺激性食品称为"变性食物",在提供热量的同时也刺激身心。这种食品具有刺激性,并且含有咖啡因,如提炼过的糖、洋葱、大蒜、辣椒;任何具有强烈味道,如甜、酸、苦、辣、咸的原料或作料。如果消耗过多的刺激性食品,那么它将刺激内分泌和神经系统,使大脑激动起来,从而与瑜伽的平静知足背道而驰。

(二) 压抑性食品

瑜伽将压抑性食品称为"惰性食物",此类食物扰乱身心安定,使人易怒、易妒,变得懒惰、萎靡。这种食品具有一定的抑制作用,让我们丧失能量,毒害我们的身体系统。压抑性食品包括不新鲜的、没味道的、腐烂或过熟的食品,例如罐头、冷冻、经过加工或腐烂的食品、肉类和酒精类饮料。

(三) 健康食品

瑜伽将健康食品称为"悦性食物",它们能给身心带来纯净和愉悦,促进生长。这种食品非常干净鲜活。例如新鲜的水果和蔬菜、坚果、种子、豆制品、粮食、奶制品和蜂蜜。

(四) 健康饮食习惯的一般性指导原则

健康饮食习惯是坚持只进食乳品蔬菜类食品,包括水果、蔬菜、坚果、种子、豆制品、粮食、奶制品和蜂蜜,而不吃刺激性和压抑性食品。尽管要改变长久以来形成的饮食习惯非常困难,但是最好还是尝试遵照这些原则来做,然而我们必须给身体足够的时间适应这种新的饮食习惯。其实,健康饮食习惯中最重要的一点是,尽量在食品处在最自然状态时摄取它,这时食品是最新鲜的,也是最有营养的,并且充满着活力。这样的食品不仅易消化,而且能加快缓慢的消化过程,肠胃会更健康。

摄取大量水果、蔬菜和豆制品。选择新鲜的食品,不要摄入冷冻、加工或处理过的农产品和罐头。适量地摄取坚果和种子类食品,它们能提供身体必需的脂肪酸和蛋白质。尽可能地选择全麦面包或面条。选择原汁原味的酸乳酪。用蜂蜜取代白糖,用枣和干果制品取代甜品。如果有可能,用长豆角代替巧克力。摄入各种不同的食品。避免食用经过防腐处理、加入色素和添加剂的食品。避免食用油腻或油炸过的食品。减少红肉和鸡肉的摄取,主要摄取鱼肉,因为鱼肉更易消化。进食要缓慢仔细地咀嚼食物,做到适量进食,换句话说,吃到八分饱就可以了。每两次进食之间应留出足够的时间,这样胃处于排空状态,有助于食物的消化吸收。戒掉吸烟、喝酒、摄取咖啡因和任何其他刺激性或压抑性食品的习惯。

值得注意的是,在对自己的饮食习惯做出重大改变之前,请先咨询一下保健医生。因为身体有可能要经历一个解毒过程,并出现一些暂时的症状,可以通过使用草药或采取其他医疗措施来缓和这些症状。

（五）练习瑜伽应该多吃的4种素食

1. 蔬果汁

蔬果汁取材很方便，制作方法也很简单。制作方法如下：把洗干净的新鲜蔬菜或者果汁放入有水的锅中，通过长时间的炖熬，蔬菜或者水果的颜色和营养会溶解到水里，把炖烂的蔬菜或水果捞去，在汤中放入盐和糖，等到温度合适时饮下汤汁。

2. 沙拉

所有可生吃的蔬菜都可以做成沙拉，如黄瓜、西红柿、胡萝卜、莴苣、卷心菜等。

3. 新鲜的水果

对于任何人来说，水果总是有营养的食物。为了使练习瑜伽取得良好的效果，吃新鲜水果是非常重要的。这并不是说必须吃昂贵的水果，一般常见的水果都有丰富的营养，只要是新鲜的水果即可。

4. 生坚果

建议大家吃一些能从硬壳剥出来的生坚果，如榛子、开心果、杏仁、山核桃和核桃仁等，把这些坚果混合起来，每天只需要吃一小把。生坚果具有使体内生热的功能，所以宜于冬天食用，夏季可以少吃。

第三节 瑜伽的姿势功法

视频：瑜伽的姿势功法

一、瑜伽基本姿势的概要及作用

（一）坐姿：前倾式

向前倾的坐姿不仅能安抚整个神经系统，还能使大脑镇定下来。

特别是对初学瑜伽的人来说，前倾的坐姿要比前倾的站姿容易完成一些，因为完成前倾的站姿需要多花一点儿力气，而且要具备一定的平衡能力。

一般来说，只要前倾的坐姿练好了，就为练习站姿打好了基础，它还为高血压或其他疾病患者提供了一个实用的选择，即不要把头放在低于心脏的位置。

练习前倾式是平衡和加强肾与肾上腺等器官功能的有效方式。

前倾式主要分为钻石式、束角式、跨骑式、单腿交换伸展式、射箭式、背部伸展式、牛面式、船式等。

（二）坐姿：后仰式

后仰一般要求身体强而有力，而前俯则要求身体具备灵活性。同时，后仰还是加固和调养身体的很好方式，特别是对背部、腿部和臀部的肌肉。如果练习者觉得自己不具备做后仰式的力量，可先练习难度低一点儿的站姿，例如战士式。

练习后仰式的好处很多。后仰式能增强脊椎骨的灵活性，帮助改善站姿和坐姿，并保持脊椎的弹性。它还能通过增加脊椎区域和从脊椎延伸出来的神经的血液供应，而使神经系统受益。伸展腹部区域，能在很大程度上帮助消化，因为它能调理在一般情况下比较弱的腹部肌肉和消化器官。它还能扩展和打开胸部区域，增加肩膀的灵活性，从而帮助胸部得到更大的扩展。这能为深呼吸创造更好的条件,使呼吸系统也能受益。在身体保持后仰时,大脑也会进入被动的平静状态。

后仰式主要分为猫伸展式、骆驼式、眼镜蛇式、蝗虫式、弓式、鱼式、狗伸展式、桥式等。

(三) 坐姿：脊椎弯曲式

脊椎弯曲式对排列各个脊椎骨的位置特别有用,它能有效地扭曲腰部以上的脊椎。这些姿势能够温柔地按摩腹部区域的内脏,并提供新鲜的血液滋养这些器官。它们还能扩胸,为更好地呼吸创造条件,特别是使用胸腔的呼吸。

脊椎弯曲式让神经系统的神经中枢重新焕发活力,这些神经中枢从脊椎一直延伸到身体外围。所以,这些姿势对自主神经系统的影响比任何其他类别的姿势都大,特别是对迷走神经的影响。它具备安排和使身体与大脑平静下来的作用,所以它不仅使身体容光焕发,还可以使微妙的身体系统充满活力。

自主神经系统是由大脑主干和视丘下部控制的,它负责所有我们意识不到的身体功能。这些功能包括消化、呼吸、腺体和荷尔蒙的分泌、心跳、血液循环以及肾脏和肝脏的功能。

迷走神经是我们身体中心副交感神经系统的重要部分,同时它也影响交感神经系统。副交感神经系统是自主神经系统中安静、放松的部分,它能平衡交感神经系统的活跃、刺激性作用。

我们可以通过瑜伽脊椎弯曲式使身体的各个微妙的部分充满活力。

脊椎弯曲式主要分为坐扭曲式、新月式等。

(四) 站姿

瑜伽中的反姿势对所有姿势都非常重要,反姿势运动的目的是在进行不对称的站姿后,让身体恢复对称,同时这些反姿势还能让大腿和脊椎得到放松和伸展。

站姿主要分为山式、蹲伏式、弯腰伸展式、侧面弯腰伸展式、战士第一式、战士第二式、三角伸展式、旋转(翻转)三角式、侧三角伸展式等。

(五) 平衡姿势：站立和手的平衡

它是指通过平衡或均等地使用身体,使身体灵活地移动、摆姿势和协调四肢。它能使你的大脑宁静安详,注意力集中。

平衡姿势主要分为树式、战士第三式、半月式、鹰式、舞蹈式、平衡式、支架式、斜支架式、孔雀式、后仰支架式、乌鸦式、手倒立式等。

(六) 倒立姿势

倒立姿势是瑜伽训练中不可或缺的一部分。它能通过各种各样的方式影响身体的机能,使我们得到生理、心理和精神上的益处,而且这种姿势能使整个系统重新充满活力。例如,它能消除疲劳,缓解失眠、头痛、静脉曲张、消化疾病以及过多的紧张情绪和焦虑。

倒立主要分为肩倒立式、犁式、蝎子式、头倒立式等。

(七) 休息和放松的姿势

有效动作在发挥最大能量时,往往就是最放松的时候。放松的姿势主要分为仰卧放松式、卧英雄式、半身仰卧放松式等。

二、瑜伽的呼吸和调息

(一) 腹式呼吸
(1) 身体放松,仰卧。
(2) 单手轻轻放在肚脐上。
(3) 吸气,将空气不经肺部吸入腹部的位置,吸到不能吸为止。此时会感到手被腹部微微地抬起。
(4) 吐气,将腹部向内往脊椎收,借收缩腹部的动作将空气呼出。

(二) 胸式呼吸
(1) 仰躺或者背挺直坐着。
(2) 吸气,将空气吸入肺部的位置,胸部鼓起。吸气越深,腹部会越往脊椎方向收入。
(3) 吐气,肋骨会渐渐向下并往内收。

(三) 完全(瑜伽)呼吸
(1) 先轻轻吸气,吸到腹部的位置,当这个区域已饱满时,接着开始充满胸部区域下半部的位置,渐渐地再充满至胸部区域的上半部位置。尽量将胸部吸满,扩张至最大的程度。
(2) 吐气,先放松胸部的位置,再放松腹部的位置。
(3) 用收缩腹部肌肉的方式结束呼气。这是为了确保将肺部的空气完全排出。
(4) 重复以上动作,循环往复。

三、瑜伽的姿势

(一) 向太阳致敬式
(1) 挺身站立,但要放松,两脚靠拢,两掌在胸前合十,正常呼吸(见图8-1)。
(2) 两脚保持平放在地上,把双臂高举头上(举臂时,两手食指相触,掌心向前),缓慢而深长地吸气,上身自腰部起向后方弯下。在这样做的过程中,两腿、两臂都伸直,上身向后弯以帮助增加脊柱的弯度(见图8-2)。

图 8-1

图 8-2

(3) 一面呼气,一面慢慢向前弯身,用双掌或两手手指触及地板(不要弯曲双膝)。以不感到太费力为限,尽量使头部靠近双膝(见图8-3)。

(4)一面保持两掌和右脚在地板上稳定不动,慢慢吸气,同时把左脚向后伸展。并且慢慢把头向后弯,胸部向前方挺出,背部则呈凹拱形(见图8-4、图8-5)。

图8-3

图8-4

(5)一面慢慢呼气,一面把右脚向后移,使两脚靠拢,臀部向上方抬起。两脚脚跟尽量压向地面,两臂和两腿伸直,身体应该像一座桥的样子(见图8-6)。

图8-5

图8-6

(6)一面吸气,一面让臀部微微向前方移动,一直到两臂垂直于地面为止(见图8-7)。

(7)然后蓄气不呼,弯曲两肘,膝盖着地,把胸膛朝着地板方向放低,保持胸部略高于地面,一边慢慢呼气,一边把胸部向前移(见图8-8、图8-9)。

(8)直到腹部、两条大腿接触地面。吸气,同时慢慢伸直两臂,上身从腰部向上升起。背部应呈凹拱形,头部像眼镜蛇那样向后仰起(见图8-10)。

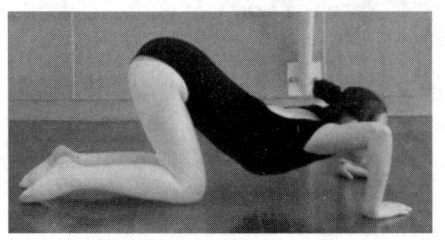
图8-7

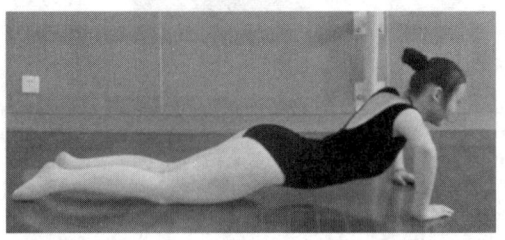
图8-8

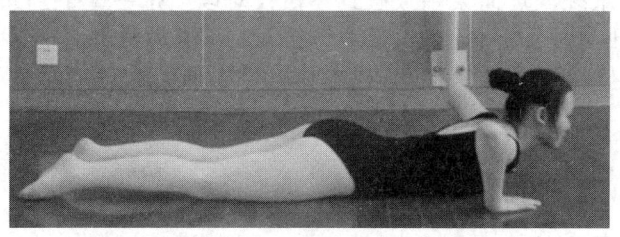
图 8-9

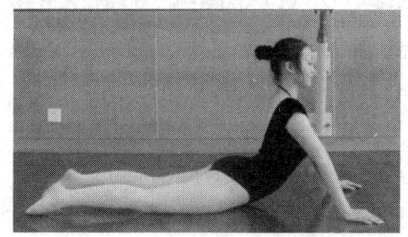
图 8-10

（9）呼气，同时把臀部升高到空中。

（10）边吸气，边弯曲左腿并向前迈一大步，左脚脚趾与两手指尖平行。向上看，胸膛向前挺，脊柱呈凹拱形（见图 8-11、图 8-12）。

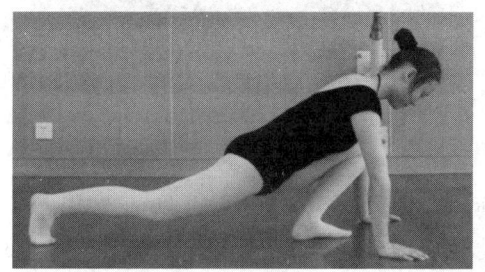
图 8-11

图 8-12

（11）一边保持两掌放在地板上，一边慢慢呼气，把右脚收回与左脚并拢，伸直双腿，尽量使头部靠近双膝（见图 8-13）。

（12）吸气，两臂伸直慢慢抬高，同时慢慢抬起身体，两臂和背部向后弯（见图 8-14）。

（13）一边呼气，一边将手臂收回，两手在胸前合十，恢复到开始的姿势（见图 8-15）。

图 8-13

图 8-14

图 8-15

向太阳致敬式的益处：

向太阳致敬式的奇妙益处极多，实在不能全部列出。这个练习作为一个整体对身体各个不同系统产生良好的影响,如消化系统、肌肉系统等。向太阳致敬式不仅仅对以上每一个个别系统有益,而且有助于各个系统互相达到和谐状态。这个瑜伽练习对人体各主要系统以及对整个人体带来的结果是健康、活力充沛和更警醒、清晰的心灵。

(二) 半舰式

(1) 坐着,两腿向前伸直。

(2) 十指相交,置于头后(见图8-16)。

(3) 呼气,微微向后倾,两脚离开地面,伸直脚趾(见图8-17)。

图8-16

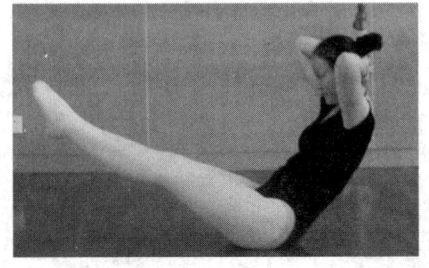

图8-17

(4) 双膝不要弯曲,全身重量应用臀部来平衡,背部任何部分绝不触及地面。

(5) 脚趾尖与头的顶端同一高度,两腿应与地面成30°~40°的角。

(6) 保持此姿势20~60秒。

(7) 力图正常地呼吸,不要悬息,也不要深深呼吸。

半舰式的益处:

这个姿势能强壮双腿、腹部和背部,增加这三处的力量,它也能强壮神经系统、脾脏、肝脏和胆囊。在做这个姿势时,背部肌肉受到很大的张力,开始学做时若不能够忍受这种拉力,则要试着以感到舒服为限,尽量长久地保持这个姿势。这种瑜伽姿势可使背部逐渐变得健壮。

(三) 半蝗虫式

(1) 俯卧,下巴着地,双手握拳置于体侧。

(2) 将掌心朝上,放于大腿根处。

(3) 吸气,收紧臀肌,用力向上抬高双腿,脑门贴地,双臂用力压地。保持10~20秒,自然地呼吸(见图8-18)。

(4) 呼气,腿落下还原,下巴着地,深呼吸一次,反复做3次。

半蝗虫式的益处:

提高臀位线,收紧臀肌,加强腰部、背部肌肉。

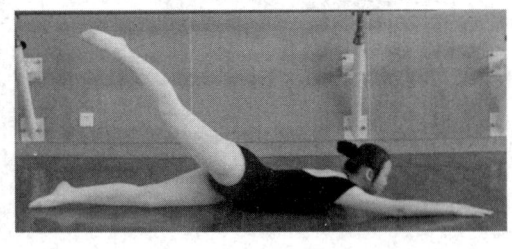

图8-18

(四) 铲斗式

(1) 按基本站姿站立,两脚分开。

(2) 两臂上举,手腕放松,手指自然垂落(见图8-19)。

（3）深吸一口气,然后呼气,以腰为轴,上体快速垂下,两手臂在两腿间自然摆动（不要刻意摆动）(见图8-20)。

（4）吸气,以腰为轴,从下背到中背、上背、颈椎、头,逐渐抬高上体,重复此姿势3次（见图8-21）。

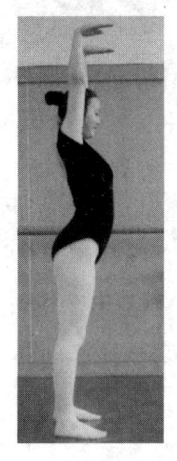

图 8-19　　　　　　　　　　图 8-20　　　　　　　　　　图 8-21

教学提示

高血压和低血压患者、眩晕患者、经期妇女勿做此练习。头部受过伤害的人在征得医生同意下方可做此姿势。

铲斗式的益处：

此姿势将内脏颠倒过来,放松所有的内脏器官。一股新鲜血流流入脑部,增加了血液中氧的含量。脊柱神经受到滋养,安神、补气,消除紧张的神经,清新头脑。

（五）船式

（1）仰卧在垫子上,身体放松成一条直线,两腿伸直,脚跟并拢,两臂平放于身体两侧,掌心向下。

（2）吸气,抬起上身,两臂朝前平举,指尖指向脚的方向,同时将两腿抬离地面。眼睛尽量往前看或看着脚尖,体会腹部绷紧的感觉。头部和脚跟离地面大约30 cm。屏气,保持此姿势,停留6~12秒,呼气,全身放松仰卧,做3次深呼吸（见图8-22）。

（3）吸气,然后把头、腰、背、两臂抬离地面,只保留臀部支撑全身重量。头部尽量与地面垂直,眼睛保持平视。头部和脚跟离地面30 cm以上,两臂向前伸直,双手握拳并拢,拳心向下,屏息6~12秒（见图8-23）。

（4）呼气,恢复平躺姿势,全身放松休息并做3~6次呼吸。然后重复练习3~6次。

船式的益处：

图 8-22　　　　　　　　　　　　　　图 8-23

船式对松弛紧张的神经、警醒头脑特别有益;有助于强健腰背部,减少女性生产时的痛苦;促进肠道蠕动,改善消化功能,有助于消灭肠胃中的寄生虫;强健肌肉,放松关节;分解腰部、腹部脂肪。

(六) 顶峰式

(1) 跪下,臀部放在两脚脚跟上,脊柱挺直。两手放在地上,抬高臀部,两手两膝着地跪下来。吸气,伸直两腿,将臀部升得更高(见图8-24、图8-25)。

(2) 双臂和背部应形成一条直线,头部应处于两臂之间。整个身体应像一个三角形的样子(见图8-26)。

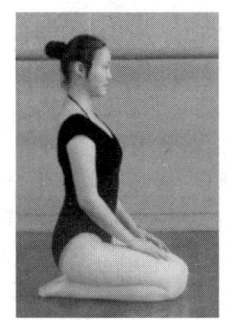

图 8-24　　　　　　　　图 8-25　　　　　　　　图 8-26

(3) 将脚跟放在地面上。如果脚跟不能停留在地面上,就让脚跟上下蹦弹,来帮助伸展腿腱。正常呼吸,保持这个姿势约1分钟。呼气,恢复两手两膝着地的跪姿,重复做6次。

顶峰式的益处:

这是一个健身效能极为显著的姿势。它能消除疲劳,帮助恢复精力;使心率减慢;伸展和加强腘旁腱、小腿肌肉、双踝和跟腱;消除脚跟疼痛和僵硬感;软化跟骨刺;强壮坐骨神经。这个姿势还可以防治肩关节炎。

教学提示

患有高血压和眩晕病的人应向医生咨询是否适宜做此练习。

(七) 动物放松式

(1) 坐下,两腿向前伸直。

（2）用右脚抵住臀部（见图8-27）。
（3）把左脚向后方伸展。左脚跟挨着左大腿的内侧。
（4）吸气，慢慢把两手伸高到头的上方（见图8-28）。
（5）呼气，把上身弯下来，弯到左膝的上方（见图8-29）。
（6）把头放在地面上，在缓慢而平稳地呼吸的同时，保持这个姿势1~2分钟。
（7）吸气，慢慢抬起上身，恢复到两臂高举过头的姿势。
（8）交换两腿的位置，重复这个练习。

　　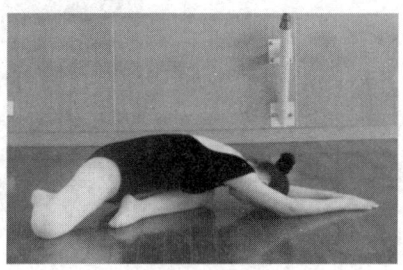

图8-27　　　　　　　图8-28　　　　　　　图8-29

动物放松式的益处：

这种放松姿势能滋养、强壮神经系统，增强腹部肌肉群，放松肩、髋和膝等各关节。人们常常把它用于做冥想前的预备功。

（八）排浊气式

（1）蹲下，两膝分开，双脚平放在地上。
（2）两肘顶住两膝的内侧，把两手手指放在两脚脚面上（见图8-30）。
（3）深深吸气，呼出，一边低下头，一边伸直两腿（见图8-31）。
（4）保持这个姿势约6秒。
（5）两手继续保持放在两脚底下，恢复蹲下的姿势。重复做这个练习7~10次。

　　　　　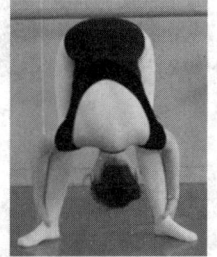

图8-30　　　　　　　图8-31

排浊气式的益处：

对腹部脏器来说，这个姿势非常有益。它也能补养、加强双肩、双臂、两腿和两膝的肌肉与神经。

（九）风吹树倒式

（1）双腿分开同肩宽，双臂向上伸直，五指交叉，挺直脊柱，抬起脚跟，吸气。

（2）呼气，身体向左侧弯曲到最大限度，脚跟不落（见图8-32）。保持数秒。

（3）吸气，还原。

（4）呼气，身体再弯向右侧（见图8-33）。如此反复，再做5次。

图8-32

图8-33

风吹树倒式的益处：

这种姿势可消除腰、腹的赘肉和强健脚踝。

（十）弓式

（1）整个身躯趴在地板上（见图8-34），屈膝（见图8-35），脚掌向上，双手向后握住双脚，左手勾左脚踝，右手勾右脚踝（见图8-36）。

（2）先吸气准备，吐气时，肩膀、胸部及双腿同时上抬，使身体向上拱起，停10～16秒。双腿向内夹紧，挺胸，手尽量伸直，头尽可能抬高，感觉自己是个弓箭，脚也要抬高，让身体呈U字形（见图8-37）。

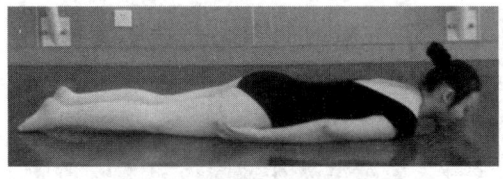

图8-34

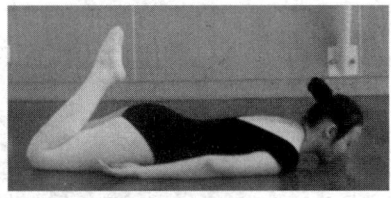

图8-35

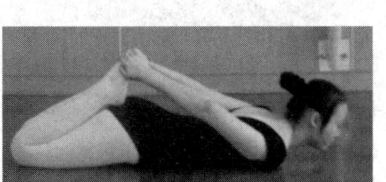

图8-36

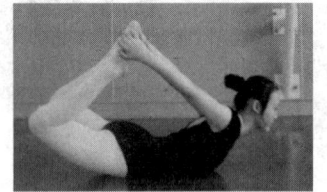

图8-37

弓式的益处：

弓式具有整脊效果;改善呼吸病症;帮助消化,帮助肠胃蠕动;锻炼背肌,增加身体柔软度;消除腹部脂肪,美化背部及腰部曲线,达到瘦身的功效。

(十一) 蛇伸展式

(1) 俯卧地上,两臂放在体侧,掌心向上。

(2) 两臂放在背后,用左手握着右腕(见图 8-38)。

(3) 深深吸气,伸展臂部和背部的各条肌肉,尽量将胸膛从地面抬高起来,把头向后方昂起(见图 8-39)。

(4) 蓄气不呼,保持这个姿势 10~15 秒。

(5) 呼气,慢慢回到地面上,重复做 3 次。

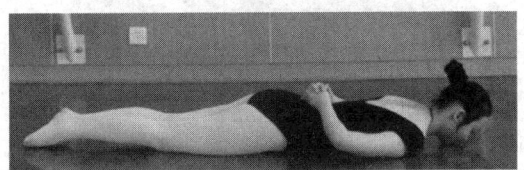

图 8-38

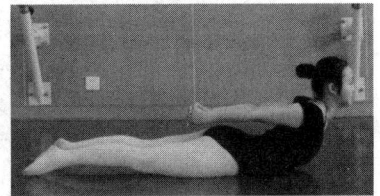

图 8-39

蛇伸展式的益处:

这个姿势对背部的神经和肌肉很有益,一般说来,益处和眼镜蛇式相似。

(十二) 蝴蝶式

(1) 这个坐姿要求双脚掌接触合拢(见图 8-40)。

(2) 将脚后跟收回至大腿根部(见图 8-41)。

(3) 把手放在膝盖上,然后给一定的辅助力量,把膝盖向下压(见图 8-42、图 8-43)。

图 8-40

图 8-41

图 8-42

图 8-43

蝴蝶式的益处：

这个姿势能够打开骨盆，增强髋关节的柔韧性；减轻腿部、膝盖和脚踝的压力，消除腿部肿胀。

（十三）虎式

(1) 双手及双膝着地（见图8-44）。

(2) 吸气的时候凹下脊椎，抬腿并让它在身体后侧笔直地伸展，同时仰望，抬起下巴（见图8-45）。

(3) 呼气的时候，把腿蜷回，弓起背部，头部与膝部靠近（见图8-46、图8-47）。

图8-44

图8-45

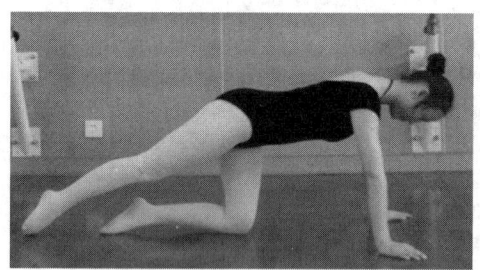

图8-46

图8-47

虎式的益处：

这个动作不仅能够让脊柱更加灵活，而且对塑造臀部和背部的线条很有效果。

（十四）幻椅式

(1) 开始先做基本站立式（见图8-48）。

(2) 将两臂径直高举头上，双掌合十（见图8-49）。

(3) 呼气，屈膝，放低躯干，就像准备要坐在一张椅子上一样（见图8-50）。

(4) 大腿应与地面几乎平行，胸部尽量向后收。

(5) 正常呼吸，保持这个姿势30秒。

(6) 然后吸气，放下两臂，恢复基本站立式。

幻椅式的益处：

这个姿势使双腿更强健，增进体态平衡稳定并矫正不良姿势；增强脊柱，强壮背部肌肉群；消除背部酸痛、僵硬；给心脏柔和地按摩；扩展胸部，增强双踝和强壮腹部器官。

图 8-48

图 8-49

图 8-50

（十五）加强侧伸展式

（1）深吸气，身体微向前倾。将两肘和两肩胛骨向后收，双掌在背后合十。呼气，如果可能的话，转动两腕，将合十的双掌升到肩胛骨之间（见图 8-51、图 8-52）。

（2）吸气，两腿分开。稍做休息，吸气并将躯体转向右边。保持双膝完全伸直不弯曲，将两脚转向右边（见图 8-53）。

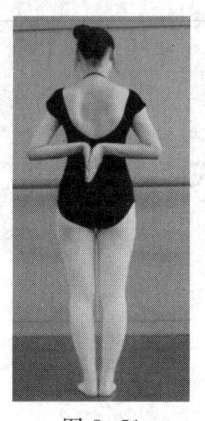
图 8-51

图 8-52

图 8-53

（3）左脚应转满 90°，右脚约转 75°。头向后仰，保持一会儿（见图 8-54）。

（4）呼气，向前弯身，直至头部触及左膝。不要弯曲双膝，慢慢伸展背部，方法是逐渐将下巴延伸过左膝盖之下（见图 8-55）。

（5）有规则地呼吸，保持这个姿势约 20 秒。

（6）深深吸气，将头部和两脚转向中央，直到脚趾指向前方（见图 8-56）。将躯干举起，呼气，回到基本站立式。

加强侧伸展式的益处：

这个姿势能扩展胸腔，刺激和促进深长的呼吸；伸展脊柱，放松髋关节，补养、加强两腿的肌肉；收缩并强壮腹部器官，改进不良体态和圆肩，并使两腕松动、灵活。

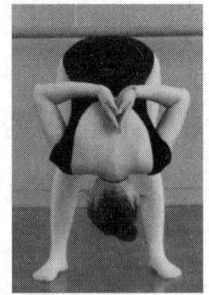

图 8-54　　　　　　　　图 8-55　　　　　　　　图 8-56

（十六）牛面式

（1）盘腿坐好金刚位，调整呼吸（见图 8-57、图 8-58）。
（2）吸气，右臂上伸，屈肘，呼气，左手扳右肘，尽量让右手放低到两个肩胛骨之间（见图 8-59）。
（3）左臂向背后屈起，两手手指相扣（见图 8-60）。
（4）挺直脊背，目光平视，保持 20 秒，自然地呼吸。
（5）左右各做 3 次，松手甩动，换另一侧再做。

如果做此动作时肩部僵硬，两手互相够不到，可以用抓住毛巾两头的方法来代替。

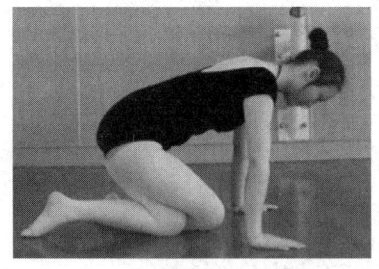
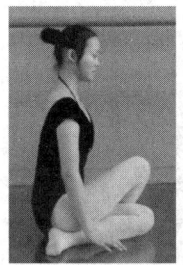

图 8-57　　　　　　图 8-58　　　　　　图 8-59　　　　　　图 8-60

牛面式的益处：
这种姿势可加强背部肌肉，增强腕关节、肘关节、肩关节的灵活性，矫正肩背的歪斜，扩展胸部。

本章小结

本章介绍了瑜伽的分类、练习前的准备工作、基本动作及瑜伽的功效。其中，基本动作是最小元素，学好基本动作可以为瑜伽的学习打下良好的基础。应从易到难，循序渐进地学习。

思考题

1. 瑜伽是怎么起源的？
2. 练习瑜伽的误区是什么？怎样正确地练习瑜伽？
3. 写一篇关于练习瑜伽的心得。

第八章教学训练提示

第九章　大众艺术体操

学习目标

知识目标
- 了解大众艺术体操的分类、术语等基本知识。
- 理解大众艺术体操的基本编排原则。

能力目标
- 掌握大众艺术体操的基本步伐与基本姿态等基本动作技术。
- 掌握大众艺术体操的组合动作。
- 发展学生的灵活性、协调性、柔韧性与模仿能力。
- 培养学生编排简单的大众艺术体操的能力。

素养目标
- 培养学生树立正确的审美观。
- 培养学生树立形体美、心灵美的意识。

艺术体操是一项在音乐伴奏下，以徒手或手持轻器械进行练习的，以自然性和韵律性为基础的体育运动。按照不同的目的、任务，艺术体操可分为大众艺术体操和竞技性艺术体操。适合广大青少年、中老年进行健身、健美、娱乐活动的大众艺术体操是全民健身活动中受到广大群众喜爱的体育运动之一。

第一节　大众艺术体操的特点

一、动作内容丰富

大众艺术体操可以徒手练习各种摆动、绕环、弹动、波浪、走、跑、舞步、跳跃、转体、平衡等动作，也可以手持绳、圈、球、棒、带、纱巾、扇子、小旗等轻器械，结合不同的身体动作进行绕摆、转动、滚、弹、抛、接等具有轻器械特点的动作，还可以利用室内外的环境、设施、地形进行艺术体操动作的练习。各种动作可朝不同的方向、在不同的面上采用不同的节奏与不同的组合方式进行练习，形成丰富多彩的变化。

二、动作艺术性强

大众艺术体操在音乐的伴奏下进行,通过身体动作力度、幅度、速度和姿态造型的变化,以及与轻器械的结合,展现人体美和物体运动的自然美。大众艺术体操的成套动作往往运用艺术手法把多种多样的动作巧妙地编织在一起,构成一幅立体图案,表现出均衡、和谐、自然、优雅等人体运动的外在美和蕴藏在机体之中的柔韧、灵敏、协调、速度、弹跳等素质美。轻器械在摆动、绕环、转动、滚动、弹动、抛接运动中造成连续发展的形态、幅度、强度的变化,构成流动的韵律美和人与器械运动的和谐美。大众艺术体操动作与成套相匹配的音乐在时间的延续中起伏展开,以理想的声音美取得人内心情感变化的幅度、强度和性质的"同构关系",将人类生活中最难以表达的精神现象表现得淋漓尽致,极大地满足了人们的审美心理需求,这些都是艺术性特点的表现。

三、动作简单易学,适宜普及推广

大众艺术体操属于一般性艺术体操,运动中充分利用人体和器械的重力与惯性作用,顺势用力,体现出自然美、韵律性,对练习者的身体素质和运动能力要求不高,一般人都可以参加。练习内容可根据参加者的年龄、兴趣及目的性随意选择。练习人数不限,可在室内或室外进行。练习可使用一定规格的艺术体操器械,也可因地制宜地选用一些简易轻器械,如纱巾、扇子、小旗、短棍、短带、呼啦圈等。练习会根据动作内容、节奏特点任意选用音乐磁带,也可跟着教练学或看书、看录像自学。总之,大众艺术体操动作内容丰富、优美自然、简单易学,对练习条件要求不高,便于在各种年龄层次的人群中普及推广。

视频:大众艺术体操的基本动作

第二节 大众艺术体操的基本动作

大众艺术体操内容丰富多样,在徒手、持轻器械和利用环境条件进行的练习中大多数内容属于艺术体操的基本动作,掌握了这些基本动作的方法、要领和练习步骤,可以按其规律举一反三、触类旁通、演绎变化,创造出更多的新颖动作,组合成不同风格的成套练习。

一、基本身体动作

基本身体练习包括各种走、跑、舞步、摆动、绕环、弹性屈伸、波浪、平衡、转体、跳跃等基本动作。

(一) 基本步法与舞步

1. 柔软步

动作做法:

由自然站立开始(见图9-1),左腿脚面和膝关节绷直向前伸出,脚面向外(见图9-2),由脚尖过渡到全脚掌着地(见图9-3),身体重心随之前移,接着换右脚向前(见图9-4),两腿交替行进,两臂自然前后摆动。

动作要领:摆动腿经屈膝向前伸出时脚面、膝关节绷直并外旋,经脚尖过渡到全脚掌着地时,脚尖向外,脚跟主动向前顶,重心随之前移,髋部随两腿的位移而转动。

  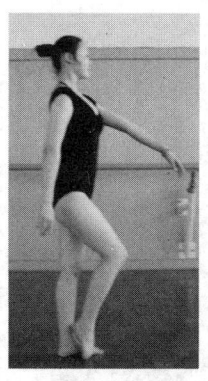 

图 9-1　　　　　图 9-2　　　　　图 9-3　　　　　图 9-4

2. 足尖步

动作做法：

预备姿势：起踵立，两手叉腰（见图 9-5）。

动作时，左腿脚面、膝关节绷直向前伸出（脚面稍向外）（见图 9-6），由脚尖过渡到前脚掌着地，同时重心前移（见图 9-7），两腿交替行进。

图 9-5　　　　　图 9-6　　　　　图 9-7

动作要领：始终高起踵，摆动腿充分绷直，步幅小，重心平稳。

3. 弹簧步

动作做法：

预备姿势：两脚并立提踵，两手叉腰（见图 9-8）。

第 1 拍：左（右）脚向前做一个柔软步（见图 9-9），落地时稍屈膝，身体重心移至左（右）脚（见图 9-10）。

第 2 拍：左（右）脚直膝提踵立，同时右（左）腿直膝前下举，脚面绷直（见图 9-11）。

第 3—4 拍：换另一只脚做。

  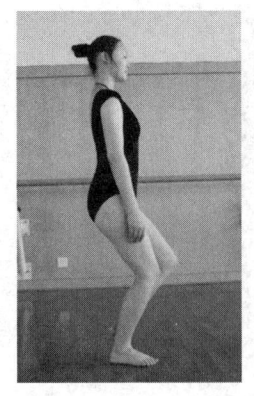 

图 9-8　　　　　图 9-9　　　　　图 9-10　　　　　图 9-11

弹簧步可向后、向侧行进,还可以在第 2 拍做举腿或原地小跳动作。

动作要领:摆动腿着地前充分绷直,脚着地时由脚尖过渡到全脚掌滚动式着地,并有控制地一次屈踝、屈膝,接着依次有力地伸直膝、踝关节,成起踵立,整个蹲起过程保持稳定的重心,动作要柔和、连贯、有弹性。

4. 滚动步

滚动步是两脚交替进行的、脚掌滚动式着地的动作,是表现柔软和弹性的步法。

动作做法:

预备姿势:起踵立,两手叉腰(见图 9-12)。

第 1 拍:右脚由前脚掌滚动至全脚掌着地,重心移至右脚(见图 9-13),同时左腿屈膝向前由前脚掌滚动至脚尖并向前滑动一小步,脚面绷直,脚尖点地(见图 9-14)。

第 2 拍:经双脚起踵,重心左移,左脚全脚掌着地,同时右腿屈膝向前,由前脚掌滚动至脚尖着地,脚面充分绷直向前滑动一小步(见图 9-15)。

图 9-12　　　　　图 9-13　　　　　图 9-14　　　　　图 9-15

动作要领:经两脚起踵立的过程,重心在两脚间移动。向前屈膝时小腿、脚面与地面垂直,动作连贯、柔软、有弹性。

5. 突进步

突进步是表现快速跟进后突停的节奏步法。

动作做法：

预备姿势：自然站立(见图9-16)，双手叉腰。

第1拍：左脚向前一大步(见图9-17)，由脚尖过渡到全脚掌着地的同时重心前移，右脚快速向前跟进(见图9-18)，右腿屈膝并以前脚掌在左脚内侧点地(见图9-19)。

第2拍：同第1拍，右脚开始做(见图9-20)。

动作要领：支撑腿积极后蹬，使摆动腿脚跟着地，前支撑腿就失去了重心。摆动腿着地的同时，蹬地腿快速跟进，以前脚掌获得新的支撑，形成前跃、急停的步法特征。

图9-16　　　　图9-17　　　　图9-18　　　　图9-19　　　　图9-20

6. 跑跳步

跑跳步是常用的舞步，具有轻快、活泼的特征。

动作做法：

预备姿势：自然站立，两手叉腰。

节前拍：右脚原地轻跳，同时左脚屈膝抬起，脚面绷直，脚尖向下(见图9-21)。

第1拍：左脚落地，随之原地轻跳，同时右腿屈膝抬起(见图9-22)。

第2拍：同第1拍，换右脚做。

动作要领：前屈腿向下落地要快，小跳短促。跳与落节奏准确、轻松、活泼、自然。

7. 交换步

交换步是两脚交替支撑的追赶式步法。

动作做法：

预备姿势：自然站立，两臂体侧下垂(见图9-23)。

第1拍前半拍：左脚向前一步(见图9-24)。

图 9-21　　　　图 9-22　　　　图 9-23　　　　图 9-24

第 1 拍后半拍：右脚在左脚后上步起踵立（重心在右脚）（见图 9-25），同时左脚离地稍抬起（见图 9-26），左臂后摆，右臂前摆（见图 9-27）。

图 9-25　　　　　　图 9-26　　　　　　图 9-27

交换步可向前、侧、后进行。

动作要领：在每次交换步中，开始动作的脚始终领先，另一只脚快速追赶，但不能超越。身体重心在两脚上交换。

8. 点步

点步是两脚在交替行进中经过屈膝、前脚掌点地的步法。

动作做法：

预备姿势：自然站立（见图 9-28），两手叉腰。

第 1 拍：左脚向前一步，重心移至左脚（见图 9-29）。

第 2 拍：右脚以前脚掌在左脚内侧点地（见图 9-30），同时两腿稍屈膝（见图 9-31）。

第 3—4 拍：同第 1—2 拍，换右脚开始（见图 9-32）。

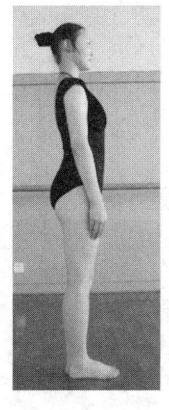   

图 9-28　　　图 9-29　　　图 9-30　　　图 9-31　　　图 9-32

点步可向前、后点步。

动作要领：上步时直腿，点步时屈膝，动作自然、放松、有节奏、有弹性。

9. 弹动步

弹动步是表现弹性的步法。

动作做法：

预备姿势：自然站立（见图 9-33），两手叉腰。

节前拍：两腿屈膝，左脚稍离地（见图 9-34）。

第 1 拍前半拍：两腿伸直，同时左脚向前（侧、后）一步（见图 9-35），重心移至左脚。

第 1 拍后半拍：两腿屈膝（见图 9-36），右脚稍离地。

第 2 拍：同第 1 拍，换右脚开始（见图 9-37）。

 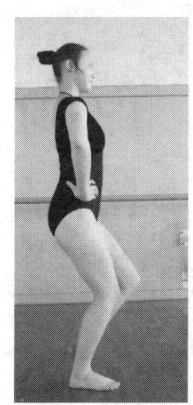   

图 9-33　　　图 9-34　　　图 9-35　　　图 9-36　　　图 9-37

动作要领：在两腿的屈膝弹动中移动，经过屈膝再迈步，动作起伏，富有弹性。

10. 侧交叉步

动作做法：以向左侧交叉步为例。

预备姿势：自然站立，两手叉腰（见图 9-38）。

第 1 拍:右脚向左脚前交叉一步稍屈膝,同时上体稍向左转,重心移至右脚(见图 9-39)。
第 2 拍:右腿伸直,同时左脚向左侧一步,前脚掌着地,上体正直(见图 9-40)。
第 3 拍:右脚在左脚后交叉一步稍屈膝,同时上体稍向右转,重心移至右脚(见图 9-41)。
第 4 拍:右腿伸直,同时左脚向左侧一步,前脚掌着地,上体正直(见图 9-42)。

  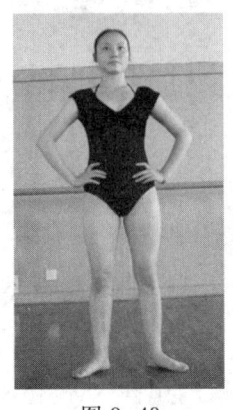  

图 9-38　　　　图 9-39　　　　图 9-40　　　　图 9-41　　　　图 9-42

动作要领:做交叉步时身体随着脚步移动拧转,步幅大,两脚交叉时屈膝,侧步时直膝起踵,充分表现弹性和曲线。

11. 华尔兹

预备姿势:左脚在前的三位提踵立。

动作做法:

第 1 拍:左脚向前一次柔软步(见图 9-43),落地稍屈膝(见图 9-44),重心随之前移(见图 9-45),左膝伸直(见图 9-46)。

第 2—3 拍:右脚开始向前做两次足尖步(见图 9-47)。

第 4 拍:换右脚做,动作相反。

图 9-43　　　　图 9-44　　　　图 9-45　　　　图 9-46　　　　图 9-47

华尔兹步变化形式多样,有前华尔兹、侧华尔兹、后华尔兹、转身华尔兹和跑华尔兹等。

12. 波尔卡

预备姿势:自然站立,两手叉腰(见图 9-48)。

动作做法:
节前拍:右腿原地小跳,同时左腿稍屈膝前举(见图9-49)。
第1拍前半拍:左腿向前展膝落地(见图9-50)。
第1拍后半拍:右脚与左脚并立(或三位)(见图9-51)。

图9-48

图9-49
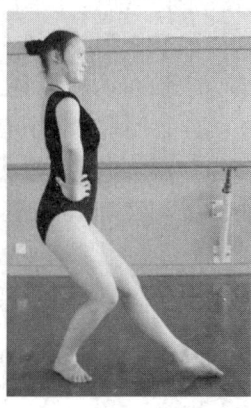
图9-50

图9-51

第2拍前半拍:左脚向前一步(见图9-52)。
第2拍后半拍:左脚小跳同时右腿屈膝(见图9-53)前举(见图9-54)。
第3—4拍:换右脚做,动作相反。

图9-52

图9-53

图9-54

(二) 步法组合

第1个八拍:柔软步。
第2个八拍:足尖步。
第3个八拍:突进步。
第4个八拍:原地滚动步。
第5个八拍:交叉步。
第6个八拍:波尔卡。
第7个八拍:弹簧步。
第8个八拍:华尔兹。

步法组合,可以自由组合,也可以加上手臂的动作,发挥创意,变化多样。

二、球操

(一) 基本动作

艺术体操的球操以其优美的身体动作与球的运动相结合,成为大众喜闻乐见的运动项目。

艺术体操用球是橡胶制成的,呈圆形,直径在 18 cm 左右。球的体积小,便于操作。手持球不仅可以做各种摆动、绕环、绕 8 字、转动和在身上或地上滚动、抛接等动作,而且因球是具有弹性的器械,还可以做各种拍球动作,使球的动作丰富多变,具有较高的锻炼价值和一定的趣味性。

球操练习不仅能锻炼和提高人体各器官的功能,而且可以提高练习者身体各部位,特别是上肢各关节的灵活性,发展动作的协调性和节奏感。球操抛接动作的练习还可发展上肢力量和接握空间器械的准确性。

1. 握球方法

(1) 两只手持球(见图 9-55)。

(2) 两只手或一只手正托球(见图 9-56 至图 9-59)。

(3) 一只手反托球(见图 9-60)。

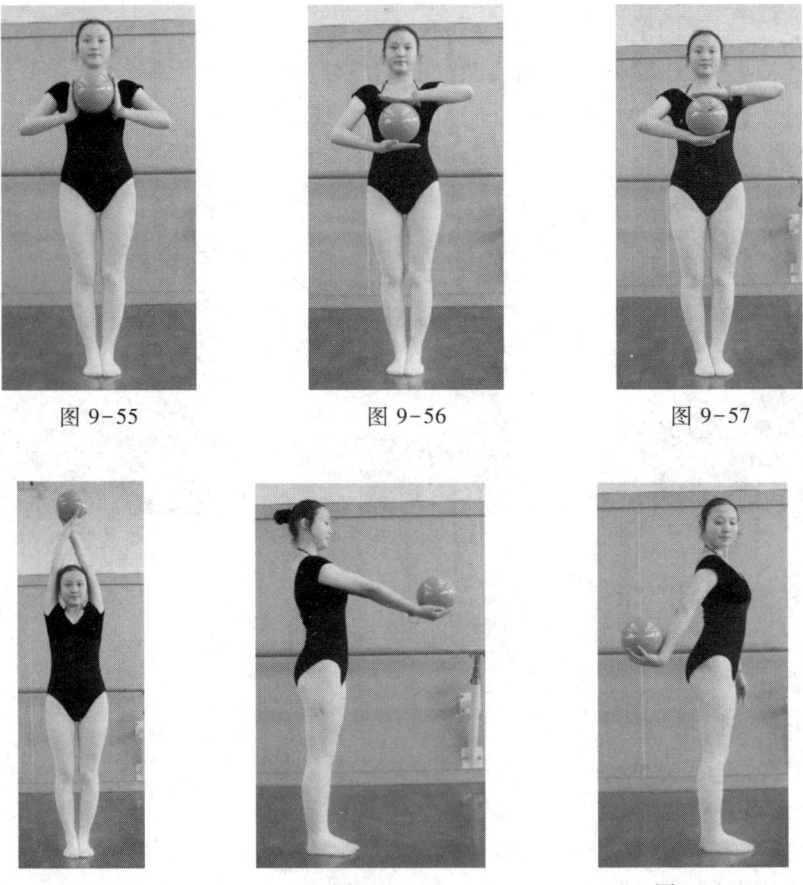

图 9-55　　　　图 9-56　　　　图 9-57

图 9-58　　　　图 9-59　　　　图 9-60

2. 摆动

(1) 两只手持球体前正面经下向左右摆动(见图9-61、图9-62)。

(2) 两只手持球头上向左右摆动(见图9-63、图9-64)。

(3) 两只手持球向左右水平摆动(见图9-65、图9-66)。

图9-61

图9-62

图9-63

图9-64

图9-65

图9-66

(4) 一只手托球体前正面经下向左右摆动(见图9-67、图9-68)。

图9-67

图9-68

(5) 一只手托球体侧向前后摆动(见图 9-69 至图 9-71)。
(6) 一只手托球向左右水平摆动(见图 9-72 至图 9-74)。

图 9-69　　　　　　图 9-70　　　　　　图 9-71

图 9-72　　　　　　图 9-73　　　　　　图 9-74

3. 绕环

(1) 两只手持球体前垂直大绕环(见图 9-75、图 9-76)。
(2) 两只手持球体侧大绕环(见图 9-77 至图 9-79)。

 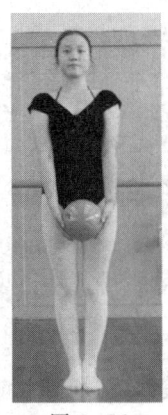   

图 9-75　　　图 9-76　　　图 9-77　　　图 9-78　　　图 9-79

(3)一只手持球体前垂直大绕环(见图 9-80 至图 9-82)。

图 9-80

图 9-81

图 9-82

(4)一只手持球体侧向后(向前)大绕环(见图 9-83 至图 9-85)。

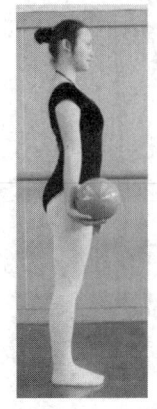
图 9-83

图 9-84

图 9-85

(5)一只手持球体侧水平中绕环(见图 9-86 至图 9-88)。

图 9-86

图 9-87

图 9-88

（6）一只手持球头上水平大绕环(见图 9-89 至图 9-93)。

图 9-89

图 9-90

图 9-91

图 9-92

图 9-93

（7）一只手持球体前后绕环换握球(见图 9-94 至图 9-98)。

图 9-94

图 9-95

图 9-96　　　　　图 9-97　　　　　图 9-98

4. 绕 8 字

（1）两只手持球体侧绕 8 字（见图 9-99、图 9-100）。

（2）两只手持球体前正面绕 8 字（见图 9-101、图 9-102）。

（3）两只手持球向左（右）绕螺旋形 8 字（见图 9-103 至图 9-107）。

图 9-99　　　　　图 9-100　　　　　图 9-101

图 9-102　　　　　图 9-103　　　　　图 9-104

图 9-105

图 9-106

图 9-107

（4）一只手托球向内绕螺旋形 8 字（见图 9-108 至图 9-112）。

图 9-108

图 9-109

图 9-110

图 9-111

图 9-112

（5）一只手托球向外绕螺旋形 8 字（见图 9-113 至图 9-118）。

图 9-113

图 9-114

图 9-115

图 9-116

图 9-117

图 9-118

5. 转动球

（1）在手心、手背上向前转动球（见图 9-119、图 9-120）。

（2）在两只手间左右转动球（见图 9-121 至图 9-123）。

图 9-119　　　　图 9-120　　　　图 9-121　　　　图 9-122　　　　图 9-123

6. 身上滚球

(1) 扶持滚球(见图 9-124 至图 9-127)。

(2) 拨球滚球(见图 9-128 至图 9-135)。

图 9-124　　　　　　　图 9-125　　　　　　　图 9-126

图 9-127　　　　　　　图 9-128　　　　　　　图 9-129

第二节 大众艺术体操的基本动作

图 9-130　　　　　　　　图 9-131　　　　　　　　图 9-132

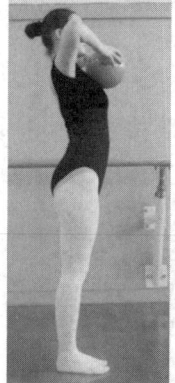  

图 9-133　　　　　　　　图 9-134　　　　　　　　图 9-135

（3）自由滚动球（见图 9-136 至图 9-138）。

图 9-136　　　　　　　　图 9-137　　　　　　　　图 9-138

7. 滚地球

（1）向前、向后、向侧直线滚动球（见图 9-139、图 9-140）。

图 9-139

图 9-140

（2）由手托球放置在地面，球由手掌经手指滚到地面（见图 9-141、图 9-142）。

图 9-141

图 9-142

（二）成套练习

音乐：$\frac{4}{4}$ 拍。

预备姿势：双腿跪于球上。

第一个八拍

第 1—4 拍：头绕环 360°。

第 5—6 拍：左手交叉放于右大腿侧。

第 7—8 拍：右手交叉放于左大腿侧。

第二个八拍

第 1—4 拍：两手由体侧向前，手心朝下，送出于胸前斜 45°。

第 5—6 拍：双手撑地，形成俯卧撑的姿势。

第 7—8 拍：把球压在腹部。

第三个八拍

第1—2拍:跪立背滚球。

第3—4拍:跪立,下腰,球放于小腿间。

第5—6拍:把球抱在胸前。

第7—8拍:做旋胸腰,球贴右胸跟着转,站起来。

第四个八拍

第1—4拍:脚下小交替动,左手抱球于胸前,右手左向前波浪。

第5—8拍:双手抱球,绕颈一圈,左手把球推向右手,右手臂伸直,球顺手臂滚下。

第五个八拍

第1—2拍:两腿屈膝弹动,右手持球前摆,同时左臂前摆换接左手持球。

第3—4拍:两腿屈膝弹动,两臂经下摆至侧举,左手持球,眼看左手。

第5—8拍:同第1—4拍,方向相反。

第六个八拍

第1—4拍:左脚开始向左侧做足尖碎步,同时右手持球向上至头上双手持球。

第5—8拍:左脚向左侧一步,重心落于左腿,右腿脚尖侧点地,左手持球,两臂侧举,眼看球。

第七个八拍

同第五个八拍,方向相反。

第八个八拍

同第六个八拍,方向相反。

第九个八拍

第1—2拍:侧一步左转90°,同时左手托球向外绕至头上两手持球,两臂经前向下。

第3—4拍:两手扶球从腹部开始做胸臂拨滚球,两臂屈肘向上拉,接着向外至前举(掌心向上),球经胸、臂至两手,向前小跑3步成并步立。

第5—6拍:左脚向前一步屈膝的同时,右腿屈膝,右脚尖后点地,两腿膝部靠拢,同时两手持球,两臂经前上屈臂向下,球经胸上时挺胸抬头。

第7拍:两手持球,两臂放松下落,同时上体前屈,含胸低头。

第8拍:还原成正直,两手体前持球。

第十个八拍

动作同第九个八拍的第1—7拍,方向相反,第8拍向左转体90°,右手持球。

第十一个八拍

第1拍:右脚向右前一步,重心移至右腿,左腿伸直脚尖后点地,同时右臂右斜前上举,左臂左斜后下举。

第2拍:右手球沿右臂滚至胸,左手在胸前接球并扶球滚至左肩前。

第3—4拍:右臂向内转至掌心向下,同时做手臂波浪一次。

第5—6拍:重心移至左脚,右脚在左脚左侧交叉,两腿经屈膝伸直向左翻身转体360°,同时左手于胸前扶球,右臂经下向左绕立圆至上举。

第7—8拍:左脚原地踏一步,右脚并左脚两腿半蹲,左臂前举(掌心向上),右手在胸前拨球,球沿左臂滚至左手托球,右臂后上举。

第十二个八拍

同第十一个八拍,方向相反。

第十三个八拍

第1—4拍:左腿开始向左做踏步转体360°,同时左手持球做体前后腰间交换,手持球成站立,两手体前持球。

第5拍:左脚向左前方跨一小步,同时两手持球经前摆至上举,抬头。

第6—7拍:左腿屈膝,右腿屈膝脚尖后点地,同时做身体向后波浪至低头含胸,两手持球经屈臂沿身体向下伸至体前下垂。

第8拍:左脚收回同时向右转45°成直立,两手体前下持球。

第十四个八拍

同第十三个八拍,方向相反。

第十五个八拍

第1—2拍:起踵立,两臂前上举,两手托球。

第3—4拍:两腿屈膝弹动,同时两臂下摆放球,球经地面反弹,接着两臂经侧向下绕至前举接反弹。

第5—7拍:两腿屈膝弹动3次,同时两手体前拍球3次,上体稍前倾。

第8拍:两腿屈膝弹动,同时两手接球成直立,两臂稍屈于胸前托球。

第十六个八拍

第1—2拍:两腿屈膝弹动,同时右手体前拍球一次,上体向左转,左臂经下摆至侧后上举,眼看球。

第3—4拍:同第1—2拍,换另一侧做。

第5—7拍:左脚尖在右脚后方点地,两腿屈膝,右手体前拍球3次,左臂侧后上举,眼看球。

第8拍:两腿伸直,两手持球臂前举。

第十七个八拍

同第十六个八拍,方向相反。

第十八个八拍

同第十五个八拍。

第十九个八拍

第1—2拍:右脚向左前方一步,两腿屈膝,同时两手持球向内转成右手在前交叉臂握球于体前下方,含胸低头。

第3—4拍:左脚在左侧一步开立,两手持球向外转,两臂稍屈持球,抬头。

第5—8拍:同第1—4拍,第8拍两腿并拢。

第二十个八拍

第1拍:右脚向左前方一步转体45°,同时屈膝,左腿屈膝向后抬起,两臂经胸前向上推抛球,抬头挺胸。

第2拍:两臂上举接球,左脚在后落地。

第3—4拍:右脚向后一步,左脚屈膝抬起落地并于右脚,同时两手持球由上举屈臂经前向下,身体向后波浪至低头含胸。

第 5—8 拍:同第 1—4 拍,第 8 拍直立,两手体前持球。

第二十一个八拍

同第十九个八拍,方向相反。

第二十二个八拍

同第二十个八拍,方向相反。

本章小结

　　本章介绍了大众艺术体操的分类、基本动作及两套不同类型的大众艺术体操套路动作。其中,基本动作是最小元素,学好基本动作可以为艺术体操的学习打下良好的基础。练习应从一个八拍的动作开始,到一个组合,最后再到成套动作的学习。

思考题

1. 大众艺术体操的种类有哪些?
2. 大众艺术体操的基本步法有哪些?写出 4 个具体动作及动作做法。
3. 大众艺术体操球操的基本动作由什么构成?举例说明。

第九章教学训练提示

第十章　个人仪态行为模拟训练

学习目标

知识目标
- 了解个人仪态的基本特征、内涵和作用。
- 掌握个人仪态的基本要素、施礼规范与准则。
- 理解个人仪态的个体与群体关系、文化积淀与社会效应关系。
- 掌握特定的环境原则下训练的特点、手段与方法。

能力目标
- 提高个人文化修养,营造尊礼、重礼、施礼的美好氛围。
- 培养学生文雅的仪风、悦人的仪态。

素养目标
- 培养学生内外兼修的礼仪规范和文化素养。
- 承担起传承中华美育文化的礼仪道德精神。

中国素有"礼仪之邦"的美誉,礼仪在中华文化的历史演变过程中,起着积极的推动作用。今天,全球经济一体化为现代人创造了一个无限伸展而又不断浓缩的空间,多元的社会文化为人们的交往和沟通展示了一个大舞台,说服和理解的重要性凸显,其中,作为公关"第一印象"的个人礼仪就更显得不可或缺。礼仪修养不仅是人们必备的基本素质,更是现代人社会交往、商务活动和其他各项事业成功的一个重要条件。

第一节　个人仪态概论

人们总是以一定的姿态出现在别人面前,给人留下一定的动感印象,我们把给人动感印象的这个姿态称为仪态。因此,从理论上说,仪态是指人在行为中的姿势和风度。人的体态是人的理性与非理性、意识与非意识综合作用的结果,既可能是对外界物质刺激的反应,又可能是内在的自我冲动。所以我们说人们的这种姿势不是摆出来的,而是人类下意识的行为体现。这种下意识的行为对我们人类的社会生活能产生怎样的影响呢?我们又怎样来理解这种影响呢?这就是本章将主要讲述的内容。

一、个人仪态的含义

个人完美的仪态是个人礼仪的表现形式。了解个人仪态的内涵,首先要了解个人礼仪。礼仪是人们在社会交往活动中应共同遵守的行为规范和准则。礼,是知礼、讲礼、明礼,尊敬别人;仪,是仪容、仪表、仪式,表现形式。礼仪是指人们在社会交往中由于受历史传统、风俗习惯、宗教信仰、时代潮流等因素影响而形成的,以建立和谐关系为目的的各种符合交往要求的行为准则和规范的总和。

个人礼仪是社会个体的生活行为规范与为人处世的准则,是个人仪表、仪容、言谈、举止、待人、接物等方面的个体规定形态表现,是个人道德品质、文化素养、教养良知等精神内涵的外在表现。其核心是尊重他人,与人友善,表里如一,内外一致。

我们今天所提倡的个人礼仪是一种文明行为标准在个人行为方面的具体规定。讲究个人礼仪是社会成员之间相互尊重、彼此友好的表示,也是一种德,是一个人的公共道德修养在社会活动中的体现。"行为心表,言为心声"是众所周知的,个人礼仪如果不以社会主义公德为基础,不以个人品格修养、文化素养为基础,而只是在形式上下功夫,势必事与愿违。它无法从本质上表现出对他人的尊敬之心、友好之情,因此也就不可能真正地打动对方、感染对方,增进彼此之间的友谊,促进彼此之间的关系和谐、融洽。"诚于中则形于外",只有内心具备了高尚的道德情操,才能有风流儒雅的风度。对个人来说,个人礼仪是文明行为的道德规范与标准。就国家而论,个人礼仪乃属于一种社会文化,它是构成社会主义精神文明的基本要素,也是一个国家文化与传统的象征,更是一个国家治国教民的经典。素有"礼仪之邦"美誉的中国,从古至今一直十分崇尚"礼",也极为重视礼仪教化。历代君主、诸路圣贤均把礼仪视为最高准绳,认为一切应以礼为治、以礼为教,方能国泰民安。关于个人礼仪与社会文明的问题,我们的先人也有过不少论述。无数事实证明了个人礼仪对一个社会的净化与美化起着积极的作用。个人礼仪所形成的一种具有较强约束力的道德力量,使每一位社会成员能够自觉按社会文明的要求,调整行为,唾弃陋习,最终将自己的言行纳入符合时代之礼的轨道。由此可见,个人礼仪不仅是衡量一个人道德水准高低和有无教养的尺度,而且是衡量一个社会、一个国家文明程度的重要标志。

因此,现代人要成为一个受人尊重又懂得尊重别人、自觉遵守并维护社会公德的人,能为自己创造一个文明知礼、轻松愉快的生活环境,就需要不断地学习和掌握个人礼仪的内涵、仪态的表现方式、训练的准则与塑造美、创造美的技能技巧,以真正成为明辨礼与非礼的界限的社会主义文明人。我们通过个人礼仪各种仪态的训练,旨在提高个人礼貌素养,培养良好的礼仪风范、出众的形象风采,这是我们自尊、尊人之本,更是我们立足、立业之源。

二、个人仪态的基本特征

(一)以个人为支点

个人仪态是对社会成员个人自身行动的种种规定行为,而不是对任何社会组织或其他群体行为的限定。由于每个群体都是由一定数量的个体所组成的,每一个社会组织也都是由一定数量的组织成员所构成的,因此,个人行为的良好与否将直接影响着每一个群体、社会组织乃至整个社会的生存与发展。从此意义看,我们强调个人美好的仪态,规范个人行为,不仅是为了提高个人自身的内在涵养,更重要的是为了促进社会发展的有序与文明。

（二） 以修养为基础

个人仪态不是简单的个人行为表现,而是个人的公共道德修养在社会活动中的体现,反映的是一个人内在的品格与文化修养。若缺乏内在的修养,个人仪态对个人行为的具体规定,也就不可能自觉遵守、自愿执行。只有"诚于中"方能"形于外",因此个人礼仪必须以个人仪态修养为基础。

（三） 以尊敬为原则

在社会活动中,讲究个人礼仪,自觉按个人礼仪的诸项规定行事,必须奉行尊敬他人的原则。"敬人者,人恒敬之",只有尊敬别人,才能赢得别人对你的尊敬。在社会主义条件下,个人仪态不仅体现了人与人之间的相互尊重和友好合作的新型关系,而且可以避免或缓解某些不必要的个人或群体的冲突。

（四） 以美好为目标

遵循个人礼仪,尊重他人的原则,按照个人礼仪文明礼貌的仪态标准行动,是为了更好地塑造个人的自身形象,更充分地展现个人的精神风貌。个人礼仪教会人们识别美丑,帮助人们明辨是非,引导人们走向文明。它能使个人形象日臻完美,使人们的生活日趋美好。因此,我们说,个人规范美好的仪态是以美好为目标的。

（五） 以长远为方针

个人仪态的培养和施行的确会给人们以美好,给社会以文明,但所有这一切都不可能立竿见影,也不是一日之功,必须经过个人长期不懈的努力和社会持续不断的发展。因此,对个人礼仪仪态规范的掌握切不可急于求成,更不能有急功近利的思想。

三、个人仪态的培养与形成

我们已知道,良好的个人仪态、规范的处事行为并非与生俱来,也非一日之功。它是要靠后天的不懈努力和潜心磨炼才能逐渐形成的。因此可以说,个人礼仪仪态的形成是文明的行为标准真正成为个人的一种自觉、自然的渐变过程。而完成这种变化则需要有3种不同的力量,即个人的原动力、教育的推动力以及环境表现的感染力。

个人的原动力亦称个人的主观能动性,它是人的行为和思想发生变化的根本条件,也是人提高自身素质、形成良好礼仪仪态风范的基本前提。作为社会个体,我们每个人只有勇于战胜自我,通过在不同的场合、不同的时间中主要姿态的理论学习和实践训练,正确掌握个体仪态和规范的动作要领,不断地完善自身的行为,才能发挥自己的主观能动性,才可能表现出较强的自律性,自觉克服自身的不良行为习惯,自觉抵御外来的失礼行为。所以说,努力学习,不断进取,使个人礼仪深植人心,真正成为优良个性品质的重要组成部分,是现代青年自我修养的重要一课。

四、个人仪态的特性

（一） 仪态的语义性

根据生活中所常见的仪态,我们很容易判断出其所表达的不同含义。如低头不语体现出的是羞涩、拘谨等;摇头摆手体现出的是拒绝;一个耸肩的动作,既能表示出人们无可奈何、无能为力等态度,又可以是人们自满情绪的下意识行为体现。所以,我们说仪态是一种无声的语言,时时展示着人类的情绪、心情、态度等。在各种社交场合,仪态起着交流信息、增进感情等所不可替代的作用。

（二）仪态的真实性

仪态不仅具备语义功能，而且它所表达的意义还具备相当高的真实性。

例如晚上与邻居聊天，从晚上八点聊到了十点，主人睡意渐浓，而邻居谈兴正酣。此时主人会怎样表示他的意图呢？通常作为一个接受传统中式礼仪教育的人是不会直接开口说明的，但他可能有以下下意识的行为：看手表，看墙上的挂钟等。这些行为都表明主人已没有谈兴了。识趣的邻居看到他这些信号后就会礼貌地告辞了。而此时主人可能客套地挽留邻居，但他下意识的行为：把双手撑在双膝上或撑在椅子的扶手上，却暴露了他。这个姿态所表达的含义与他的挽留恰恰相反，表示他准备站起来送客，这才是主人内心真实的意图。所以，我们认为与语言相比，仪态更具有真实性。

（三）仪态的习惯性

首先，仪态的习惯性表现为人们对某一动作的习惯性理解。例如"点头"表示同意、赞许、肯定等；"摇头"表示不可能、不知道、不懂、不同意等。但是在土耳其、伊朗、孟加拉国、保加利亚、希腊的部分地区则恰恰相反。在那里，上下点头表示"不"，左右摇头表示"是"。由此可见，不同地区的人们对动作的理解是有区别的。

其次，仪态的习惯性表现为在不同的成长过程和生活环境中形成的习惯姿态。例如"夫妻相"之说。难道真是上天安排两个长相相似的人结为夫妻吗？不。只是因为夫妻在长期的共同生活中彼此熟悉、彼此了解，以至对方的一举手、一投足，一个眼神、一个暗示都能心领神会，进而都使用彼此了解的仪态来表情达意。久而久之，外人看到了越来越多的相似点，就有了"夫妻相"之说。

由此可见，姿态既不是与生俱来的，也不是一蹴而就的，这对我们控制仪态带来了一定的难度。所以，只有通过有意识的仪态行为模拟训练才能纠正不良仪态，培养良好的姿态行为。

第二节 站姿要领及训练

站姿是我们日常生活中第一引人注意的姿态。优雅的站姿是一种静态美，是人类动态美的起点和基础。故养成良好的站立习惯是我们个人形象、气质塑造必不可少的一环。

一、正确的站立姿势

人的一切姿势从站立开始。正确的站立姿势就像一座帐篷，前后左右都很均衡，才不至于倾倒或者歪斜。正如人们比喻的"站如松"，像青松一样挺拔，蕴藏着一种充满活力的精神气质。

（一）良好的站姿

1. 正面

双腿并拢贴紧，尽量不留空隙。两脚的大拇指之间隔5 cm左右，两手自然向下垂直，轻轻靠在大腿上，脖子不可歪曲，脊背伸直，小腹缩进。检查站姿是否正确，可从两耳开始，其次是双肩、胸部、两侧臀部，看看是否保持水平，也可用直立的大镜子练习。

2. 侧面

脊背伸直后,臀部尽量向上翘起,小腹自然就缩入。从侧面检查站姿是否正确,要注意耳后与肩峰是否成一条垂直线,双眼直视正前方。

(二) 纠正错误的站姿

(1) 站立时身体向一侧倾斜,自己不知道,但别人看得很清楚。这种人支持脊椎骨与骨盆的肌肉不能保持平衡,故而养成恶劣的姿态。

(2) 女性常见的 O 形腿与 X 形腿。这些人的上身容易弯曲,不仅姿势不美,且增加腰的负担,造成腰痛现象。

(3) 不正确的站姿,从侧面看是驼背、凸肚、双腿弯曲,不但难看,而且会使自己的身高看起来变矮了。

错误的站姿是美容上的大敌,同时不知不觉间,内脏受到压迫,久而久之会造成身体不适等毛病。所以,平常应随时纠正自己的姿势,练习正确的站姿。

二、训练站姿的基本要领

训练站姿是为了纠正不良站立习惯而进行的一种站立姿态训练,亦是生活中各种不同美的站姿的基础。训练站姿的基本要领可从以下几个方面着手。

(一) 头位

头位保持正前方,目光平视正前方,下颌微收,后脑勺、脖颈、脊背成直线,面带微笑,精神饱满。

(二) 上体要求

双肩自然下沉,两臂自然下垂,或双手自然交握于体前(右手轻握左手手指部位),胳膊肘稍屈,挺胸、收腹、立腰。

(三) 腿位

臀部略收,两腿并拢、立直。

(四) 脚位

脚跟并拢,脚尖分开略成 30°夹角,重心落于前脚掌上。

站累时,男子可微微分开双脚,但不可超过肩宽;女子可让一脚后撤半步,但上体必须始终保持正直(见图 10-1、图 10-2)。

图 10-1

图 10-2

三、女性的站姿

女性在舞台或单独在公共场合时,可用T字步站姿。

(一) 头位

头位要求同训练站姿。

(二) 上体要求

上体要求同训练站姿。

(三) 腿位与脚位

(1) 右脚(或左脚)后撤半步。

(2) 将左脚(或右脚)收回,与后撤脚垂直成T字,左脚跟(或右脚跟)在后撤脚跟前方,两脚间可留少许空间。

(3) 重心放于后撤的脚上。

四、公共场合错误的站姿

(一) 两腿左右交叉站姿

这种姿态不够庄重,过于随意。

(二) 双手或单手叉腰站姿

这种姿态有进犯或性侵犯、挑逗之嫌。

(三) 双臂交叉抱于胸前站姿

这种姿态显得消极或表示防御、抗议。

(四) 站立时身体不时地抖动或晃动

这种姿态给人缺乏教养的感觉。

(五) 站立时双手置于衣袋或裤袋中

这种姿态显得小气、不大方、不严肃。

五、爱索韵律体操

爱索韵律体操是精力集中训练法,原来用于潜水艇内船员的训练体操,也就是说,不必有很大的空间便能操作。其原因如下。

每一个步骤的动作只需6~12秒,总共有5个步骤,每天做一次,持之以恒,便有显著的效果,并可以对下肢的力度和柔韧性起到促进作用,有利于站姿的矫正训练。

(一) 小腿的运动

准备一条结实一点儿的绳子(如跳绳用具),身体坐正,双腿平伸,绳子套住双脚,双手抓住绳子的两头,用力往腹部方向拉。

(二) 大腿的运动

双手拉绳时,双腿膝盖屈起,亦可两腿分开来做。

(三) 臀部的运动

把绳子绑在一根柱子上,做成绳圈,双脚套进绳圈里,身体向下伏卧。此时膝盖屈起,身体尽量向前移动。

（四）腹部的运动

身体站立，把绳子踩在脚底下，双手拉住绳头，双脚做蹲屈运动。

（五）背部的运动

身体平躺，双手交叉于脑后，做仰卧起坐，膝盖不能弯曲。

这种体操的运动量比较大，每一个步骤做 6~12 次。如有足够的力气，也可以做 12 次以上，但做完 12 次，必须稍微休息。经常做这种体操，可增加体力，也可以训练肌肉力量。

教学提示

（1）教师示范训练站姿，学生边听边按要求站立好，边对镜子自我检查。
（2）教师逐个检查，并纠正错误。
（3）训练时要精神饱满，充满自信。
（4）站姿重点在于双腿的骨骼直立、肌肉力度支撑、关节的韧性。
（5）不同环境的站姿变化及应用（职业站姿、艺术站姿、运动站姿等）。

第三节　坐姿要领及训练

优美的坐姿不仅仅指静态的坐姿，而且包括人们从就座时到坐定后一系列的动作和姿势，所以说完整的坐姿应包含入座、坐定和起立 3 个程序。而美的坐姿应给人高贵、文雅、自然大方的感觉。面对不同的环境与对象，我们需采用不同的坐姿。因此，坐姿各细节的规范要求是必不可少的。

一、正确的坐姿

坐椅子要坐满整个椅面，才可保持良好的姿势。背部要求由椅背支持，脊椎骨、背伸直，双肩自然下垂，双手自然放在体前或椅子的扶手上。如果只坐椅面的一部分，让背靠着椅子，就容易使背弯曲。

坐在地板上则比坐椅子更要累，因为背部没东西可以依靠，所以，我们可以采取盘腿或跪着的姿势，可使背部伸直。还有一种姿势是把两腿一起交叉在一侧，但要记得时常换边。如果一定需要把腿伸向前面的话，最好靠着墙或家具来支持背部。

二、入座、起立要领

入座应从容大方，轻稳和缓。首先应款款走到座位前，呈训练站姿状，随即轻稳地坐下。女士入座时应注意双手从臀部捋过裤、裙，顺势坐下。最忌还未站稳，就失重般地散坐在椅子上。这样易让人觉得懒散、不文明、没修养。

起立应舒缓、自然。可右脚向后收半步，用力蹬地，起身站立。亦可用手掌支撑于大腿，重心前移，起身站立，注意起身时动作不可太快、太猛。

三、训练坐姿要领

训练坐姿和训练站姿一样,也是其他坐姿演变的基础。训练坐姿的基本要领主要有以下几个方面。

(一) 头位

头位正直,下颌微收,目光平视前方或注视对方,面带微笑。

(二) 上体位

上体保持正直、挺胸、收腹、立腰、直背。

(三) 肩臂位及腿位

1. 女式

双腿并拢,小腿与地面垂直,双膝和双脚跟并拢。双肩自然下沉,双臂自然弯曲,双手呈互握式,右手握住左手手指部分,放于腹前双腿上(见图10-3)。

2. 男式

双脚向外平移,两脚间距离不得超过肩宽,小腿与地面垂直,双膝分开,双手放在膝上或握于腹前(见图10-4)。

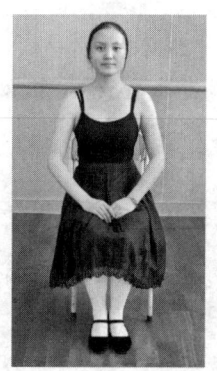
图 10-3

图 10-4

四、女性几种常见坐姿要领

(一) 侧步坐姿

1. 左侧步

在训练坐姿的基础上,左脚向左平移一步,左脚掌内侧着地,右脚左移靠拢,脚跟提起,双腿靠拢斜放。双膝在整个变化过程中始终靠在一起,不可分开(见图10-5)。

2. 右侧步

基本要领同左侧步,只是腿位由左侧改向右侧(见图10-6)。

(二) 腿位交叉坐姿

1. 前伸交叉位坐姿

在训练坐姿的基础上,左小腿向前伸出约45°,右小腿跟上,右脚在上与左脚相交,两脚相交于踝关节处,右腿膝盖弯靠于左腿膝盖处(见图10-7)。

图 10-5　　　　　　　　图 10-6

2. 后收交叉位坐姿

在训练坐姿的基础上，双脚前后位内收，两脚脚掌着地，脚跟提起，双腿靠拢（见图10-8）。

3. 叠步式坐姿

叠步式坐姿是在训练坐姿的基础上，左腿左侧一步，右腿交叠于左腿上，右腿小腿内收，脚尖朝下，相叠的两小腿靠紧成一条直线（见图10-9）。

4. 屈伸式坐姿

屈伸式坐姿是在训练坐姿的基础上，左脚后收，脚掌着地，左脚呈后屈状。右脚前伸，全脚着地，右腿呈前伸状，膝部靠拢，两脚前后在一条直线上（见图10-10）。

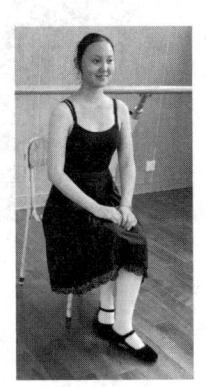

图 10-7　　　　图 10-8　　　　图 10-9　　　　图 10-10

五、公共场合应避免的坐姿

（一）坐立时，上体不直，左右晃动

这种坐姿显得缺乏教养。

（二）4字形叠腿，并用双手扣腿，晃动脚尖的坐姿

这种姿态显得目中无人、傲慢无礼。

（三）双腿分开，伸得过远的坐姿

这种姿态显得不雅。

（四）双手置于膝上或椅腿上

这种坐姿容易被人误解为想尽快结束会面。

教学提示

（1）教师示范训练坐姿，学生边听边按要求入座，并对照镜子检查自己的训练坐姿。
（2）教师逐个检查，并纠正错误。
（3）重点强调腰部的立度、上身的自然形体保持。
（4）双肩、双臂放松，面带微笑。

第四节　走姿要领及训练

优美的走姿是一种动态美，能直接反映出一个人的精神面貌、性格特点、精神气质等。优美的走姿洋溢着青春的活力，富有个性的魅力，就像春风拂面，让人倍感惬意。所以，走姿在各种社会环境中尤为重要。走姿应给予人自然、轻盈、敏捷、稳健的感受。所以说，对走姿进行一定的训练，亦是我们培养良好的气质与风度非常重要的一环。

一、正确轻快的走姿

正确的走姿在于对脚步的频率和走路节奏等的把握，最重要的是在脚踏出地面、交换重心的那一瞬间。首先右脚伸出，脚跟着地，其次小趾那一侧着地，然后脚尖着地，脚平贴地面。两脚交替行走时，保持平稳的频率，不要一快一慢，更不要时快时慢。呼吸节奏与步行节奏相协调。

走姿要领：随时注意养成好的走路习惯，双目平视，收腹立腰，膝盖伸直，双肩平行放松，双臂自然摆动，走起路来轻松而优美。

步幅与走路的速度因人而异。若我们时时注意自己的站姿与走路的方法，不久便会发现走姿会有显著的进步。

二、训练走姿要领

训练走姿与我们前面所讲的训练站姿及训练坐姿一样，都是为纠正不良习惯姿态而进行的行走姿态训练。

（一）走姿的总体要求

走姿的总体要求就是应走得轻巧、自如、稳健、大方，有节奏感。

（二）训练走姿细节规范

1. 头位

头位正直，下颌微收，目光平视前方（约5米处），面带微笑。

2. 体位

挺胸、收腹、立腰，脊背挺直，提臀，上体微微前倾。

3. 摆幅

双肩自然下沉,手臂放松,手指自然弯曲,以肩关节为轴,上臂带动前臂摆动。两臂前后摆动的幅度不得超过30°。

4. 步幅

步幅指每迈出一步,前脚跟到后脚尖之间的距离。一般步幅标准为1~1.5个脚长(见图10-11)。

5. 步位

步位是指脚落地的位置。

女子步位要求:行走时两脚内侧着地的轨迹应在一条直线上(见图10-12)。

男子步位要求:行走中两脚内侧着地的轨迹在两条直线上(见图10-13)。

图10-11

图10-12

图10-13

6. 步速

一般步速标准为女子每分钟118~120步,男子每分钟108~110步。

三、几种不同着装走姿要领

协调即为美,我们的走姿应依据不同的着装配以相应的步态。

(一) 着西装的走姿

西装以直线为主,给人挺拔、庄重、大方之感,因此在步态上亦应以直线为主,身体要挺直,步幅可略大一些。尤其是女性着西装通常是公务场合,行走时应显得庄重,切忌髋部左右摆动。

(二) 着旗袍的走姿

旗袍随身的裁剪可以尽显女性身材的曲线,展现东方女性柔美、富有曲线的风韵,妩媚、典雅。因此女性在身着旗袍行走时,要求身体挺拔、胸微含、下颌微收。步幅应小一点儿,髋部则可随重心的变化而略左右摆动。

(三) 着短一步裙的走姿

短一步裙是多数女性工作时的常规装,行走时应表现女性端庄、敏捷、干净、利落、能干、高效的特点。所以此时走姿要注重保持平稳。步幅要小一点儿,步速可稍快一点儿,双臂的摆幅也要小一点儿。

（四）穿高跟鞋的走姿

穿高跟鞋时身体的重心随之移到前脚掌上。行走时,从头到脚都应给人挺拔的感觉。所以穿高跟鞋行走时要将踝关节、膝关节、髋关节挺直,挺胸收腹,立腰提臀,头微微上仰。步位称为柳叶步,即两脚跟前后踩在一条直线上,脚尖略外展,走出来的脚印像柳叶一样。

四、日常生活中应避免的不良走姿

（一）步幅大小不适度

行走时,步子太大显得鲁莽、不雅观;步子太小显得不大方。

（二）上肢配合动作不合适

行走时,双手插入裤袋,显得拘谨小气。双手反背于背后,显得呆板、傲慢。

（三）行走姿态不稳重

行走时,上体晃动或摆动,易给人轻佻、浮夸的感觉。

（四）行走步位不标准

行走中,尤其要避免内八字或外八字步位,这种姿态不仅难看,而且有损形象。

教学提示

（1）教师示范训练走姿。
（2）学生对照镜子自己练习。
（3）教师逐个检查并纠正错误。
（4）注重上肢与下肢的配合,保持稳健轻快的步履。
（5）注意不同情景、不同着装走姿的变化及应用。

第五节 表情姿态要领及训练

法国大文豪罗曼·罗兰说:"面部表情是多少世纪培养成的语言,它比嘴里讲的要复杂千百倍。"现代心理学家在一例实验的基础上得出以下公式:感情的表达=7%的书面语言+38%的语调+55%的面部表情。可见面部表情在人际交往中占有十分重要的地位。而我们通常所说的面部表情主要包括以下几种。

一、眉语

人的眉毛不像眼睛那样生动,但眉语亦是面部表情中很重要的一部分。扬眉吐气、愁眉不展、紧锁双眉、眉飞色舞等词语,都是形容用眉毛来传情达意。但在公共场合中,眉毛应保持自然舒展。

二、眼神

眼睛是心灵的窗口。人们常常通过视线接触传递的信息,达到交际的目的,称为眼神。它在人的面部表情中起主导作用。因此,学会运用眼神有助于我们的人际交往。

(一) 注视时间

在一般的交谈过程中,除双方关系十分亲近外,目光接触对方的时间一般为 1 秒左右。否则,较长时间的目光接触会引起人们生理上或精神上的紧张。或者说在交往过程中,目光接触的时间占 30%~60%。如果目光接触时间超过 60%,通常认为是对他人的兴趣大于谈话。如果目光接触时间低于 30%,则通常认为是对他人或谈话不感兴趣。

(二) 注视位置

注视对方身体的不同位置,传达的信息也会不同,营造的交往氛围自然也相异。根据不同的场合和交往对象,注视位置一般有以下几种。

1. 公事注视

公事注视是人们在工作交往中的联系业务、洽谈生意及外事谈判等场合使用的注视行为。注视的区域在额头至两眼之间。这种注视给人严肃、认真、有诚意的感觉,能令对方慎重考虑你的意见,在一定的程度上能让自己掌握控制权,保持主动。

2. 社交注视

社交注视是人们在社交活动中的舞会、茶话会、宴会及朋友聚会等场合使用的注视行为。注视的范围在两眼到嘴之间的倒三角形区域内。这种注视能营造一种缓和的气氛,令人感到舒适,也很有礼貌。

3. 亲密注视

亲密注视是亲人之间、恋人之间所使用的注视行为。注视的位置在对方的双眼或双眼到胸部之间的区域内。这是一种最亲近、最没有芥蒂与防备的注视行为。所以,一般不得随便使用亲密注视,以免引起他人的误解。

(三) 学会用眼神表达尊敬与友好

眼神能很好地表达出对他人的尊重与否,例如俯视带有权威性,可表示爱护、宽容,且有诲人之意。仰视可表示尊敬、景仰、崇拜,亦有期待之意。平视则主要体现平等、公正、自信、坦率等语义。所以,面对长辈、贵宾和上司时,自下而上地仰视对方,往往很容易赢得对方的好感。

(四) 正式场合应克服的不良眼神

1. 浑身上下反复地打量人

这种眼神容易被理解为有意寻衅闹事。

2. 盯住对方某一部位"用力"地看

这是愤怒最直接的表示,有时也暗含挑衅之意。

3. 频繁地眨眼看人

这种眼神看起来心神不定,有失稳重,显得轻浮。

4. 左顾右盼,东张西望

这种眼神游离不定,让人觉得用心不专。

5. 紧盯着谈话对象

与他人谈话 30 分钟时,如果他人只有约 10 分钟是注视着与之交谈的人,说明他轻视与他谈话的人。如果他人注视的时间在 10~20 分钟,说明他对与之谈话的人是友好的。若他人注视的时间为 20~30 分钟,说明两种情况:重视或敌视。因此,与他人谈话时,眼睛注视谈话对象的时间占谈话时间的 2/3 左右为宜。

三、唇形语

在五官中,嘴的表现力仅次于眼睛,唇形的开合变化都能传递一定的信息。如噘嘴表示生气,撇嘴表示惋惜等,这些人们早已熟知的含义,在公共场合中都是不宜采用的。嘴除了说话表达之外,在社交场合中一般只配合笑容作表情。

四、微笑

文学家认为,微笑是世界上最美的花朵。美学家认为,人在微笑时,五官比例是最和谐动人的。社会心理学家认为,微笑是人际交往中最受欢迎的表情,是打开交往之门的金钥匙。蒙娜丽莎的微笑被誉为永恒的微笑,她的画像至今仍具有极高的艺术欣赏价值。微笑带来的魅力是永存的,微笑传递的信息常能促进双方沟通,融和双方的感情,亦常能弱化或消除存在心中的芥蒂和隔阂,增进理解和友谊。因此,我们说微笑是一种无声的世界语。

我们怎样掌握好这门"世界语"呢?第一诀窍是发自真心,有诚意。其次,基本的做法是不发声,不露齿,肌肉放松,嘴角两端向上略微提起,面含笑意,让人感觉亲切、自然。一定要练习嘴角两端向上翘,也就是使双颊肌肉用力地向上抬,做法是一面念"一"的发音,一面用力抬高嘴角两端,但要注意下唇不要太用力(见图10-14)。

如果感觉嘴角两端不能均等向上,可以用两手将嘴角两端拉起,同时用力鼓起双颊的肌肉,然后把手放下,保持嘴角两端不下垂,双颊肌肉鼓着不动。

图 10-14

微笑练习一会儿之后,再放松面颊,使肌肉恢复原来的样子。反复练习几次之后,我们可以清楚地了解自己肌肉的状况。这种训练还可以防止年老时脸部肌肉松弛,能使人的脸部肌肉习惯于向上拉紧,避免面颊下垂而显出无精打采的老态。笑容唯有出自内心才是真实的。人们在快乐、感激或幸福时都会自然流露笑容,这是勉强不得的。如果非要压抑这股笑意,看起来反而难看。

露出笑容时,故意地瞪大眼睛,装出自以为好看的笑容,却不是发自内心的快乐笑容,在他人眼里绝对是不美丽的。所以,千万不要以为自己笑时会破坏面孔的美丽,"自然"才是最美丽的表情。只是眼睛笑,会给人没有诚意的感觉,可是在心中有"温和""体贴""慈爱"等感情时,眼睛一定会露出微笑。在和他人距离很近时,只用眼睛微笑,便会引人注目。

 **教学提示**

(1) 凝神训练。

(2) 眨眼训练。

(3) 扫眼训练。

(4) 微笑训练。

五、发挥声音的魅力

我们的周围有些人相貌平平,但说话语速不快不慢、语调抑扬有致的男士、女士都能给人"舒服"的印象,正如人们常说的"闻其声如见其人"。每个人的个性气质会透过他们的声音表现出来,所以,若想使自己更能吸引周围的人,给人亲切感,还得注意声音的训练。

准备一台录音机,找个没有人的房间(家里或办公室都可以),按下录音键,对着它把平常跟家人、朋友、同事说话的声音录下,待录完一卷后,再将它播放出来。仔细听自己说话时的音量、速度、清晰程度、音调变化和使用的词语。如果听到的声音令人不舒服,就要根据录音逐一改进。改进可以从以下几个方面入手。

(一)各种表达方式

其实,我们要想使声音更具有表现力,用一点儿时间进行训练即可,而且这是一项乐趣。不妨找一首自己最喜爱的诗,以各种戏剧化的音调把它念出来,如激动地、无精打采地、哀伤地、滑稽地和悲恸地念等,这样我们就能更有效地发挥声音的魅力了。

(二)说话的音量

我们若想要使自己过于轻柔的声音变得有力,可以坐直(或站直)身子,头抬高,面向室内最远处高声说话;注意镜子里自己的身体语言;压抑过于高昂的声音,心情放松,想一些熟悉的轻音乐旋律,并且练习使用轻声细语,即在说话中,故意将某句话说得很轻,以吸引听者注意。

(三)说话的速度

若说话太慢,或总是有气无力的,则可以在心理上制造一些兴奋情绪,比如想想受到领导的夸奖或想想盼望已久的演出票终于买到了等。相反地,如果说话太快了,就要先了解原因,是因为自己有急事需要处理,还是对谈话话题不感兴趣。针对不同的情况合理处理,把说话的速度降下来。

(四)清晰的字音

几乎每一个人都需要在这方面练习,每个字的尾音要念清楚,很多人说话开头音量很大,最后几个字却含糊、咕哝起来了。

(五)重音的变化

写一个完整的句子,重复念出来,每一次强调一个字的读音,看看一句话会有多少不同的含义,以此来锻炼在各种心境下的重音处理。

(六)词语的选择

如果发觉自己有某个习惯语或口头禅,要设法改正过来。这些习惯语或口头禅在正式谈话或演说时以避免使用为宜。

(七)技巧

声音能泄露人们最深邃的情感,因此我们说话时要尽量让自己的心灵在最安适的状态下,深呼吸,将背部紧靠椅子,收紧臀部,再放松,重复做会有帮助。

对自己要有信心,可准备一张小卡片做摘要。说话时要注意听者的反应,如果听者心不在焉,说话的人可以变化声调或者突然停顿一下,也可以暂时转开话题。

不要低估轻声细语的力量,若能适时地使用它,比增强音量能获得更大的效果。当然,这时不能说错字,因为听者会很专注地听每一个字。

总之,说话的技巧,后天的训练比先天的禀赋更重要。若想使自己更富有魅力,或在商务往来中游刃有余,就一定要留心训练自己的声音。

教学提示

（1）在教师的指导下逐步练习。

（2）利用清晨开嗓训练圆润、磁性的声音。

（3）参加各种校园活动和社会文化活动,让演讲、说话技巧得到练习。

相关链接

礼仪的起源

礼仪作为人际交往中重要的行为规范,不是随意凭空臆造的,也不是可有可无的。了解礼仪的起源,有利于认识礼仪的本质,自觉地按照礼仪规范的要求进行社交活动。关于礼仪的起源,研究者们有各种观点,可大致归纳为以下几种。

有一种观点认为,礼仪起源于祭祀。东汉许慎的《说文解字》对"礼"字的解释为实践约定的事情,用来给神灵看,以求得赐福。"礼"字是会意字,与古代祭祀神灵的仪式有关。古时祭祀活动不是随意地进行的,而是严格地按照一定的程序、一定的方式进行的。郭沫若在《十批判书》中指出:"礼之起,起于祀神,其后扩展而为人,更其后而为吉、凶、军、宾、嘉等多种仪制。"这里讲到了礼仪的起源,以及礼仪的发展过程。

有一种观点认为,礼仪起源于法庭的规定。在西方,"礼仪"一词源于法语的"Etiquette",原意是"法庭上的通行证"。古代法国为了保证法庭活动中的秩序,将印有法庭纪律的通告证发给进入法庭的每个人,作为遵守的规矩和行为准则。后来"Etiquette"一词进入英文,演变为"礼仪"的含义,成为人们交往中应遵循的规矩和准则。

另外还有一种观点认为,礼仪起源于风俗习惯。人是不能离开社会和群体的,人与人在长期的交往活动中,渐渐地产生了一些约定俗成的习惯,久而久之这些习惯成为人与人交际的规范,当这些交往习惯以文字的形式被记录并同时被人们自觉地遵守后,就逐渐成为人们交际交往固定的礼仪。遵守礼仪,不仅使人们的社会交往活动变得有序,有章可循,同时也能使人与人在交往过程中更具有亲和力。1922年《西方礼仪集萃》一书问世,开篇中这样写道:"表面上礼仪有无数的清规戒律,但其根本目的在于使世界成为一个充满生活乐趣的地方,使人变得平易近人。"

从礼仪的起源可以看出,礼仪是在人们的社会活动中,为了维护一种稳定的秩序,为了保持一种交际的和谐应运而生的。一直到今天,礼仪依然体现着这种本质特点与独特的功能。

一、中华礼仪的渊源

古人有言:"中国有礼仪之大,故称夏,有服章之美,谓之华。"古代华夏族正是以丰富的礼仪文化而受到周边其他民族的赞誉的。早在孔子以前,已有夏礼、殷礼、周礼三代之礼,因袭相沿,到周公时代的周礼,已比较完善。孔子是我国历史上第一位礼仪学专家,他把"礼"作为治国安邦的基础。他主张"为国以礼""克己复礼",并积极倡导人们"约之以礼",做"文质彬彬"的君子。孟子也重视"礼",并把仁、义、礼、智作为基本道德规范,他还认为"辞让之心"和"恭敬之心"是礼的发端和核心。荀子则比孟子更重视"礼",他著有《礼论》,论证了礼的起源和社会作用。他说:"礼者,人道之极也。"把礼看作做人的根本目的和最高理想,把识礼、循礼与否作为衡量人的贤愚和高低贵贱的尺度。因此他强调:"人无礼则不生,事无礼则不成,国无礼则不宁。"管仲则把礼看作人生的指导思想和维持国运的支柱。他说:"礼义廉耻,国之四维,四维不张,国乃灭亡。"

在我国古籍中,《周礼》《仪礼》《礼记》等都是最重要的古典礼仪专著。我国古代"礼"的概念,包含着丰富的内容,大体可归结为3个层面:一是指治理奴隶制、封建制国家的典章制度;二是古代社会生活所形成的作为行为规范和交往仪式的礼制及待人接物之道;三是对社会成员具有约束力的道德规范(包括自身修养)。纵观我国礼仪内容和形式的演变与发展,可以看出"礼"和"德"不但是统治者权力的中心支柱,而且其在几千年的历史发展中形成了许多有广泛社会性与强大号召力的优良道德规范和人际交往的礼节仪式及生活准则,并且已成为中华民族共同的精神财富,对中华民族精神素质的修养起了极其重要的作用。

二、西方礼仪的起源

在西方,"礼仪"一词,最早见于法语的"Etiquette",原意为"法庭上的通行证"。但它变成英文后,就有了"礼仪"的含义,意即"人际交往的通行证"。西方的文明史,同样在很大程度上是表现着人类对礼仪追求及其演进的历史。人类为了维持与发展血缘亲情以外的各种人际关系,避免格斗或战争,逐步形成了各种与格斗、战争有关的动态礼仪。如为了表示自己手里没有武器,让对方感觉到自己没有恶意而创造了举手礼,后来演进为握手。为了表示自己的友好与尊重,愿意在对方面前丢盔卸甲,于是创造了脱帽礼等。

在苏格拉底、柏拉图、亚里士多德等先哲的著述中,都有很多关于礼仪的论述。中世纪更是礼仪发展的鼎盛时代。文艺复兴以后,欧美的礼仪有了新的发展,从上层社会对遵循礼节的烦琐要求到20世纪中期对优美举止的赞赏,一直到适应社会平等关系的比较简单的礼仪规则,历史发展到今天,传统的礼仪文化不但没有随着经济发展和科技现代化而被抛弃,反而更加多姿多彩,国家有国家的礼制,民族有民族独特的礼仪习俗,各行各业都有自己的礼仪规范程式,国际上也有各国共同遵守的礼仪惯例等。有的国家和民族对不遵守礼仪规范者,还规定了一定的处罚规则,有的已把礼仪作为公民就业前的"入门课",被企业录用的大学毕业生,也必须先经过严格的礼仪训练,才能上岗工作。

三、礼仪的动态分类

(一)握手礼仪

在交际场合中,一般是在相互介绍和会面时握手。遇到朋友先打招呼,然后相互握手,寒暄致意。关系亲近的则边握手边问候,甚至两人双手长时间握在一起。在一般情况下,握一下即可,不必用力。但年轻者对年长者、身份低者对身份高者时应稍稍欠身,双手握住对方的手,以示尊敬。男子与女性握手时,应轻握女性的手指部分。

握手也有先后顺序,应由主人、年长者、身份高者、妇女先伸手,客人、年轻者、身份低者见面先问候,待对方伸出手后再握。多人同时握手,切忌交叉进行,应等别人握手完毕后再伸手。男子在握手前应先脱下手套,摘下帽子。握手时应双目注视对方,微笑致意。

此外,有些国家还有一些传统的见面礼节,如在东南亚信仰佛教的国家见面时双手合十致意,日本人行鞠躬礼,我国传统的拱手行礼等。

在公共场合远距离遇到相识的人,一般举起右手打招呼并点头致意,也可脱帽致意。与相识者在同一场合多次见面,只点头致意即可。对一面之交的朋友或不相识者,在社交场合均可点头或微笑致意。

(二) 介绍礼仪

在交际场合结识朋友,可由第三者介绍,也可自我介绍。为他人介绍,要先了解双方是否有结识的愿望,不要贸然行事。无论自我介绍还是为他人介绍,都要做到自然。例如,正在交谈的人中,有自己所熟知的,便可趋前打招呼。自我介绍时,要主动讲清自己的姓名、身份、单位(国家),对方则会随后自我介绍。为他人介绍时还应说明与自己的关系,以便于新结识的人相互了解与信任,要有礼貌地以手势示意。但在宴会桌上、会谈桌上可不必起立,被介绍者只要微笑点头有所表示即可。交换名片也是相互介绍的一种形式。在送给别人名片时,应双手递出,面露微笑,眼睛看着对方,在接受对方名片时,也应双手接回,还应轻声将对方的姓名等读出,然后郑重地收存好。

(三) 坐车礼仪

轿车的座次安排通常有以下几种情况。

1. 双排、三排座的小型轿车

如果由主人亲自驾驶,一般前排为上,后排为下。如果由专职司机驾驶,通常后排为上,前排为下,以右为尊,以左为卑。

2. 多排座的中型轿车

无论由何人驾驶,均以前排为上,后排为下,右高左低。

3. 轻型越野车

轻型越野车简称吉普车。不管由谁驾驶,其座次尊卑依次为副驾驶座、后排右座、后排左座。

上下轿车的先后顺序通常为尊长、来宾先上后下,秘书或其他陪同人员后上先下,即请尊长、来宾从右侧车门先上,秘书再从车后绕到左侧车门上车。下车时,秘书应先下,并协助尊长、来宾开启车门。

本章小结

基本形态控制练习是对练习者身体形态进行系统训练的专门练习,是提高和改善人体形态控制能力的重要内容。大量动作的训练,可进一步改变身体的原始状态,逐步形成正确的站姿、坐姿、走姿,提高形体动作的灵活性。这部分练习比较简单,个别动作要求比较严格。训练必须从严要求,持之以恒。

思考题

1. 中外礼仪仪态的审美特点、施礼特征分别是什么?有何差异?
2. 仪态在职场、社交、求职等环境中的规范要求、目的、作用是什么?
3. 如何通过美的仪态体现个人魅力和气质?
4. 哪些方面的知识技能学习可以提高个人修养,培养具有个性意韵的仪态?

第十章教学训练提示

参考文献

[1] 汪加千,冯德,隆荫培,等.人体律动的诗篇——舞蹈[M].北京:高等教育出版社,1990.
[2] 隆荫培,徐尔充.舞蹈艺术概论[M].上海:上海音乐出版社,2006.
[3] 金千秋.舞蹈——气质与形体的塑造[M].北京:中国纺织出版社,1999.
[4] 熊经浴.现代商务礼仪[M].北京:金盾出版社,1997.
[5] 吴晓芳.健与美体育教程[M].南京:南京师范大学出版社,2005.
[6] 魏静,李玮琪,曹兵.家庭实用拉力器健身法[M].北京:北京体育大学出版社,2004.
[7] 相建华,田振华.最新哑铃健身法[M].北京:人民体育出版社,1999.
[8] 马鸿韬.健美操创编理论与实践[M].北京:高等教育出版社,2004.
[9] 曾小玲,彭朝晖.健美操[M].长沙:湖南大学出版社,2004.
[10] 孟宪君,马鸿韬,张林.大众流行健身项目理论与实践[M].北京:高等教育出版社,2003.
[11] 黄宽柔.艺术体操与健美操[M].广州:广东高等教育出版社,2003.
[12] 李卫东.现代学校艺术体操[M].武汉:湖北科学技术出版社,2007.
[13] 王爱兰.大众艺术体操[M].北京:人民体育出版社,2007.
[14] 张蕙兰,柏忠言.瑜伽:气功与冥想[M].北京:人民体育出版社,2007.
[15] 艾扬格.瑜伽之光[M].北京:世界图书出版公司,2005.
[16] 王媛.瑜伽美人塑身计划[M].北京:中国纺织出版社,2008.
[17] 李晓钟.瑜伽练习:从初学到精进[M].北京:中国青年出版社,2006.
[18] 马鸿韬.健美操运动教程[M].北京:北京体育大学出版社,2007.
[19] 赵栩博,崔海燕.健美操套路教与学[M].北京:北京体育大学出版社,2006.
[20] 王洪.健美操教程[M].北京:人民体育出版社,2001.

郑重声明

高等教育出版社依法对本书享有专有出版权。任何未经许可的复制、销售行为均违反《中华人民共和国著作权法》，其行为人将承担相应的民事责任和行政责任；构成犯罪的，将被依法追究刑事责任。为了维护市场秩序，保护读者的合法权益，避免读者误用盗版书造成不良后果，我社将配合行政执法部门和司法机关对违法犯罪的单位和个人进行严厉打击。社会各界人士如发现上述侵权行为，希望及时举报，我社将奖励举报有功人员。

反盗版举报电话　　（010）58581999　58582371
反盗版举报邮箱　　dd@hep.com.cn
通信地址　　北京市西城区德外大街4号
　　　　　　高等教育出版社知识产权与法律事务部
邮政编码　　100120

读者意见反馈

为收集对教材的意见建议，进一步完善教材编写并做好服务工作，读者可将对本教材的意见建议通过如下渠道反馈至我社。

咨询电话　　400-810-0598
反馈邮箱　　gjdzfwb@pub.hep.cn
通信地址　　北京市朝阳区惠新东街4号富盛大厦1座
　　　　　　高等教育出版社总编辑办公室
邮政编码　　100029

资源服务提示

授课教师如需获得本书配套教辅资源，请登录"高等教育出版社产品信息检索系统"（http://xuanshu.hep.com.cn/）搜索下载，首次使用本系统的用户，请先进行注册并完成教师资格认证。